Le Guide de la transformation digitale

Groupe Eyrolles
61, boulevard Saint-Germain
75240 Paris Cedex 05

www.editions-eyrolles.com

HUB INSTITUTE
DIGITAL THINK TANK

ISBN : 978-2-212-56396-2

Vincent Ducrey et Emmanuel Vivier

Le Guide de la transformation digitale

Deuxième tirage 2017

EYROLLES

Sommaire

Remerciements

Parmi les personnes qui nous ont apporté leur aide pour la réalisation de cet ouvrage, nous souhaitons tout particulièrement remercier celles et ceux qui, au fil de nos rencontres et de nos entretiens, nous ont fait partager leur expertise, leurs idées et leurs réflexions. Nous pensons aussi à ceux qui nous ont apporté leurs encouragements, leur énergie, accordé un peu ou beaucoup de leur temps et ainsi permis d'affiner et de consolider au fur et à mesure des mois notre démarche. Merci à : Mathieu Flaig, Charlotte Dauchez. Quentin Landau, Mathis Bienvenu, Anthony Alfont, Malek Benaissa, Maître Merav Griguer, Arabella Ignatieff, Benoît Leggieri, Caroline Brugier, Kanika Dith, Antoine Graugnard, Yves Tyrode, Michael Aidan, Jules Trecco, Antonia McCahon, Jean-Noël Penichon, Marc Gigon, Virginie Fauvel, Anne-Sophie Frenove, Christophe Leray, Thierry Lernon, Amélie Oudea Castera, Fatima Bakhti, Alain Dufossé, Pascal Demurger, Romain Liberge, Antoine Dumurgier, Lionel Fumado, Lubomira Rochet, Marie Laloy, Philippe Armand, Thierry Plantegenest, Cécile Granat, Nicolas Petit, Pascal Marée, Jean-Philippe Baert... et toutes celles et ceux qui ont aidé, soutenu, contribué au contenu de cet ouvrage.

Pour finir, un remerciement spécial à nos équipes qui nous accompagnent et à nos clients qui nous font confiance dans l'exploration des tendances et pratiques innovantes du marketing et de la transformation digitale.

Avant-propos

La transformation digitale est devenue un sujet majeur de préoccupation et un enjeu stratégique pour toutes les entreprises quelle que soit leur taille : business, ressources humaines, marketing, processus de production, système d'informations... C'est l'organisation dans sa globalité qui est concernée. En effet, en à peine plus de quinze ans, le numérique a révolutionné la façon de faire du business, et cette disruption va encore gagner en ampleur et s'accélérer avec l'avènement des objets connectés (santé, voitures, maisons, villes connectées...). Les entreprises doivent plus que jamais réagir et repenser leur organisation au risque de perdre en performance ou en pertinence et de péricliter dans les années à venir.

À qui s'adresse ce livre ?

L'utilisateur du *Guide* peut être un dirigeant, un membre du top management, un responsable marketing, un manager d'entreprise, un DRH, un CDO (Chief Digital Officer), ou un décideur économique. La pédagogie du livre est aussi adaptée pour un enseignant en management ou tout simplement un citoyen ou un étudiant passionnés par les dernières évolutions de la transformation digitale dans l'entreprise. Cette communauté de professionnels pourra découvrir grâce au *Guide de la transformation digitale* une analyse claire et structurée de la disruption causée par le digital. Mais aussi et surtout une approche méthodologique et pragmatique autour des six chantiers clés et de cinq étapes pour repenser l'entreprise du futur. Pour concrétiser sa démarche, cet ouvrage est enrichi de nombreux cas, témoignages d'experts, de décideurs de grands groupes en mutation ou d'acteurs de la disruption pour aborder dans les meilleures conditions la transformation numérique de l'entreprise. Chaque chapitre est accompagné des points clés à retenir et de questions concrètes à se poser.

Pourquoi ce livre et qui sont les auteurs ?

Vincent Ducrey et Emmanuel Vivier accompagnent les grandes organisations privées et publiques dans leur transformation digitale depuis la fin des années 1990.

L'expertise de **Vincent Ducrey** découle de sa carrière de quinze ans dans tous les domaines du marketing et de la communication : comme entrepreneur, consultant en stratégie numérique et en tant que conseiller en communication numérique pour le gouvernement français. Ses expériences gouvernementales et commerciales l'ont amené à acquérir un grand nombre de connaissances sur les mécanismes d'influence, les canaux d'information et les enjeux de transformation. Il est l'auteur d'un précédent ouvrage, *Le Guide de l'Influence.*

Après un passage chez l'agence B2L BBDO avec Loïc Lemeur, et au sein du groupe Alti, **Emmanuel Vivier** a cocréé et codirigé l'agence digitale internationale Vanksen à Paris, Genève et Luxembourg. En dix ans, Emmanuel a conçu et piloté pas moins de 400 campagnes et dispositifs digitaux pour des marques comme L'Oréal, Chanel, Guerlain, The Body Shop, SFR, Arcelor-Mittal, Sony, Warner Bros... De la création de sites Internet en passant par le référencement, le marketing viral, l'e-réputation, le marketing d'influence ou les médias sociaux, Emmanuel a développé une solide expertise dans la digitalisation de grandes marques au niveau international.

Depuis cinq ans, Vincent Ducrey et Emmanuel Vivier ont lancé et développé le HUB Institute, un des think tanks digitaux leaders pour accélérer la transformation numérique des entreprises. Le HUB Institute organise plus de dix conférences annuelles en France et à l'international (HUBDAY et HUBFORUM) et réunit plusieurs milliers de décideurs dans le domaine du digital, du marketing, des RH et du management. Ce cabinet conseille aussi sur la stratégie, forme plus de 3 000 décideurs par ans et organise de nombreuses « learning expeditions » à travers le monde. Enfin, son entité de veille publie plus de dix rapports de veille annuels pour faire le tour des dernières tendances et innovations.

Après toutes ces années à accompagner ces grandes organisations et à connecter ces décideurs, il semblait évident qu'une approche méthodologique sur le sujet de la transformation digitale s'imposait. Avec cet ouvrage, Vincent Ducrey et Emmanuel Vivier proposent une synthèse d'années d'échanges et de suivi des dernières innovations et bonnes pratiques en matière numérique. Plus qu'un ouvrage théorique, c'est un vade-mecum pour aider celles et ceux qui font la transformation à gagner en temps, en efforts et en clarté sur les nombreux chantiers à mener. C'est aussi et avant tout un recueil de bonnes pratiques, de cas, d'illustrations et de témoignages des plus grandes entreprises sur le sujet.

Mode d'emploi

Le Guide de la transformation digitale est un ouvrage à la fois multientrée et structuré selon une démarche bien définie : partir de l'approche la plus théorique pour aboutir à l'étude la plus concrète. Dans cette logique, il se compose de cinq grandes parties :

1. l'onglet **« La disruption digitale »**, où figure une description précise des quatre facteurs de la disruption digitale : les évolutions technologiques, le consommateur connecté, la nouvelle concurrence des start-up et les géants du digital (les « GAFA que sont Google, Apple, Facebook et Amazon) ou les NATU (Netflix, Airbnb, Tesla, Uber) ;
2. l'onglet **« Les six chantiers de la transformation digitale »**, qui propose une grille claire et précise des six chantiers (Management, Ressources humaines, Technologie, Data, Marketing et expérience client, Mesure) découpés en cinq étapes à mener par ordre de priorité et de degré de maturité ;
3. l'onglet **« La transformation digitale en pratique »**, consacré aux cas concrets, vous présentera quelques exemples d'opérations de communication effectuées à partir du HUB management, sous différentes postures : promotion d'une marque, lancement d'un produit, réaction, etc. ;
4. l'onglet **« L'avis des experts »** contient les interviews de 22 décideurs et experts impliqués dans des démarches de transformation digitale ;
5. l'onglet **« Les 101 mots de la transformation digitale »**, dictionnaire complet des principaux termes et du jargon digital à connaître aujourd'hui dans le métier de managers.

Toutefois, le lecteur pourra tout aussi bien naviguer dans cet ouvrage comme bon lui semble, suivant le fil rouge de sa problématique : il pourra, par exemple, consulter tout ce qui concerne les aspects technologiques ou marketing ; il pourra se concentrer sur les actions à mener pour définir une feuille de route en matière de transformation digitale ; ou encore il pourra s'intéresser plus particulièrement au rôle du CDO. Chaque lecteur trouvera un centre d'intérêt spécifique dans *Le Guide de la transformation digitale*, et chaque centre d'intérêt sera une porte d'entrée possible à la lecture de l'ouvrage, un fil conducteur potentiel.

Pour continuer la discussion

Surfant sur son temps et dans la continuité de son analyse, *Le Guide de la transformation digitale* est complété par plusieurs plates-formes multi-supports qui vous permettront d'approfondir la démarche proposée dans l'ouvrage :

- un espace Web dédié à la méthode (Les six chantiers de la transformation digitale du HUB Institute), qui propose des contenus actualisés aux lecteurs qui souhaitent aller plus loin sur certaines thématiques abordées dans le guide : guidetransformationdigitale.com ;

- un espace vidéo dédié avec les interviews vidéo complet d'un certain nombre de décideurs et d'experts, pour certains interrogés dans cet ouvrage ;
- une plate-forme communautaire (la page Facebook du HUB Institute : www.facebook.com/hubinstitute) sur laquelle les experts en digital, management et marketing pourront échanger sur les « best practices » en matière de transformation numérique.

Ce que ce livre n'est pas

Ce livre n'a pas pour vocation d'être une science exacte, infinie et définitive, car les contextes évoluent en permanence. Les analyses empiriques tirées de l'expérience de Vincent Ducrey, d'Emmanuel Vivier et de leur groupe d'étude ont plutôt pour objet de faire naître une réflexion, une démarche chez le lecteur pour l'encourager à approfondir, à personnaliser et à adapter l'approche initiale présentée ici. Et ce afin de lui permettre de s'adapter et de se préparer aux nouveaux défis de son métier qui n'aura, dans quelques mois ou quelques années, plus rien à voir avec les enjeux qui sont les siens aujourd'hui.

Bonne lecture et bonne transformation !

Comprendre les enjeux de la disruption digitale

Les évolutions technologiques changent le monde

Le grand économiste libéral autrichien Joseph Schumpeter évoquait déjà le concept de « destruction créatrice » dès 1911. Mais depuis les débuts de l'informatique puis ceux d'Internet, le monde, la société et les entreprises ont connu une accélération du changement comme jamais auparavant. Plus de 3 milliards d'individus peuvent désormais échanger quasi instantanément, sans limites géographiques et à coût réduit, de l'information, voire des services ou des produits s'ils sont digitaux (musique, information, vidéo, e-book...). La bande passante, la puissance des processeurs, la taille du stockage, la miniaturisation, le nombre de smartphones... tous les facteurs technologiques progressent de manière quasi exponentielle. Si chaque innovation en soi est déjà pleine de promesses, ces briques, une fois combinées et appliquées aux différentes industries, entraînent un véritable tsunami d'innovations qui impacte tous les secteurs à vitesse grand V.

Une accélération technologique rapide, complexe et confusante

Ce rythme soutenu de grappes d'innovations offre de nombreuses opportunités, mais est aussi source de confusion et d'instabilité pour les acteurs traditionnels moins agiles. Aux États-Unis, les experts ont emprunté au vocabulaire militaire le concept d'un **monde VUCA** *(Volatile, Uncertain, Complex, Ambiguous)* pour Volatile, Incertain, Complexe et Ambigu.

Au-delà de cette instabilité croissante, on peut noter une véritable accélération de l'innovation et du changement. Ce qui prenait des années se diffuse désormais en quelques mois ou semaines ! Pour Erik Brynjolfsson du MIT, ces innovations sont combinatoires et cumulatives. « Chaque fois que l'on invente quelque chose, il devient plus facile d'inventer quelque chose d'autre[1]. » Sans Internet pas de smartphone, sans smartphone Uber n'aurait jamais pu proposer un service aussi innovant en intégrant géolocalisation et paiement mobile. Sans smartphone, le moindre objet connecté verrait son prix exploser, car il faudrait concevoir et vendre une télécommande *ad hoc* pour chacun d'eux.

Ray Kurzweil a théorisé cette combinaison vertueuse dans sa **loi du retour accéléré** : elle généralise la loi de Moore à toutes les technologies liées aux nanotechnologies, aux biotechnologies, à l'informatique et aux sciences cognitives (les « NBIC »). Selon elle, toutes les activités humaines vont croître dans les décennies qui viennent de façon exponentielle comme la puissance informatique a crû de manière explosive depuis 1965. Gordon Moore estimait que sa loi s'arrêterait en 1975. Et contre toute attente cette loi fonctionne toujours aujourd'hui ! Dans la génétique par exemple, le coût du séquençage ADN s'effondre. Il a été divisé par 3 millions en dix ans. On séquence de plus en plus vite et de moins en moins cher. À ce rythme, certains « transhumanistes » imaginent que l'on pourra bientôt augmenter les capacités de son corps ou même le réparer à volonté. Dans son ouvrage *La Mort de la mort*[2] le Dr Laurent Alexandre prédit même qu'il « est probable que l'espérance de vie doublera au minimum, au cours du XXIe siècle ». Pour lui, « de l'homme réparé à l'homme augmenté, il n'y a qu'un pas qui sera inévitablement franchi. Que deviendra notre système de retraites actuel quand l'espérance de vie atteindra cent quatre-vingts ans ? ». Imaginez maintenant les conséquences sur votre business model.

La sentence est sans appel. **Ce n'est plus la taille qui compte, mais bel et bien la capacité à réagir** et à évoluer rapidement face aux évolutions de votre contexte. « Plus de 52 % des noms du Top 500 des entreprises américaines ont disparu depuis l'an 2000, victimes de fusions, d'acquisitions et de faillites ! », constate R. Ray Wang[3], l'auteur de *Disrupting Digital Business*[4] pour qui « le darwinisme digital ne fera pas de cadeau aux entreprises qui attendent ». Richard Foster[5], professeur à l'université de Yale, ajoute que l'âge moyen des entreprises de ce même Top 500 est passé de 67 ans en 1920 à 15 ans seulement aujourd'hui. Bref, la roue tourne. Et elle tourne de plus en plus vite. Aucune entreprise n'est à l'abri de rater un tournant stratégique comme BlackBerry avec le marché des applications mobiles ou les taxis avec Uber.

Depuis quelques années, les médias se passionnent enfin pour la technologie et nous inondent d'actualités venues de la Silicon Valley ou des start-up du monde entier. Afin de vous aider à vous y retrouver, nous avons essayé avec le HUB Institute de filtrer et compiler les ruptures technologiques que les entreprises devraient avoir dans leur radar pour penser leur futur :

4 grandes ruptures et 14 tendances technologiques qui changent le monde

Ruptures	Impacts technologiques	Opportunités
Des capacités informatiques exponentielles à prix décroissant	**+ de vitesse de calcul**	Des processeurs plus petits, plus puissants. Des calculs plus rapides et plus précis. Une accélération de la recherche et développement (ou R & D). La création de modèles prédictifs ou en temps réel. On avance vers plus de personnalisation, d'intelligence artificielle vers le deep machine learning et l'exploitation du Big Data.
	+ d'autonomie	Des ordinateurs qui consomment moins et peuvent devenir mobile, des voitures électriques et drones qui voyagent plus loin (et ne polluent plus en ville), une énergie renouvelable enfin stockable.
	+ de données	Une multiplication des capteurs, des objets connectés, et un stockage massif et peu cher avec le Cloud.
	+ d'automatisation	Des robots ou des assistants virtuels toujours plus productifs et moins chers, un service plus rapide et personnalisé, des drones et des voitures qui se pilotent de manière autonome.
Une connexion internet permanente et plus rapide	**Un accès ATAWAD (Anything Anytime Anydevice)**	Un accès mondial, instantané à tous les services, informations, contenus... avec le mobile et le haut débit pour les pays développés et une connexion minimale pour le reste du monde (SpaceX, Google Loon, Facebook, Internet.org). Une démocratisation et une accélération de la diffusion de l'éducation et de l'innovation au niveau mondial. On passe à la « on demand economy » où tout est à un clic.
	Marketing 2.0 et « Everywhere Commerce »	Le marketing et le commerce se réinventent pour devenir omnicanaux et en temps réel. L'expérience client se simplifie, s'enrichit et se personnalise (mobile, objets connectés, géolocalisation, applications mobiles, NFC, RFID, iBeacons, CRM et données intelligentes). Plus de choix et baisse des prix.
	Dématérialisation ou connexion, objets connectés	Tout ce qui nous entoure et qui n'a pas été digitalisé (musique, info, vidéo) devient connecté (objets, wearable, bâtiments, véhicules, vêtements, villes, paiement, santé, smart city, commande vocale...). L'interopérabilité entre objets et plates-formes (API) devient clé pour réinventer les chaînes de valeur.

Ruptures	Impacts technologiques	Opportunités
Une expression et une collaboration facilitées	**Web social et mondialisation**	Plus de transparence et de confiance, plus d'informations, plus d'échanges et de démocratie, plus de transparence et de pouvoir aux consom'acteurs, une attente de conversations et de réactivité de la part des marques. L'e-réputation devient un enjeu clé.
	Économie collaborative et désintermédiation	Une fois connectés, les consommateurs collaborent, cofinancent, co-inventent, se prêtent, se vendent ou se louent leurs compétences ou leurs possessions. Avec la blockchain (utilisée par le bitcoin), cette désintermédiation devrait toucher aussi la banque et la finance, l'immobilier, l'administration…
	Entreprise 4.0 et écosystèmes industriels	La collaboration des entreprises se développe en interne et en externe (API, open innovation, open source). Les entreprises deviennent des plates-formes interconnectées et interopérables, en partageant une partie de la valeur avec leur écosystème.
Vers une fusion du virtuel et du réel	**Réalité virtuelle et réalité augmentée**	De nouvelles solutions (Oculus, Google Glass, HoloLens, HTC Vive, Magic Leap…) permettent d'enrichir nos vies en superposant digital et réel (santé, divertissement, sport, tourisme…).
	Impression 3D, Makers et Fablabs	De nouveaux outils et lieux permettent à tous de créer des prototypes plus vite et moins chers, ou même de produire des produits finis (plastique, céramique, argent…) configurables. Cette relocalisation de la production permet de produire à la demande, (donc moins de transport, moins de stockage et moins de pollution).
	Biotech, Neurotech, GenTech et Nanotech	Le numérique permet de créer ou modifier des matériaux ou même le vivant, ce qui va révolutionner la santé, l'environnement, l'énergie… (bioprinting, biofuel, manipulation ADN, transhumanisme)
	Robotique, intelligence artificielle, voitures autonomes et drones	Après l'industrie, la robotisation poursuit ses avancées (intelligence artificielle, voitures et drones autonomes…) et s'insère dans notre quotidien (nanorobots dans notre corps, surveillance, service à la personne…) et dépassera peut-être un jour l'être humain.

Les innovations se succèdent et se combinent pour permettre de proposer de nouveaux services ou de disrupter les façons de faire actuelles. Les imprimantes 3D permettent de fabriquer des objets depuis un fichier 3D. En combinant cette approche avec la biotechnologie, on voit désormais des machines arriver pour imprimer de la viande ou du cuir (Modern Meadow[6]) ou encore plus surprenant des organes vivants à transplanter (on parlera alors de bioprinting). Oui, vous avez bien lu, nous sommes devenus capables d'imprimer la vie[7] ! Dans le domaine de la construction, la société chinoise[8] d'imprimantes 3D géantes à béton, Winsun, permet désormais d'imprimer les murs d'une maison en seulement 24 heures pour un coût défiant toute concurrence.

De nombreuses organisations ont mis en place des laboratoires de veille et de prospective, de recherche et d'innovation ou des incubateurs à start-up pour réduire leur risque de rater une vague d'innovations. AXA ou Orange ont ainsi installé des équipes au milieu de la Silicon Valley, d'autres regardent du côté de l'Asie. Aux États-Unis, une nouvelle université se dédie d'ailleurs à former les futurs leaders en explorant ces mutations et leurs impacts sur les grands secteurs de l'économie : alimentation, énergie, éducation, transport, santé… c'est la **Singularity University** cofondée par le célèbre futurologue et inventeur Dr. Ray Kurzweil[9]. Ce dernier estime qu'en 2025 l'humanité devrait entrer dans **l'ère de la singularité**, c'est-à-dire le moment où un superordinateur sera plus puissant qu'un cerveau humain et pourra alors le simuler. Elon Musk (le fondateur de Tesla) et Bill Gates (le fondateur de Microsoft) sont de grands investisseurs en matière de logiciels et d'intelligence artificielle. Pourtant, ils commencent tous les deux[10] à mettre en garde le monde contre certains risques à venir autour des conséquences du progrès en matière d'intelligence artificielle. Pour Gates, des machines trop intelligentes pourraient prendre un peu trop le pouvoir et devenir une menace pour l'humanité[11] !

De l'intelligence artificielle aux robots en passant par les objets connectés ou les nanotechnologies, les innovations se cumulent, leur rythme d'apparition s'accélère et elles sont bien en passe de changer le monde, les usages et les industries. Ce changement sera à la fois une grande source de disruptions et de risques, mais pourra aussi représenter une montagne d'opportunités pour les entreprises qui sauront l'anticiper et gagner en agilité.

Les 5 questions à vous poser

1. Votre management est-il suffisamment informé des innovations numériques en France et à l'international ? Vos dirigeants ont-ils déjà testé une imprimante 3D ? Une smartwatch ? Des lunettes de réalité augmentée ou la réalité virtuelle ? Savent-ils ce qu'est un logiciel en mode SAAS, le Cloud ou la technologie blockchain ?
2. Votre entreprise est-elle présente aux grands rendez-vous et salons de l'innovation comme le CES de Las Vegas, le NRF Big Show à New York, DMEXCO à Cologne, le Mobile World Congress de Barcelone, les conférences DLD, le Web Summit ou le HUBFORUM à Paris ?
3. Votre organisation est-elle en contact régulier avec l'écosystème de start-up lié à votre industrie ?
4. Au-delà des responsables digitaux ou Innovation, tous vos managers et idéalement vos employés sont-ils acculturés aux nouveaux usages et nouvelles technologies, et ce de manière régulière ?
5. Avez-vous identifié les deux ou trois risques et opportunités technologiques les plus importants pour votre activité ?

L'avènement du consommateur connecté

Depuis la naissance de l'Internet grand public, vers 1995, les consommateurs sont super connectés. Depuis leur ordinateur de bureau, leur smartphone, leur tablette ou leur montre connectée, ils sont désormais plus de 3 milliards à pouvoir s'informer, acheter et se divertir 24h/24 et 7j/7. Et il reste encore plus de 50 % de la population mondiale qui n'utilise pas encore Internet. Avec la popularisation du smartphone et la baisse de son prix dans les modèles d'entrée de gamme, l'accès au Web devrait continuer de s'accélérer, doublant encore ainsi le poids du digital dans les années à venir. Facebook cherche ainsi à connecter pas moins de 1 milliard d'internautes supplémentaires avec son initiative Internet.org, tout comme Google ou la société spatiale SpaceX qui souhaite lancer un réseau de satellites pour ajouter elle aussi 1 milliard d'internautes supplémentaires. Tant qu'à développer leurs parts de marché, il est encore plus simple d'agrandir la taille du gâteau.

Il faut aussi prendre en compte l'arrivée des montres connectées, des lunettes connectées ou des objets connectés. Avec une connexion omniprésente, des processeurs de plus en plus petits et de moins en moins coûteux, il devient possible de connecter aussi les objets, les bâtiments ou les véhicules qui nous entourent. Bienvenue dans le monde de l'IOT (*Internet Of Things* ou Internet des Objets). Votre smartphone devient la télécommande universelle qui permet de piloter votre thermostat Nest, de démarrer votre voiture à distance (BMW ConnectedDrive...), d'ouvrir à distance au livreur (après avoir vérifié son identité grâce à la webcam connectée de votre porte d'entrée) ou d'échanger avec votre plante préférée pour savoir quand l'arroser ou la sortir (Parrot FlowerPower). Cette vague va impacter de nombreuses industries allant de la santé connectée aux voitures connectées en passant par le pilotage de la maintenance.

S'il fallait auparavant se connecter chez soi ou au bureau, nous sommes tous désormais connectés en quasi-permanence à Internet et donc au Cloud, ce disque dur virtuel qui stocke avec toujours moins de limites d'espace nos fichiers, nos logiciels, notre musique, nos films... Nous avons en fait quasiment accès à n'importe quoi, n'importe quand et n'importe où. Allez expliquer à vos enfants que vous êtes né avant Internet, les e-mails et le mobile... qu'il y avait un seul livre pour 100 étudiants au centre de documentation de votre université, et que Wikipédia et Google n'existaient pas. L'accès à l'information s'est démocratisé et est devenu beaucoup plus transparent.

Le paysage des médias sociaux en 2016

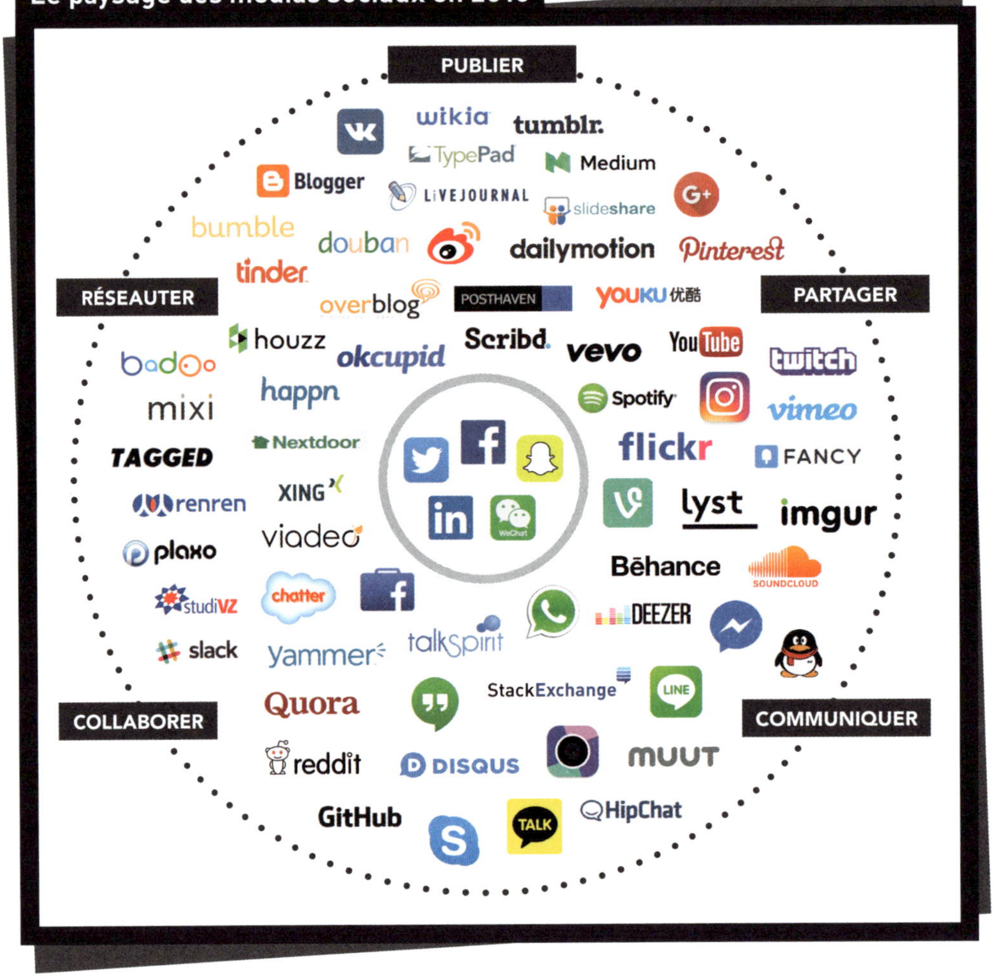

Nous sommes aussi connectés entre nous. Grâce aux médias sociaux, nous sommes tous devenus capables d'échanger quasiment gratuitement n'importe quelle information en texte, photo ou vidéo, instantanément et sans limites géographiques. Les consommateurs sont devenus des médias. Ils peuvent publier et republier des informations et leurs opinions comme jamais auparavant. Du prix à la qualité, vos produits et services sont commentés, passés en revus en temps réel entre internautes, experts… Votre marketing doit lutter pour leur attention non seulement face à la concurrence, mais face à un déluge de contenus créés par les consommateurs eux-mêmes. Votre réputation n'est plus seulement liée à la qualité de vos produits et vos actions de communication. Non, elle devient le résultat de ce que les internautes pensent, ressentent, disent et partagent en ligne. Votre e-réputation devient ce que Facebook ou Google disent de vous. Le Web social ou Web 2.0 a connu une progression phénoménale en moins de dix ans. Si nous avons toujours été un animal social, les blogs, les forums, Wikipédia, les sites de partages ou les réseaux sociaux ont largement facilité et densifié nos échanges.

Facebook réunit plus de 1,65 milliard de membres mensuels en 2016, auxquels il faut ajouter 1 milliard d'utilisateurs de la messagerie mobile WhatsApp, 900 millions sur Messenger et 400 millions sur Instagram[12] ! YouTube est visité par plus de 1 milliard d'internautes. Le réseau social professionnel LinkedIn, devenu la première bibliothèque mondiale de *curriculum vitae*, réunit plus de 433 millions de personnes dans plus de 200 pays[13], dont plus de 11 millions rien qu'en France. Twitter semble plafonner un peu avec 320 millions de membres[14], mais son poids et son influence sur la diffusion de l'actualité sont indéniables. Et il ne faut pas oublier les acteurs asiatiques comme WeChat (650 millions d'utilisateurs[15]), Line ou Kakao Talk. De nouvelles applications sociales 100 % mobiles sont aussi en pleine explosion : Snapchat (100 millions d'utilisateurs), Kik, Tribe… seront peut-être les futurs Facebook. Et ces chiffres vont certainement encore progresser dans les mois et années à venir.

Certes, les plates-formes et leur succès vont et viennent. Qui se rappelle encore des géants Skyblog, MySpace, MSN Messenger, ICQ ou Second Life ? Si certains de ces services ont compté plusieurs dizaines, voire centaines de millions d'utilisateurs, le succès d'un jour n'est jamais une garantie pour le futur. Mais une chose est certaine, les **internautes continueront d'échanger et de communiquer plus que jamais**. Et ces échanges ne sont pas anodins pour les marques et les entreprises.

D'abord en termes de **marketing et d'e-réputation**. Votre marque ne vous appartient plus que partiellement. Elle dépend de plus en plus des avis publiés par les internautes sur des sites comme Amazon, TripAdvisor, Glassdoor ou Allociné. Elle dépend de votre capacité à gérer votre service client sur Twitter ou Facebook. Elle repose sur votre aptitude à transformer vos clients en fans et en ambassadeurs sur les médias sociaux. Elle tient à la fois à la faculté des influenceurs à vous recommander ou à vous haïr. Une simple publication élogieuse sur Twitter et Instagram de la célèbre présentatrice américaine Oprah à propos de son engouement pour la nouvelle friteuse SEB a fait augmenter le cours de la Bourse du géant français de l'électroménager de 5 %[16] !

Avec les exemples de Snowden ou Wikileaks, on peut constater qu'un simple individu peut désormais défier un gouvernement. Imaginez ce qu'un détracteur influent peut causer à une entreprise ? Il vaudrait mieux pour votre marque que vous ayez déjà un outil de social listening pour suivre votre e-réputation et de bonnes équipes en community management et en marketing d'influence pour suivre et réagir aux nombreux messages de vos clients connectés.

Ensuite, en ce qui concerne l'évolution des attentes et des comportements clients. Au-delà des conversations et du Web social, ces consom'acteurs commencent à échanger et à collaborer entre eux. On parlera par exemple **d'économie collaborative.** Pourquoi acheter une voiture si l'on peut louer celle d'une autre personne ? Pourquoi payer une chambre d'hôtel si je peux m'inviter à prix moins élevé chez quelqu'un d'autre avec Airbnb ? De nouvelles places de marchés permettent ainsi de facilement louer, échanger, acheter des services de consommateurs à consommateurs. Les marques vont devoir identifier, comprendre et s'adapter à de nouveaux usages qui peuvent avoir des impacts très conséquents. Le Bon Coin a quasiment renversé le marché de la petite annonce autrefois dévolu à la presse.

Nous sommes aussi de plus en plus nombreux à **préférer l'accès et l'usage à la propriété**. Pourquoi acheter un CD quand on peut s'abonner mensuellement à un service de streaming musical comme Spotify ou Deezer et accéder à des millions de morceaux de musique pour une dizaine d'euros ? Pourquoi acheter un vélo si j'ai un abonnement Vélib' ? L'expérience prime de plus en plus sur la possession. Pourquoi se rendre dans un simple restaurant si je peux dîner et échanger avec un habitant de la ville que je visite avec VizEat.com ? Les nouvelles générations qui sont désormais nées avec un accès Internet et baignent depuis leur enfance dans les nouvelles technologies vont avoir des attentes et envies très différentes des nôtres. Il suffit de voir un bébé qui sait intuitivement se servir d'une tablette très rapidement, essayer ensuite sans succès de cliquer sur l'écran de télévision ou les pages d'un magazine pour comprendre que la demande ne sera plus jamais la même.

Les marques sous-estiment énormément l'impact de ces quinze dernières années sur le comportement de leurs clients et l'évolution de leurs attentes. Avec cet accès aux conversations et à la connaissance, nos usages, envies et comportements sont en train de complètement muter. Nous exigeons plus de personnalisation, de réactivité, d'interactivité, de service, de transparence, d'authenticité... Le consommateur n'aura jamais autant changé et le niveau d'exigence augmente pour les marques et les entreprises.

Les 5 questions à vous poser

1. Quand avez-vous passé une journée complète avec vos clients ? Et vos dirigeants ? Avez-vous l'opportunité de pouvoir échanger régulièrement avec des générations plus jeunes sur leurs attentes et usages (Shadow Comex, reverse mentoring, panels...). Le monde change vite, mais avez-vous pris le temps de le constater réellement ?
2. Connaissez-vous bien l'usage numérique de votre clientèle ? Quels sites visite-t-elle ? Quels réseaux sociaux ont sa préférence ? Quelles sont les dix applications mobiles qu'elle préfère ? Suivez-vous chaque trimestre l'évolution de ses usages ? Connaissez-vous les différences d'usages et d'attentes par pays ? Avez-vous consulté l'e-réputation de votre marque ou les avis de vos clients sur Internet ?
3. Vos collaborateurs ont-ils au moins l'équipement informatique de vos clients ? Ont-ils un smartphone ? Peuvent-ils aller sur Facebook ou YouTube ? installer une application de leur choix ?
4. Vos dirigeants ont-ils une présence sur les différents réseaux sociaux : LinkedIn, Twitter, Facebook ? Utilisent-ils vraiment ces outils ?
5. Vos dirigeants ont-ils déjà utilisé différents services de l'économie collaborative (Kickstarter, BlaBlaCar, OuiCar, Le Bon Coin...) ou à la demande (Airbnb, Uber, Spotify, Velib', Autolib', Deliveroo, Tinder...). Comment peuvent-ils imaginer le futur de votre entreprise s'ils n'utilisent pas les services populaires d'aujourd'hui ?

Les start-up viennent concurrencer les entreprises traditionnelles

Un tsunami de start-up innovantes et ultra dynamiques réinvente les industries. Si les grands groupes sont lents à s'emparer des nouvelles technologies ou à répondre aux nouvelles attentes des clients, les start-up, elles, se sont lancées dans un sprint pour transformer chaque insatisfaction en une idée de nouveau business. Depuis 1998 et malgré la bulle de 2000 liée à certains excès, de nouvelles PME, agiles et ambitieuses, lèvent des fonds de plus en plus importants en cherchant à changer le monde ou au moins à innover et à challenger les marchés existants.

Grâce à Internet, le marché est désormais mondial, et les meilleures des jeunes pousses arrivent en quelques années à se lancer sur plusieurs continents et à toucher des dizaines voire des centaines de millions d'utilisateurs. La Silicon Valley continue d'être leur terre de prédilection, mais New York, Berlin, Londres, Paris, Tel-Aviv ou même l'Asie voient chaque année des centaines de nouveaux concepts se lancer. Avec des sources de financement de plus en plus importantes (business angels, capitaux-risqueurs – les « VC », Venture Capitalist –, fonds d'investissement, crowdfunding), nous assistons à la troisième génération d'entrepreneurs digitaux, conseillée et parfois financée par ceux qui ont fait fortune en 2000 ou 2010. Xavier Niel est ainsi en train de lancer avec la Mairie de Paris et la Caisse des dépôts 1000start-ups.fr un des incubateurs les plus grands au monde avec une capacité de plus de 1 000 start-up à la halle Freyssinet. Et il ne se passe pas une semaine sans une annonce de levée de fonds en France ou un jour dans le monde. Rien qu'en France, on a vu plus de 484 levées de fonds en capital-risque pour plus de 1,8 milliard d'euros[17].

Une bulle, peut-être, mais alors pas celle que l'on imagine

Certains se rappellent l'explosion de la première bulle Internet et devant les valorisations gigantesques de certaines start-up jouent déjà les Cassandres. Pourtant, même avec une correction possible, cette vague n'est pas prête de se tarir et devrait certainement venir titiller vos activités existantes. Comme le dit avec une pointe de provocation le célèbre investisseur de la Silicon Valley Dave McClure, « certaines licornes pourraient être survalorisées, mais tous les dinosaures vont bien mourir[18] ». Pour lui, ce sont en fait certaines valorisations de grands groupes qui sont surévaluées. Il explique que le « price earning ratio[19] » moyen de 15-20 des grands groupes signifie que le marché assume que l'entreprise aura une espérance de quinze à vingt ans de revenus avec son activité actuelle (NB : le P/E de Facebook est à 50). Pour lui, il n'en est rien. Avec la disruption à prévoir de la part des start-up, bien des modèles vont s'écrouler. Il explique : « À moins qu'elles n'innovent plus rapidement (ou acquièrent leurs homologues digitaux), attendez-vous à ce que la plupart des dinosaures du Top 500 (le S&P 500 aux États-Unis) se fassent disrupter et détruire par une marche ininterrompue de licornes, financées par les VC, qui éclateront leurs petits cerveaux reptiliens grâce aux logiciels et au marketing digital[20]. » Une formule assez brutale, mais qui aura le mérite d'être claire de la part d'un VC dont le fonds a investi dans plus de 1 500 start-up de 50 pays.

Chaque industrie voit un essaim de start-up se lancer pour essayer de réinventer leur chaîne de valeurs ou répondre à de nouveaux besoins. Il existe quasiment une application mobile pour tout. Certains se moquent même des développeurs de la Silicon Valley en expliquant qu'ils ont d'abord cherché à essayer de remplacer leur mère ! Besoin de quelqu'un pour vous conduire ? Cliquez sur Uber. Besoin d'envoyer vos vêtements au pressing ? Essayez getcleanio.com à Paris. Envie de rencontrer l'âme sœur ? Tentez Tinder, AdopteUnMec ou Grindr pour la communauté gay. Pas le courage de vous séparer ? Il y a même une application pour ça (breakuptext.me) et une autre pour vous consoler (thebreakupapp.com) ! Un petit creux ? Convoquez votre repas à l'aide de Deliveroo, Frichti ou Foodora. Bref, à chaque fois qu'un de vos clients est insatisfait, il y a une start-up tapie dans l'ombre qui complote pour imaginer une innovation et s'emparer de votre marché. Derrière la kermesse des applications mobiles se cachent bien d'autres start-up, plus discrètes ou moins présentes dans les médias, mais qui travaillent sur des innovations bien plus importantes dans les domaines de la finance, de l'industrie, du B2B, de l'énergie ou de la santé. Si elles échappent au taux de mortalité important des start-up, naviguent entre levées de fonds et pivots (un changement de business model), elles pourront devenir des « scale-up », des sociétés à forte croissance, en espérant peut-être faire partie un jour du club très sélect des licornes, ces start-up valorisées plus de 1 milliard de dollars.

Les 100 start-up qui disruptent 10 industries

	Voyage	Services	Santé	Technologie	Transport
1	Airbnb (location saisonnière)	Deliveroo (livraison de repas)	Calico (R&D santé)	Google Loon (Accès Internet)	Lyft (VTC)
2	Zipcar (voiture partagée)	Amazon Echo (commande vocale)	Withings (objets connectés)	MarketBot (3D printing)	Uber (VTC)
3	BlaBlaCar (covoiturage)	Presence.ai (service client 2.0)	Medicast (smart IT pour hôpitaux)	Parrot (drones)	Google Car (voiture autonome)
4	Drivy (location de voiture entre particuliers)	TaskRabbit (services entre particuliers)	23andMe (analyse d'ADN)	Tellmeplus (machine learning)	Tesla (voiture autonome)
5	Virgin Galactic (voyage dans l'espace)	Upwork (place de marché de free-lance)	Eligo Bioscience (antibiotique du futur)	FitBit (Wearable)	SherpaShare (outil pour VTC)
6	HyperLoop One (train du futur)	CrowdSPRING (concours de créatifs)	BionX (prothèse bionique)	Netatmo (Smart Home)	OuiCar (location de voitures entre particuliers)
7	Expliseat (siège allégé pour avion)	InnoCentive (R&D collaborative)	Robot Hand (prothèse de main)	Aldebaran (Robotique)	Autolib' & Velib' (transport en libre-service)
8	Aeromobil (voiture avion)	Shutterstock (banque d'images)	My Human Kit (prothèse et 3d printing)	Sigfox (télécom pour objets connectés)	GoShipster (livraison 2.0)
9	VizEat (dîner chez l'habitant)	Julie Desk (assistant intelligent)	RogerVoice (téléphone pour les malentendants)	Wysips Crystal (écran panneau solaire)	Instacart (livraison alimentaire)
10	OneFineStay (location saisonnière haut de gamme)	Slack (réseau social d'entreprise)	PatientsLikeMe (réseau social de patients)	Synthetic Genomics (biofuel)	Postmates (livraison 2.0)

	Médias et divertissement	Banque	Alimentation	Mode	Distribution et commerce
1	Ushahidi (information crowdsourcée)	Fidor (online banking 2.0)	Beyond Meat (viande végétale)	Cityzensciences (textiles connectés)	Ubudu (ibeacon)
2	AJ+ (information mobile)	Square (paiement innovant)	Chocedge (3D printing chocolat)	10vas (3D printing de montres)	Etsy (e-commerce d'artisanat)
3	Netflix (streaming vidéo)	Bankin' (application bancaire)	3Dchef (3D printing alimentaire)	Zappos (e-commerce de chaussures)	Zilok (location entre particuliers)
4	Spotify (streaming musique)	Lending Club (prêts entre particuliers)	OpenTable (réservation de restaurants)	Editd (Big Data de la mode et du retail)	Izettle (paiement 2.0)
5	Buzzfeed (actu 2.0)	Blockchain et bitcoin	La Ruche qui dit oui (circuit court)	Threadless (création collaborative de tee-shirts) s	Orange Flux Vision (analyse de trafic géolocalisé)
6	Red Bull Médias House (brand content 2.0)	Kickstarter (financement collaboratif)	Modern Meadow (viande 2.0)	Modern Meadow (cuir 2.0)	Fivory (paiement 2.0)
7	Wordpress (édition de sites Web)	M-Pesa (paiement mobile)	Lepetitballon (box de vin)	Xuberance (lampes en 3D printing)	Sculpteo (3D printing)
8	Medium (plate-forme de blogs)	Stripe (paiement 2.0)	Soylent (aliment 2.0)	Feetz (chaussures sur mesure)	Wearephenix (recyclage 2.0)
9	Oculus (réalité virtuelle)	Kiva (microfinance)	Sixfoods (protéine de criquets)	Electroloom (3D printing de textile)	Mobeye (études retail 2.0)
10	Supercell (mobile gaming)	SlimPay (paiement 2.0)	Ipiit (application listant les allergènes)	E-Cloth (textile intelligent)	Getcleanly (pressing 2.0)

Connaissez-vous les NATU ?

Nous vous proposons d'ailleurs de nous concentrer sur quatre d'entre elles que certains regroupent sous le terme de NATU, pour Netflix, Airbnb, Tesla et Uber. Quatre très bons exemples de jeunes pousses qui ont toutes su révolutionner des industries très différentes.

Netflix, du vidéoclub à la télévision réinventée

Les plus accros aux séries télévisées auront certainement dévoré les différents épisodes de la série *House of Cards* avec Kevin Spacey. Cette série à succès, qui a reçu plus de neuf Emmy Awards pour sa première saison, est l'une des principales productions de Netflix. Mais l'histoire même du contrat de production derrière celle-ci est une illustration très révélatrice de la façon dont Netflix disrupte les modèles établis. Dans l'industrie cinématographique traditionnelle, les studios acceptent généralement de financer un épisode pilote pour ensuite le tester avant de signer une saison complète. Cette approche permet de réduire les risques d'investir trop dans un format qui se révélerait être un navet. Dans le cas de *House of Cards,* le service de vidéos en streaming à la demande a proposé à Kevin Spacey de lui signer directement les deux premières saisons de la série ! Loin d'un coup de poker, Netflix a pris sa décision sur la base d'une exploitation très fine des énormes volumes de données générées par l'usage de ses abonnés. En étudiant avec attention le type de film, les acteurs pressentis, la structure des épisodes... l'entreprise a pu prendre une décision bien plus rapide et impliquante tout en limitant ses risques. Avec une telle offre, Netflix a pu s'assurer de préempter l'une des meilleures séries du moment face aux autres studios aux approches traditionnelles plus progressives et conventionnelles.

Depuis, Netflix ne s'est pas arrêté là ! En proposant un accès à ses vidéos en streaming par Internet, la start-up s'affranchit des longues et complexes négociations qui auraient été nécessaires pour obtenir des fréquences TV dans chaque pays. L'entreprise a ainsi pu déployer très rapidement son service à travers le monde et compte désormais plus de 81 millions d'abonnés (dont 46 millions aux États-Unis) dans 190 pays[21] ! Ses abonnés lui permettent de générer des revenus importants et donc de concurrencer plus facilement chaque acteur national de la télévision avec un budget gigantesque. Netflix sera ainsi capable d'investir plus de 6 milliards de dollars dans l'acquisition ou la production de contenus en 2016[22]. Grâce à son réseau mondial de distribution, l'entreprise peut très facilement diffuser dans le monde entier les 600 heures de programmes qu'elle va produire dans l'année. De *Orange is the New Black,* en passant par *Narcos, Beasts of No Nation,* Netflix enchaîne les productions à gros budgets et grands succès. Libre de la dictature de l'audience et des annonceurs publicitaires, Netflix évite la nécessité de devoir produire des contenus limités par le plus petit dénominateur commun pour fédérer une audience de masse devant le même programme. Au contraire, Netflix peut multiplier les programmes pointus ciblés pour ces différentes niches d'audience. Ceux qui voyaient encore il y a quelques années dans la start-up comme une télévision « low cost » basée sur des fonds de catalogue de vieilles séries n'ont pas d'autres choix que de changer d'avis. En tant que producteur, elle n'a plus besoin de négocier les droits pays à pays comme les acteurs traditionnels. Et plus sa puissance de diffusion sera forte et plus les producteurs tiers de contenus seront intéressés de faire affaire avec Netflix plutôt qu'avec une chaîne de télévision nationale. Un deal mondial en une fois sera bien plus rémunérateur et particulièrement simple. Elle s'assure ainsi un accès prioritaire aux meilleurs projets de films et de séries.

Mais Netflix est loin d'avoir démarré avec ces moyens-là. Ses débuts ne se sont même pas fait en disruptant le marché de la vidéo en ligne. Non, le premier business de Netflix a été de révolutionner le marché... des vidéo-clubs ! Échaudé par les pénalités de 40 dollars après un DVD rendu trop tard, Reed Hastings a décidé de concurrencer les réseaux de vidéo-clubs comme Blockbuster, qui ne comptait pas moins de 60 000 employés et 8 000 points de vente à son apogée. En 1998, Netflix propose le premier service de location illimitée de DVD par Internet. Il suffit de s'abonner pour choisir une série de films qui vous seront envoyés par la poste. Il n'y a pas de limite de temps, mais un nombre maximum de films que l'abonné peut emprunter simultanément. L'offre fait un carton plein et Netflix met en place des entrepôts et des moyens logistiques conséquents pour suivre la demande.

L'entreprise aurait pu s'en tenir là et développer ce nouveau business. Mais sa direction réalise soudainement qu'avec l'arrivée de YouTube, d'iTunes, ou le téléchargement illégal de film en « peer to peer », le futur n'est pas dans les colis postaux et les DVD par correspondance. Contre toute attente, Netflix décide alors de s'autodisrupter avant que le marché ne l'y contraigne. Il faut imaginer la lucidité et le courage nécessaire pour accepter de remettre en cause tous les efforts réalisés en matière de plate-forme logistique, et se lancer dans une activité très différente. En 2010, l'entreprise saute le pas (elle gardera néanmoins son offre d'abonnement par correspondance en parallèle aux États-Unis) et lance un service de films à la demande en streaming sur ordinateur, puis sur plus de 1 000 plates-formes et appareils différents (consoles de jeux, box Internet, smartphones, tablettes...). Le succès est immédiat. En 2011, à l'heure de pointe, Netflix représente près de 30 % de la bande passante utilisée en Amérique du Nord ! Blockbuster s'est lui retrouvé en faillite en 2010. En 2013, un Américain sur trois âgé entre 20 et 50 ans est abonné à ce service. Il peut accéder à plus de 100 000 titres pour 8 dollars par mois environ. Netflix est désormais disponible dans 190 pays.

On peut trouver de nombreuses explications au succès de Netflix, mais on retiendra trois facteurs clés de succès :

- une culture d'entreprise très forte de l'innovation et la mesure ;
- une obsession pour l'expérience client ;
- la recherche d'une masse critique mondiale.

Une culture d'entreprise très forte de l'innovation et la mesure

Celle-ci est décrite en détail dans leur « Culture Code » disponible sur slideshare.net. Nous le détaillerons d'ailleurs dans notre chapitre sur le chantier « Culture et organisation » de ce livre. Il n'est pas un mois sans que Netflix annonce une nouveauté technique ou de leur catalogue. Le suivi et l'analyse constants des usages et des goûts de leurs abonnés lui permettent de guider avec succès leurs choix en matière de contenus, renforçant chaque mois un peu plus leur popularité.

Une obsession pour l'expérience client

Le moteur de recommandation permet à chacun de découvrir des films ou des séries que l'on n'aurait pas forcément trouvés seul. Chaque membre du foyer a accès à sa liste de lecture et de préférences, une interface spécifique est dédiée aux enfants. La consultation des films est particulièrement aisée et permet très simplement de débuter le visionnage sur un ordinateur et de le continuer sur un smartphone en reprenant l'épisode que vous regardiez au moment où vous l'aviez quitté. Netflix propose non seulement une solution simple et à la demande, mais bouscule aussi les codes pour répondre aux nouveaux usages des abonnés. Netflix a ainsi proposé tous les épisodes de la série *House of Cards* le même jour. Plus besoin d'attendre une diffusion qui s'étale sur des semaines. Les abonnés peuvent s'adonner au « bindge watching », véritable marathon cinématographique où ils peuvent regarder de multiples épisodes à la suite. Comme le constate Kevin Spacey : « L'audience veut le contrôle. Elle veut la liberté. Si elle veut regarder les épisodes d'un seul coup... alors laissons-la le faire... À travers ce nouveau mode de distribution, nous avons démontré que nous avons retenu la leçon que l'industrie musicale n'a pas voulu apprendre : donner aux gens ce qu'ils veulent, quand ils veulent, dans la forme qu'ils souhaitent à un prix raisonnable. Et il y a bien plus de chance qu'ils paient pour cela plutôt que d'avoir recours au téléchargement illégal[23]. » Netflix n'a eu de cesse de proposer l'accès à son service sur le plus grand nombre d'appareils possible. C'est à Netflix d'être accessible, pas à l'abonné de devoir faire un effort.

La recherche d'une masse critique mondiale

En s'affirmant comme une des premières plates-formes vidéo mondiale, Netflix crée une barrière à l'entrée énorme. Les chaînes de télévision nationales ne pourront bientôt plus lutter avec des revenus limités, car nationaux, pour financer ou acheter les droits des meilleurs programmes. Le marketing mondial d'une seule marque permet aussi de bénéficier d'économies d'échelle.

Et vous, imaginez-vous qui pourrait être le Netflix de votre industrie ? Quel acteur pourrait profiter d'un déploiement mondial pour progressivement vous dépasser en termes de revenus et de capacité de financement de l'innovation ?

Airbnb : du Web social à l'économie collaborative

« N'allez pas là-bas, mais vivez là-bas, même si c'est juste pour une nuit. » Avec sa nouvelle campagne de publicité télé Airbnb nous rappelle que les start-up réussissent entre autres en proposant de nouvelles réponses aux besoins déjà existants. Depuis l'avènement de l'e-mail et des réseaux sociaux, le monde est devenu un village global. Airbnb a été l'une des premières start-up à réaliser qu'une fois connectés les individus n'allaient pas juste communiquer. Non, ils échangent, se prêtent, se vendent, se louent de multiples choses ou services.

Après le Web social, bienvenue dans **l'ère de l'économie collaborative**. Des centaines de start-up proposent d'ailleurs depuis de multiples places de marchés gratuites ou payantes pour mettre en relation une offre et une demande de manière bien plus efficace qu'avant Internet. Vous pouvez désormais partager un trajet avec BlaBlaCar ou carrément louer la voiture d'un autre particulier avec OuiCar, louer un objet sur Zilok, le vendre ou l'acheter sur eBay ou Le Bon Coin, emprunter de l'argent à un inconnu sur Lending Club. **Jeremiah Owyang,** fondateur de Crowd Companies, a observé dans sa troisième version de son schéma « Collaborative Economy Honeycomb » que plus de 16 industries (finance, transport, santé, alimentaire...) ont désormais été impactées par plus de 460 nouveaux acteurs de cette économie collaborative[24] ! Plus de 17 acteurs ont même dépassé le milliard de dollars de valorisation et emploient plus de 60 000 employés[25].

En quelques années, la plate-forme et la communauté Airbnb ont explosé pour atteindre 80 millions de voyageurs ! Vous pouvez désormais choisir parmi 2 000 000 annonces de locations dans 34 000 villes et plus de 190 pays. Pourtant, en 2008, la création du service était loin d'être une évidence. Malgré le succès du « couchsurfing », plus de 30 fonds d'investissement ont dit non au début. La plupart n'étaient pas du tout convaincus que les gens soient prêts à payer pour aller dormir chez un inconnu. Fred Wilson, un de ces VC, concédera par la suite : « Nous avons fait l'erreur classique que font les investisseurs : nous nous sommes trop concentrés sur ce qu'ils étaient en train de faire à l'époque et pas assez sur ce qu'ils pouvaient faire, voulaient faire et avaient déjà fait[26]. » Pourtant, grâce à Internet, il est aisé de consulter les avis des loueurs précédents, de savoir si l'on a des relations en commun sur Facebook. Grâce à une maîtrise avancée de l'expérience utilisateur,

Airbnb propose une interface précise, mais simple et conviviale, pour trouver le logement coup de cœur. Loin de l'offre standardisée des hôtels, Airbnb propose aux visiteurs de vivre comme un vrai local. **Airbnb ne propose pas un service, mais une expérience** pleine d'authenticité et d'originalité en prenant une commission de 6 à 12 % sur le loueur et 3 % sur le visiteur. Pour les hôtes, c'est aussi un moyen simple de générer un complément de revenus tout en se créant des relations avec des personnes du monde entier. Le succès est tel que les hôtels ont découvert un peu tard l'impact sur leurs réservations de ce service qui semblait n'avoir rien à voir avec leur métier. Ce nouvel assaut s'ajoute à la concurrence des sites de réservations multimarques comme Booking.com ou Expedia. Les clients ont, eux, décidé que cela pouvait souvent s'avérer une vraie alternative. Dans certains cas comme à San Francisco, New York, Barcelone ou Paris, ce sont les municipalités qui ont pu s'inquiéter de la baisse de leur taxe sur les nuitées ou de voir certains immeubles ou quartiers dédiés uniquement aux touristes. Mais contrairement à l'approche brutale d'Uber, Airbnb a su jouer l'ouverture et la négociation pour expliquer son modèle et se faire accepter. Un touriste Airbnb est aussi un touriste qui consomme plus dans le commerce local qu'un touriste hébergé en hôtel. Sans posséder aucune chambre d'hôtel, la capacité d'hébergements d'Airbnb devrait bientôt dépasser celle d'InterContinental Hotels Group (IHG), leader mondial de l'hôtellerie avec 698 000 chambres[27]. La start-up valorisée à plus de 24 milliards estime ses revenus à 10 milliards/an en 2020[28].

Derrière le succès de Airbnb, on pourra noter trois éléments importants :

- avec le digital et la technologie, les consommateurs ont changé ;
- le souci du design de l'expérience client ;
- la dynamique communautaire.

Avec le digital et la technologie, les consommateurs ont changé

Ce qui peut paraître étrange, impossible ou irréaliste aujourd'hui pourrait devenir courant demain. Les grandes entreprises vont avoir tendance à défendre leur vision passée d'un marché, quitte à chercher à faire du lobbying contre les nouveaux arrivants. Pourtant, décrypter les nouveaux comportements et usages est essentiel. Dans une étude menée sur 150 entreprises[29], l'entrepreneur et investisseur Bill Gross a conclu que le timing était le facteur clé de succès dans 42 % des cas (et non pas l'équipe et l'exécution, l'idée, le business model ou le financement qui restent néanmoins importants). Et pour comprendre le besoin du client, il faut avoir une vision élargie de son métier. Le métier de Peugeot n'est pas l'automobile, mais celui du déplacement. Il ne serait pas surprenant de voir Peugeot proposer un jour des Vélib' ou de la location de véhicules. Pour ces clients, ce qui compte, c'est d'abord d'aller d'un point A à un point B, pas forcément d'acheter un véhicule. Pourtant, c'est toujours le client qui décidera de l'offre ou du service qui lui semblera réellement le plus pertinent et satisfaisant.

Le souci du design de l'expérience client

Brian Chesky et Joe Gebbia, deux des trois cofondateurs d'Airbnb, sont des designers ; leur souci du design se retrouve dans chaque détail du service. Une des valeurs clés de l'entreprise est : « *Every frame Matters*[30] » (« Chaque détail compte », en français). Que vous accédiez au service *via* un smartphone ou un PC, l'interface est d'une simplicité, mais aussi d'une puissance déroutante. Le contenu marketing, la technologie et le design du site se mêlent avec virtuosité pour fournir une expérience de loin supérieure aux sites habituels d'hôtels. Et la performance de chaque élément est mesurée pour mieux l'optimiser. De nombreuses fonctionnalités participent à rendre le service efficace, mais aussi à créer de la confiance : les avis, la messagerie entre utilisateurs (pas besoin de donner votre e-mail ou numéro de téléphone), une assurance de 1 million de dollars, les photos prises gratuitement par un photographe sélectionné par Airbnb qui vérifie au passage l'existence et la véracité du lieu, le moteur de recherche rapide et précis, la relance par SMS des hôtes après une demande sans réponse pendant 24 heures.)

La dynamique communautaire

Brian Chesky, le PDG d'Airbnb, a fait sienne la maxime d'un de ses mentors, Paul Graham, le dirigeant de l'incubateur Y Combinator[31] : « C'est mieux d'avoir 100 personnes qui vous aiment que 1 million qui vous apprécient. » Les utilisateurs d'Airbnb (hôtes comme invités) forment une vraie communauté qui va bien au-delà du simple échange de services. « Airbnb, c'est d'abord la rencontre et voyager comme un local[32] », nous rappelle Anne-Sophie Frenove, en charge du business development EMEA (Europe Middle East and Africa). La plupart des hôtes prépareront de petites attentions ou une liste des commerces et activités locales à découvrir dans le quartier. De nombreux utilisateurs sont devenus des amis. Cette dynamique a fortement facilité le bouche-à-oreille positif et la fidélité, favorisant ainsi la masse critique nécessaire à toute place de marché. Pourquoi chercher ou proposer un logement sur un autre site, si Airbnb propose l'offre la plus complète et le plus grand trafic ? Quand « communauté » rime avec « barrière à l'entrée ».

Tesla : quand un outsider réinvente l'automobile

Elon Musk serait-il le nouveau Steve Jobs ? Certains en semblent déjà persuadés, bluffés par le parcours de cet autre immigré, né en Afrique du Sud, puis éduqué au Canada. Après avoir cofondé PayPal (revendu à eBay), Elon a lancé SpaceX, qui disrupte l'industrie aérospatiale et envoie des satellites en orbite pour la Nasa. Il planche même sur Hyperloop, le concept d'un nouveau train pouvant atteindre les 1 200 km/h et dans lequel la SNCF vient d'investir 80 millions de dollars[33] ! Mais c'est surtout Tesla qui retient l'attention de beaucoup, et de l'industrie automobile en particulier.

En effet, Tesla pourrait être en train de **réussir là où la plupart des grands constructeurs progressent péniblement** : proposer une voiture électrique élégante, rapide et avec un rayon d'autonomie acceptable. Si la première Tesla, un roadster, tenait plus d'un concept-car pour millionnaires de la Silicon Valley (qui se sont effectivement précipités dessus) en 2006, la start-up a parcouru un sacré chemin en dix ans. En 2013, avec la Tesla S, l'entreprise est entrée sur le marché des berlines haut de gamme en s'arrogeant la première place[34] en matière de ventes de véhicules électriques face à Nissan, Audi ou BMW, et ce malgré un tarif moyen de 100 000 dollars. Il faut dire que les performances font rêver : de 0 à 100 km/h en 2,8 secondes (plus rapide qu'une Ferrari), une vitesse allant jusque 250 km/h et une autonomie maximum de 430 kilomètres. Mais ce sont aussi une qualité (la Tesla S a remporté le meilleur score de l'histoire du classement automobile américain Consumer Report en 2013[35]) et un luxe (écran géant, filtres à air contre la pollution...) qui ont fait la différence. Si vous ne l'avez pas encore fait, allez vraiment tester une Tesla, l'expérience est bluffante. On a juste l'impression de mettre le pied dans un véhicule en avance de cinq ans sur la concurrence.

Depuis, la marque a **continué d'innover**. Une mise à jour du logiciel de la voiture permet désormais de bénéficier d'un pilote semi-automatique. Des centaines de stations de rechargement gratuites (et souvent solaires) sont disponibles sur trois continents (à Paris, vous pouvez recharger votre Tesla sur une station Autolib'). Et Tesla a même décidé de mettre dans le domaine public les brevets liés à la conception de ses batteries[36]. Derrière ce geste d'apparence généreux, Tesla cherche aussi à diffuser son standard pour faciliter le déploiement d'une infrastructure commune aux différents véhicules électriques. Imaginez si chaque constructeur automobile nécessitait un type d'essence spécifique. La priorité de Tesla est de proposer une alternative électrique crédible et populaire face à l'essence. Quitte à accepter de partager certains savoirs avec les autres constructeurs pour les aider à pousser aussi cet usage. L'objectif de Tesla est clair, itérer fréquemment et essayer de se rapprocher d'un modèle d'entrée de gamme accessible au plus grand nombre. Le modèle 3 annoncé en 2017 pour 35 000 dollars environ a généré plus de 400 000 précommandes ! Et Tesla est bien plus qu'un acteur automobile. Grâce à sa giga-usine[37] de batteries du Nevada, l'entreprise compte se lancer sur un nouveau marché, celui des batteries pour maison. Les amateurs d'énergies renouvelables pourront ainsi les stocker pour un usage pendant la nuit. Après l'automobile, EDF n'a qu'à bien se tenir...

Pour répondre à cet engouement, Tesla va devoir utiliser toutes les ressources de ses usines ultra modernes et ultra automatisées à Fremont, aux États-Unis, et en Hollande. Pas évident de passer d'une production de 50 000 véhicules en 2015 à 500 000 pour 2018. L'entreprise a déjà été obligée de retarder le lancement de certains modèles. La Bourse, elle, en tout cas, s'est fait son avis jusqu'ici. La capitalisation boursière de Tesla (35 milliards de dollars au Q1 2016[38]) est désormais supérieure à celle du groupe PSA (16 milliards de dollars) malgré des ventes de véhicules 17 fois inférieures. La Bourse mise sur le futur plutôt que dans les acteurs établis.

Et Elon Musk ne compte pas s'arrêter là... Il travaille sur la mise en place d'un réseau de satellites avec SpaceX pour connecter 1 milliard d'internautes supplémentaires, mais aussi sur la création d'une flotte de bus autonomes[39] ; Solar City, une société de panneaux solaires, a annoncé qu'elle voulait une mission spatiale pour 2018[40] !

Face à cet acteur plus que disruptif, les acteurs traditionnels de l'industrie automobile ou de l'énergie devraient faire les trois constats suivants :

- aucun secteur n'est à l'abri de la disruption ;
- adopter l'innovation semi-ouverte ;
- savoir prendre des risques.

Aucun secteur n'est à l'abri de la disruption

Comment un start-uper du paiement électronique est-il arrivé à défier deux industries aussi complexes et coûteuses que l'automobile et l'aérospatiale ? Comment a-t-il fait mieux en dix années que des mastodontes avec des dizaines d'années d'expérience et des milliers d'ingénieurs expérimentés ? Quelques secteurs jouissent de certaines barrières à l'entrée (financières, technologiques, légales...), mais cette apparente sécurité peut devenir une faiblesse en freinant l'esprit d'innovation. Quand on profite d'une rente de situation, pourquoi chercher à trop changer les choses ? Cet immobilisme sera alors une opportunité pour un acteur agile ambitieux qui n'aura rien à perdre et aucune vache sacrée à épargner. Elon Musk a justement su attirer de nombreux talents frustrés par la lenteur, la bureaucratie et le manque d'ambition de l'automobile, quitte même à accepter un plus petit salaire pour poursuivre une grande cause. Au-delà, de son grand rêve, Elon Musk a su mettre en place une organisation très agile (inspirée de l'industrie logicielle), rapide et autonome en ré-internalisant une grande partie des pièces. Moins de sous-traitants et c'est autant de contrôle et de réactivité.

Adopter l'innovation semi-ouverte

L'enjeu pour Tesla est d'abord d'imposer l'usage de l'électrique. En ouvrant l'usage de ses brevets, Tesla essaie de transformer sa position de leader technologique en standard commun bénéfique à tous. Sans réseau de stations de chargement mondial et compatible, les voitures électriques ne pourront s'imposer comme un usage populaire. Elon Musk préfère favoriser cette adoption quitte à partager une partie de son savoir avec la concurrence. Il a suffisamment confiance dans son avancée technologique, mais aussi dans la vitesse d'innovation de ses équipes pour conserver sa position concurrentielle. Chaque automobile est bardée de capteurs qui remontent au siège les détails de son parcours. Cet apprentissage mutualisé a largement facilité la mise au point du logiciel d'autopilotage. Dans son approche, Tesla ressemble plus à un acteur du logiciel qu'à une entreprise industrielle. Itération, principes de plates-formes, interopérabilité contrôlée avec d'autres sociétés...

Savoir prendre des risques

L'aventure de Tesla est loin d'avoir été un long fleuve tranquille. Elon Musk n'était d'abord qu'investisseur avant de prendre lui-même les rênes de l'entreprise en tant que PDG. Le premier roadster coûtait 200 000 dollars à produire pour un prix de vente de 75 000 dollars, les ventes culminant à seulement 2 500 véhicules. Les équipementiers automobiles refusent de fournir Tesla et forcent l'entreprise à développer ces propres équipements. Tesla accumule ensuite les retards sur les lancements annoncés. Les premiers véhicules de la série S souffrent de nombreux bugs. L'embrasement de deux ou trois véhicules a aussi entraîné une crise médiatique et un plongeon temporaire du cours de Bourse. Au début 2013, la société était au bord de la banqueroute et a failli être revendue en partie à Larry Page[41], cofondateur de Google avec Sergueï Brin, avant que les ventes et le cours de Bourse ne décollent enfin subitement. L'existence et le développement de Tesla ont bien souvent tenu à un fil, mais ce sont cette absence de peur et cette capacité à affronter les obstacles de manière agile qui font de Tesla un dangereux adversaire. Car Tesla voit bien plus loin et pense déjà à la voiture autonome.

Uber, fer de lance de l'ubérisation des transports

Dernier acteur des NATU, Uber est certainement celui qui aura créé le plus de débats, d'affrontements dans les médias comme dans la société. Les taxis parisiens ne sont pas les seuls à être vent debout contre cette application mobile valorisée pas moins de 60 milliards de dollars. L'entreprise affronte pas moins de 173 procès[42] rien qu'aux États-Unis, que ce soit à cause de son attaque directe des monopoles de taxis ou de ses relations parfois brutales avec les chauffeurs abonnés à son service.

Guillaume Sarlat propose la définition suivante au terme « ubérisation » popularisé par Maurice Lévy : « Tous les business models des grands groupes seraient sur le point d'être disruptés, ubérisés, désintermédiés, commoditisés, en un mot pulvérisés par une multitude de start-up beaucoup plus agiles et innovantes[43]. » Faute d'adopter les nouvelles technologies disponibles, les acteurs existants se mettent en danger.

Ainsi, les taxis parisiens n'ont qu'à s'en prendre à eux-mêmes. Car c'est bien à cause de leur piètre service que les fondateurs d'Uber (à l'origine Uber-Cab) ont eu l'idée de lancer cette start-up. Venus en 2008 pour la conférence LeWeb, de Loïc Lemeur, ils ont pu goûter que l'expérience client ne correspondait pas aux attentes qu'un usager pouvait avoir. À l'heure du smartphone et de Google Maps, comment est-il encore possible d'appeler un numéro de téléphone ou de faire le planton dans la rue ? En à peine huit ans, le service s'est répandu comme une traînée de poudre pour couvrir plus de 60 pays et 404 villes. Uber prend une commission de 20 % sur chacune des courses. Malgré un budget publicitaire très réduit, la qualité de l'expérience client a suscité l'engouement et un bouche-à-oreille positif de la part des clients. En effet, avec une simple application mobile, Uber propose d'éviter la majeure partie des frustrations liées aux taxis : plus besoin d'appeler et d'être mis en attente, la disponibilité et le temps d'arrivée sont consultables avant la commande, plus besoin de sortir à l'avance (le chauffeur est localisé en temps réel sur une carte), plus besoin de prier pour que la carte bancaire soit acceptée (il suffit de quitter le véhicule à la fin de la course, votre CB sera automatiquement débitée) et enfin un reçu sera automatiquement envoyé par e-mail avec les informations inscrites de manières visibles. Les utilisateurs apprécieront aussi au passage d'avoir le nom de leur chauffeur et de pouvoir le noter, les chauffeurs notant eux aussi les passagers, offrant ainsi plus de transparence, de confiance et de sécurité. Uber pense qu'il n'y a aucun sens à ce que chaque citadin possède une voiture dont le taux d'usage est inférieur à une heure par jour, soit 5 %. Uber espère au contraire réduire le nombre de véhicules stationnés ou en circulation en devenant une option de remplacement. Sur une ville comme Paris, on parlerait théoriquement de 800 000 véhicules en moins[44] !

Évidemment, le succès massif du service n'a pas laissé les acteurs existants de marbre. Habitués à un monopole lié à la distribution contrôlée de licences, les taxis ont vu d'un très mauvais œil ce nouvel acteur. Les VTC (chauffeurs privés) existaient pourtant bien avant, mais leur activité restait marginale. En offrant une place de marché simple et très efficace, Uber a démocratisé l'usage des chauffeurs privés au plus grand nombre. Les clients, charmés par un accueil et un service qui avaient souvent disparu chez les taxis, se sont précipités. À San Francisco, Uber n'a pas seulement pris des parts de marché aux taxis, mais bel et bien augmenté la taille du marché en convainquant de nombreux conducteurs individuels de préférer leur service. La société a ensuite profité de l'effet de masse pour élargir son marché et proposer différentes gammes de prix et de services Uber, de limousines en passant par UberX (milieu de gamme) ou même UberPop (covoiturage). Les taxis ont soudainement vu le nombre de VTC exploser, et leur chasse gardée fondre comme neige au soleil. Non seulement leur chiffre d'affaires a été impacté, mais la valeur de leur licence, devenue artificiellement un outil spéculatif pour leur retraite, a commencé à baisser. Les grèves, manifestations se sont enchaînées jusqu'à l'émeute parfois, non sans rappeler les luddites, ces ouvriers anglais qui brisaient les métiers à tisser lors de la révolution industrielle. Les acteurs comme Taxis bleus ou Taxis G7 en France et leurs équivalents à l'international ont évidemment affûté leurs arguments juridiques et mener un lobbying de la dernière chance auprès des politiques. On notera avec ironie que Taxis G7 fait exactement le même métier que Uber, c'est une centrale de réservation (les taxis ne sont pas ses employés, mais des artisans indépendants en général). Certains chauffeurs Uber découvrent aussi que les notes postées par les usagers peuvent rapidement entraîner une radiation brutale ou que les tarifs peuvent être revus à la baisse du jour au lendemain. Ils tentent aujourd'hui dans certaines cours de justice d'obtenir leur requalification en tant que salariés.

Pourtant, malgré cette guérilla juridique et parfois médiatique, Uber continue son développement à marche forcée, porté par le soutien de millions de clients. Uber lance une API (Application Protocol Interface) pour commander un Uber depuis Amazon Echo (voir plus loin l'exemple Amazon dans les GAFA) ou Facebook Messenger. Et l'entreprise teste déjà de nouvelles activités connexes comme la livraison de repas avec UberEats, le déménagement, la livraison avec UberRush... Peu enclin à une stratégie de conciliation avec les acteurs existants, cet enfant terrible n'hésite pas à défier le droit existant pour essayer de le faire évoluer. Véritable rouleau compresseur, Uber est désormais un synonyme de la disruption avec le terme « ubérisé ». En étudiant ce cas, les grandes entreprises devraient retenir les trois principes suivants :

- la meilleure expérience client gagne quasiment toujours ;
- refuser l'innovation est un combat perdu d'avance ;
- avec la mondialisation, l'enjeu de la masse critique.

La meilleure expérience client gagne quasiment toujours

Le meilleur marketing est d'abord d'avoir un meilleur service que la concurrence. Plus efficace, plus simple, moins cher, plus rapide... vous avez le choix, mais le client ne s'y trompera pas. À l'heure des réseaux sociaux, l'information est plus rapide et transparente et elle favorise de manière vertueuse les acteurs qui proposent la meilleure valeur ajoutée et la meilleure expérience client. Les start-up américaines testent et expérimentent de manière agile pour trouver le dosage idéal entre design, services et contenus. Chaque insatisfaction ou frustration liée aux acteurs existants devient leur carburant pour inventer de nouvelles solutions plus satisfaisantes.

Refuser l'innovation est un combat perdu d'avance

En essayant de bloquer Uber au lieu d'améliorer leur propre service, les taxis ne font que retarder l'inéluctable. Comme l'industrie de la musique l'a appris, on ne développe pas son business en cherchant à bloquer l'innovation à coups de procès ou de lobbying. Si les clients préfèrent une fonctionnalité ou une offre, adaptez-vous vite ou préparez-vous à périr.

Avec la mondialisation, l'enjeu de la masse critique

En offrant son service à l'international, Uber génère une croissance du nombre d'usagers et un chiffre d'affaires conséquent. Cela lui permet de lever d'énormes financements (plus de 10 milliards[45]) en promettant de devenir un leader mondial. Avec ce trésor de guerre, Uber peut sereinement financer une croissance ultra agressive (quitte à perdre de l'argent au lancement d'un marché avec des courses subventionnées), financer des bataillons d'avocats, innover, racheter des concurrents locaux... renforçant un peu plus son leadership. Dans le marché mondial, « *winner takes all* ». Le gagnant remporte tout et les suivants n'auront que quelques miettes. Il est donc vital de gagner le plus rapidement en masse critique pour racheter au lieu de se faire racheter.

Les NATU ne sont que quelques exemples de start-up parmi celles avec le plus de succès au niveau international. Airbnb disrupte l'hôtellerie sans posséder un seul hôtel, Uber n'emploie aucun chauffeur de taxi, Facebook ou YouTube ne créent aucun contenu et Alibaba n'a aucun stock (contrairement à Amazon). Il n'y a pas un modèle ou une façon de faire et il ne faut pas oublier qu'une grande majorité des start-up sera un échec. Mais pour celles qui sauront innover, affronter les obstacles, gérer la croissance, le monde est devenu un grand marché, et leur agilité une arme pour affronter les acteurs existants. En France nous ne comptons que trois licornes

(BlaBlaCar, Vente-Privée, Criteo), et peu de start-up nationales disruptent encore les grandes sociétés françaises. Mais la disruption des acteurs américains et bientôt asiatiques n'est que le signe avant-coureur d'un nouveau monde. Les futurs leaders de l'économie de demain sont peut-être dans un espace de coworking du Silicon Sentier ou dans une des villes de l'Hexagone. Comme le professe si bien Gary Hamel[46], « quelque part dans un garage il y a un entrepreneur qui forge une balle avec le nom de votre entreprise dessus. Vous n'avez qu'une seule option désormais : tirer le premier. Vous devez devenir plus innovant que l'innovateur ».

Les 5 questions à vous poser

1. Connaissez-vous les 20 start-up qui disruptent ou pourraient disrupter le plus votre industrie dans votre pays ? Aux États-Unis ? Et en Asie ? Les avez-vous déjà rencontrées ?
2. Avez-vous déjà pratiqué l'exercice « *kill your company* » ? Si vous étiez une start-up et deviez tuer le business de votre entreprise en repartant de zéro, comment vous y prendriez-vous ? Quelle application mobile pourrait être votre Uber ? Imaginez que les problématiques de budget ne soient pas un problème (les start-up peuvent lever plusieurs millions ou même milliards).
3. Votre entreprise a-t-elle lancé un incubateur ou un accélérateur ? Vous y êtes-vous déjà rendu ? Connaissez-vous les start-up qui y sont hébergées ?
4. Pourquoi un talent préférerait-il venir travailler dans votre entreprise plutôt que de rejoindre une start-up ou de lancer la sienne ? Que pourriez-vous faire pour améliorer votre attractivité auprès de hauts potentiels face aux start-up ?
5. Quelles sont vos sources d'informations pour suivre l'actualité des start-up ? Consultez-vous les sites FrenchWeb, HUB Institute, PetitWeb, Maddyness, TechCrunch ou d'autres sites spécialisés sur les start-up de votre industrie ?

GAFA : quand les géants digitaux attaquent les autres industries

La colonisation numérique remet en cause notre souveraineté

La capitalisation boursière extraordinaire des GAFA (Google, Apple, Facebook, Amazon) dépasse déjà celle des 40 entreprises du CAC40 réunies. Grâce à des business models très profitables, une innovation très agressive, une capacité à se déployer mondialement et une maîtrise de l'optimisation fiscale, les GAFA sont devenus des géants redoutables. Au-delà des entreprises, ces sociétés sont presque plus puissantes que des États et leur impact est tel qu'elles bousculent presque parfois les fondements et les principes de nos institutions. En maîtrisant les données de centaines de millions d'individus, leur géolocalisation, leurs centres d'intérêt ou l'accès à l'information, ces entreprises posent un véritable défi en matière de souveraineté numérique. Derrière des services très innovants et populaires auprès des internautes, ces entreprises militent pour une vision très américaine et libérale. De l'utilisation des données personnelles en passant par le commerce, la liberté d'expression sans modération, le lobbying... les GAFA défient régulièrement les conceptions et les législations du Vieux Continent. Et le scandale de la NSA avec Snowden nous rappelle que cette colonisation numérique hégémonique n'est pas anodine. Les politiques, à l'âge avancé et à la compréhension technologique limitée, semblent dépassés par les enjeux. Et la loi paraît bien trop lente face à la rapidité des mutations technologiques ou impuissante devant des problématiques multinationales. La Commission européenne semble néanmoins résister. Après Microsoft, c'est à Google qu'elle s'intéresse désormais. On notera en effet qu'en ce qui concerne le numérique, il n'existe pas vraiment de géants digitaux européens à même de rivaliser avec les GAFA. De la recherche d'information en passant par les logiciels d'exploitation, le mobile, les réseaux sociaux... ou le Cloud..., les acteurs européens sont assez absents de cet échiquier dominé par les Américains et en particulier la Silicon Valley. La Californie vient d'ailleurs de dépasser la France en termes de PIB[47]! Avec 39 millions d'habitants, cet État champion de la high-tech s'établit désormais comme la sixième puissance mondiale.

Une rentabilité survitaminée qui décuple leur compétitivité

Si l'on prend juste les GAFA et leurs employés, c'est comme si une ville de 300 000 habitants générait le PIB de l'Australie. La productivité et le revenu générés par employé dans ces entreprises sont parmi les plus élevés au monde. D'après une étude américaine[48], Amazon a besoin de seulement 17 employés pour générer 10 millions de dollars de chiffre d'affaires contre 62 pour Macy's, Facebook et Google de 6 et 7 employés respectivement contre 78 pour Publicis.

Cette rentabilité inégalée leur permet d'avoir les moyens de chasser les meilleurs talents mondiaux avec des salaires particulièrement élevés ou des stock-options alléchantes. Le nombre de millionnaires a tellement augmenté dans la Silicon Valley et à San Francisco que les travailleurs des autres industries ou les fonctionnaires (police, instituteurs...) protestent régulièrement, incapables de faire face à l'inflation immobilière de la région. Demandez-vous comment vous pourrez motiver les meilleurs à rejoindre votre organisation demain plutôt que les rangs des GAFA. Dans la compétition mondiale, la course aux talents est un facteur clé de succès, et les GAFA sont des références en la matière, que ce soit sur le niveau des rémunérations ou les conditions de travail « fun » et généreuses (cantine gratuite, campus luxueux...).

Une capacité incroyable à innover

Les revenus incroyables des GAFA leur permettent aussi d'investir énormément dans l'innovation. Que ce soit en matière de recherche et développement (ou R & D) ou dans le rachat d'autres start-up ou sociétés innovantes, de brevets… les géants du digital ne se contentent pas de régner sur leur industrie. Ils sont tous en train de s'attaquer aux secteurs traditionnels.

Google/Alphabet a ainsi racheté plus de 12 sociétés spécialisées en robotique et pas moins de 190 entreprises et start-up en quinze ans d'après Wikipédia[49]. Mais Alphabet est aussi désormais un acteur de l'automobile (avec sa Google Car autonome), de la santé (Google Life Science, alias Verily, ou Calico), des télécom (Android, Google Fiber), de l'énergie (Google Energy), des objets connectés (Nest)… et tout cela en restant un acteur majeur de la recherche et de la publicité en ligne. À lui seul, Google compte pour 10 % des revenus publicitaires mondiaux et pilote le logiciel d'exploitation Android d'une grande majorité de smartphones. Et si l'on cumule les revenus de Google à ceux de Facebook, ces deux acteurs attirent 85 % des dépenses marketing en ligne d'après Morgan Stanley[50] (soit plus de 100 milliards par an) ! Après tout, le mot Alphabet signifie aussi « alpha bet » : « un retour sur investissement supérieur à la moyenne », comme l'explique un des cofondateurs, Larry Page, sur le site du groupe[51]. Qui aurait pu prédire chez Renault ou PSA que Google pourrait devenir un concurrent il y a encore quelques années ? Quand on voit les moyens et la vitesse d'Alphabet, les acteurs traditionnels devraient vraiment s'inquiéter.

Alphabet et Apple consacrent quasiment chacun plus de 10 milliards de dollars annuels à leur R&D. Ces deux acteurs sont à la fois capables de veiller à l'amélioration incrémentale de leurs produits et services existants, tout en faisant d'énormes paris sur des innovations disruptives. GoogleX, le département dédié à ces projets audacieux, travaille à connecter 1 milliard d'internautes supplémentaires avec des ballons (Google Loon) aux lunettes connectées (Google Glass) ou aux voitures autonomes. Si chacune de ses pistes est un défi énorme, il suffit qu'un ou deux de ces chantiers aboutissent pour créer de nouveaux leviers de croissance avec des revenus de plusieurs milliards de dollars à la clé. Pour Eric Schmidt, son PDG, « le problème est que la plupart des entreprises actuelles sont organisées pour réduire le risque et non pas pour maximiser la liberté et la vitesse […] la plupart des entreprises sont conçues pour être lentes […] Les grands défis sont parfois plus faciles à réaliser car ils attirent les meilleurs talents[52] ». Pour lui, le succès de Google tient à sa culture. C'est elle qui attire et crée l'environnement et la liberté aux meilleurs créatifs pour entreprendre de grandes choses. Tel un capital-risqueur, Google a tendance à souvent lancer de manière publique de multiples innovations… en acceptant que plusieurs projets puissent ne pas fonctionner. Cette ouverture lui permet d'avoir rapidement des retours de la part du marché et de capitaliser sur des contributions de développeurs et de partenaires externes pour enrichir son offre.

Apple, au contraire, préfère affiner en secret ses idées et ne les dévoiler qu'au moment du lancement officiel lors d'un de ses célèbres « keynotes ». La marque à la pomme est d'ailleurs souvent rarement la première sur une idée (lecteurs mp3, ordinateurs personnels, tablettes, smartphones), mais mise plus sur le design et la simplicité pour battre la concurrence. Telle une maison de luxe, dépositaire de l'exigence et du génie quasi dictatorial de Steve Jobs, Apple propose ses créations premium pour un prix et des marges eux aussi bien supérieurs. Maîtrisant à la fois le matériel, le logiciel et le point de vente, Apple propose une expérience globale façonnée dans ses moindres détails pour séduire une cible précise de clients aisés. Apple est une des premières entreprises à avoir rendu la technologie conviviale. Quand un produit aussi sophistiqué qu'une tablette ou un smartphone devient suffisamment simple et intuitif pour qu'un bébé s'en empare, on repense à cette citation d'Antoine de Saint-Exupéry : « La perfection est atteinte non pas quand il n'y a plus rien à ajouter, mais quand il n'y a plus rien à enlever. » Certes, dans la vision d'Apple, cette maîtrise de l'expérience utilisateur se fait au détriment de la compatibilité et de l'ouverture. La perfection d'Apple (et son écosystème propriétaire et fermé) ne saurait tolérer des éléments tiers sous-performants. Certains n'hésitent pas à comparer Apple à un culte[53] ou à une religion avec son temple (l'Apple Store), son prophète (Steve Jobs), ses croyances (qualité, design et simplicité), ses cérémonies (les keynotes), ses rituels (les queues à chaque lancement produit)... Apple s'attaque désormais au paiement avec Apple Pay, qui arrive enfin sur la France. Certaines banques ont déjà décidé de s'associer, les autres devraient commencer à s'inquiéter.

Né en 1984, le trentenaire Mark Zuckerberg pilote Facebook de main de maître. Ce réseau social pour étudiants réunit désormais plus de 1,7 milliard d'utilisateurs dans le monde entier. C'est aussi devenu une des plates-formes publicitaires leaders dans le monde. Programmeur lui-même, Zuckerberg reste focalisé sur les innovations incessantes de Facebook. L'entrepreneur a en effet failli rater le tournant du mobile avant de racheter Instagram et WhatsApp pour plus de 22 milliards de dollars au total. Après un réalignement de cap et une priorité donnée au mobile, l'entreprise génère désormais plus de 80 %[54] de ses revenus sur les tablettes et les smartphones (grâce à la publicité) – contre 0 % avant 2012 ! Peu d'acteurs traditionnels seraient capables d'accomplir le même exploit et de réinventer leur business model en si peu de temps.

De son côté, Amazon révolutionne le commerce en continuant d'innover vingt ans après son lancement, et ce comme au premier jour. Un des slogans de son PDG et fondateur, Jeff Bezos, est d'ailleurs : « *It is still Day 1*[55]. » Ce véritable mastodonte de l'e-commerce s'est construit sur une culture extrême de la mesure au service du client. Son PDG n'hésite pas à réserver « un siège pour le client » dans certaines réunions ou négociations importantes pour marteler cette notion. Amazon ne cesse jamais de tester et d'optimiser ses procédures, son site ou son marketing pour gagner en performance et proposer toujours plus pour toujours moins. Certains n'hésitent pas à parler de croissance cannibale. En optimisant sa productivité et sa rentabilité, Amazon peut tirer les prix vers le bas à un niveau inacceptable pour ses concurrents. Amazon a ainsi transformé une source de coûts (l'hébergement de ses sites) en une ligne de revenus. Cette entité, Amazon Web Services, est devenue le leader mondial de l'hébergement en Cloud et rapporte désormais plus de 8 milliards de dollars de revenus, malgré plus de 47 baisses de prix successives. Cette infrastructure unique permet aussi d'absorber sans mal des pics énormes de trafic pendant les soldes, par exemple. Sans ces économies d'échelle, les autres distributeurs paieront plus cher pour financer leur hébergement et seront d'office moins rentables ou plus coûteux.

En parallèle, Amazon développe de nouvelles fonctionnalités (achat en un clic, livraison gratuite pour les abonnés premium, livraison en 24 heures, puis en une heure...) qui font la joie des clients et augmente leur fidélité. Amazon explore toutes les sources de revenus, n'hésitant pas à remonter en amont ou en aval de la chaîne de valeur. Et la société accepte que certains investissements qui apportent rapidement un bénéfice client puissent mettre des années à devenir rentables. Amazon produit désormais certains films, dessins animés ou édite certains livres. Amazon vend aussi certains produits (câbles, chargeurs de mobiles...) sous sa propre marque. Dans tous ces cas, ce sont les données de son site qui lui permettent d'identifier les marchés les plus populaires et les plus rentables, quitte à concurrencer ses propres fournisseurs. L'entreprise se lance désormais dans la livraison de courses alimentaires (Amazon Fresh), teste la livraison par drones et est déjà leader de la vente de chaussures aux États-Unis avec Zappos. D'ici peu, on se demandera peut-être l'intérêt d'aller à un supermarché... Si Virgin a déjà sombré sur les produits culturels, le secteur du retail et de la grande distribution a désormais compris le message et met les bouchées doubles pour se défendre.

Au-delà des GAFA, il ne faut pas non plus oublier les géants asiatiques (Baidu, Alibaba, Tencent), qui possèdent eux aussi des moyens faramineux et se préparent également à attaquer le marché occidental. Et le club des GAFA devrait rapidement s'agrandir pour être rejoint par un nombre toujours plus grand de licornes prometteuses. Comme un prophète, l'entrepreneur et investisseur Marc Andreessen nous mettait en garde en annonçant que « le logiciel est en train de dévorer le monde ». Ce qui est certain, c'est que ces mastodontes digitaux, qui allient agilité et puissance, cherchent de nouveaux relais de croissance. Ils n'hésiteront pas longtemps à déborder leurs activités initiales pour aller disrupter les secteurs traditionnels qui paraissent les plus endormis et les moins performants. Nous sommes tous en train de devenir des entreprises logicielles et nos nouveaux concurrents s'appellent Google, Amazon, Facebook, Apple... Pensez-vous avoir de quoi les affronter ?

Les 5 questions à vous poser

1. Connaissez-vous bien les business models des GAFA ? Pourriez-vous les décrire et les expliquer ?
2. Suivez-vous les innovations lancées par les GAFA, les NATU ou les start-up de votre industrie ? Savez-vous quels sites ou blogs consulter pour vous tenir à jour ?
3. Avez-vous un interlocuteur pour votre entreprise en charge des relations avec les GAFA ? Si vous deviez contacter une personne chez Google ou Facebook, sauriez-vous qui joindre ?
4. Avez-vous défini quels sont les risques possibles de concurrence avec les GAFA ou les NATU ? Comment pourriez-vous y répondre ?
5. Si votre entreprise croisait aujourd'hui un des futurs géants du digital, croyez-vous qu'elle saurait s'en rendre compte et prendre la bonne décision : investissement, rachat, collaboration ?

Les six chantiers de la transformation digitale

Introduction à la matrice du HUB Institute

La matrice de la transformation digitale du HUB Institute

		AUDITER	PLANIFIER	TESTER	DÉPLOYER	OPTIMISER	
Gouvernance digitale	Leadership	Compréhension et vision	Stratégie et nouveaux business models	Pilote et lab	Roadmap et soutien/ exemplarité	Itération et optimisation	Excellence digitale
	Culture et Organisation	Évaluation des niveaux et acculturation	Compétences et organisation	Process et policies	Formations et gestion du changement	Collaboration	
	Technologies	Écosystème et architectures	Intégration business et IT	Everywhere commerce	IoT, Cloud, SAAS, API	Agilité et open innovation	Excellence digitale
Digital engagement	Données	Mapping data existantes	Unification CRM et DMP	Légal et cyber-sécurité	Data-Visualisation et datamining	Big Data et prédictif	
	Exp. client et marketing 2.0	Connaissance client	Contenus, services et experiences	Social, mobile, vidéo	Engagement et médiaplanning omnicanal	Temps réel	Excellence digitale
	Mesure	Bonnes pratiques	KPIS	Analytics et metrics	Tableaux de bord	Benchmarks	
		Gestion du changement			Déploiement du changement		

L'expression « transformation digitale » est désormais dans toutes les conversations. Des médias en passant par les directions d'entreprise, des experts aux vendeurs de logiciels, beaucoup n'ont pas pris le sujet du numérique au sérieux suffisamment tôt. Pourtant, ils sont soudain devenus des apôtres du concept sans vraiment savoir ce qu'il renferme. Bref, le changement tout le monde est pour... surtout si l'on en reste aux apparences... et qu'au final on en revient au *statu quo*. Heureusement, certaines organisations plus visionnaires ont bien pris conscience de l'urgence et de l'importance de l'enjeu pour leur futur... voire leur survie ! Loin de s'en tenir à un « hackathon » (concours d'innovation avec les start-up), à une page Facebook et à un incubateur, elles ont une vision bien plus ambitieuse et long-termiste, soutenue par le top management et de vrais moyens humains et financiers. AXA, AccorHotels ou la SNCF, par exemple, ont ainsi envoyé un vrai signe au marché en lançant des programmes de transformation digitale de plusieurs centaines de millions d'euros et impliquant quasiment tous les échelons de l'entreprise.

Après avoir échangé, ces dernières années, avec plus de 300 grandes et moyennes entreprises, le HUB Institute a été le témoin de nombreuses stratégies de transformation numérique. Chaque organisation, chaque société est différente par sa taille, son marché, son envergure locale ou internationale, son industrie, sa chaîne de valeur. Pourtant, il nous semblait indispensable de pouvoir arriver à organiser et à modéliser une approche logique des différents chantiers.

Comment piloter une mutation complexe sans plan de bataille ? Comment partager les défis variés avec des décideurs, issus de départements différents, de formations différentes, et qui utilisent des vocabulaires, des indicateurs de mesure spécifiques ?

« Ce qui se conçoit bien s'énonce clairement », nous rappelle la maxime de Nicolas Boileau-Despréaux. Voici donc la matrice de la transformation digitale conçue par le HUB Institute. Telle la pierre de Rosette[1], elle devrait vous aider à échanger avec l'ensemble des départements de votre organisation pour identifier et prioriser les six chantiers clés et cinq étapes de la transformation numérique :

1. le **leadership** qui nécessite un management informé, visionnaire, volontaire et exemplaire ;
2. la **culture et l'organisation** qui vont devoir être repensées avec l'aide des RH en termes d'expertise, de formation et d'accompagnement au changement ;
3. la **technologie** qui va nécessiter une grande mise à jour et une nouvelle approche pour rester le plus agile, le plus performant et le plus innovant possible ;

4. la maîtrise des **données** qui deviennent le cœur des entreprises, mais nécessitent une plomberie complexe et subtile ;
5. Le **marketing et l'expérience client** qui doivent répondre aux nouvelles attentes du client connecté et gagner en efficacité et en réactivité ;
6. l'enjeu de la **mesure de la performance** à travers toute l'organisation.

Cette matrice générique donne les grands principes et étapes pour structurer votre démarche de transformation digitale. Conçue après plus de trois ans d'échanges et de recherche avec les experts du HUB Institute, elle devrait s'avérer pertinente dans 90 % des cas. Comme tout modèle, il sera néanmoins nécessaire de l'adapter aux enjeux de votre organisation et de son marché.

Premier chantier : leadership et management

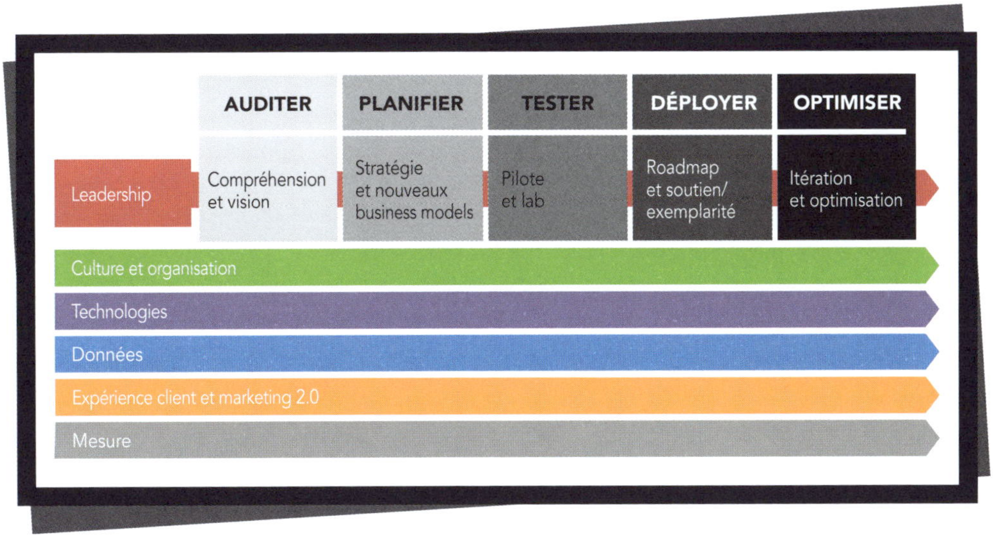

Comme à l'armée, c'est aux généraux de définir la stratégie et de décider du lancement de l'assaut. Pourtant, si ce chantier est clairement la priorité numéro un, conditionnant toute mutation profonde, les profils du top management sont souvent plus un handicap qu'un élément moteur. Les succès passés n'offrent aucune garantie pour le futur. Au contraire, « la personne qui a été la star de l'ère précédente est souvent la dernière à s'adapter au changement, la dernière à embrasser la logique d'un point de transition et tend à chuter plus durement que la plupart[2] ».

Auditer – Développer une compréhension et une vision

Quand certains leaders ont abandonné l'idée de leadership

Au niveau culturel, imaginerait-on demander à un commandement formé pendant trente ans dans le contexte de la guerre froide de piloter la nouvelle stratégie post-Perestroïka ? Aujourd'hui, le top management d'une grande partie des grandes entreprises françaises est malheureusement trop souvent issu des mêmes moules : des hommes surtout, âgés souvent, formés aux mêmes grandes écoles, promus pour avoir appliqué avec excellence des modèles éprouvés et pas toujours au fait des nouvelles réalités et pratiques de l'ère digitale. Quand on encourage et promeut des approches traditionnelles de plus en plus dépassées, quand on ne s'intéresse pas, ne pratique pas, ou ne comprend pas les nouvelles technologies, il n'est alors pas étonnant de voir certaines organisations foncer dans le mur ou juste reculer faute d'avancer et d'innover assez vite... Comme nous l'avons montré au début de cet ouvrage, le monde a changé et continue d'évoluer chaque jour plus vite. Les modèles et recettes du succès se périment aussi vite que des fruits frais et l'instabilité devient la norme. Avoir un modèle établi et statique devient alors mortifère.

Au niveau politique et personnel, comment en vouloir à certains et certaines, qui ont mis une vie professionnelle à atteindre le sommet d'une organisation, de ne pas vouloir prendre de risque ? À deux ou trois ans de la retraite ou d'un autre poste de top management dans une entreprise concurrente, pourquoi tenter le diable en se lançant dans des initiatives hasardeuses ? Réinventer un modèle alors que rien n'est encore totalement prouvé et que ces nouvelles approches sont instables ? Pourquoi initier des refontes technologiques coûteuses en pleine crise et réduction des dépenses ? Risquer la bronca des syndicats et la résistance de salariés déjà sous pression, avec une nouvelle organisation ? Entreprendre un changement de plusieurs années qui pénalisera la rentabilité des prochains trimestres en bénéficiant finalement au mieux à la prochaine direction ? Il est tellement plus simple de ne rien changer ou alors le minimum syndical pour sauver les apparences. Quand, en plus, on dépasse la cinquantaine et qu'on a vite compris qu'il serait dur de retrouver une place en cas d'échec ; qu'il faut finir de payer ses crédits sur vingt-cinq ans, financer les études de la petite dernière en MBA aux États-Unis, ou anticiper le financement d'une retraite à l'heure d'une Sécurité sociale en déficit... Sans tomber dans la morosité et le cynisme, il est compréhensible qu'il y en ait pour jeter l'éponge avant même le combat.

Et pourtant les organisations (et leurs actionnaires) qui laissent à leur tête un management tétanisé par la peur ou la paresse sont juste en train de se tirer une balle dans le pied. La disruption digitale est un tsunami mondial qui n'attendra pas les retardataires, et ne fera pas de quartier pour ceux qui auront une âme de vieillard.

Il est plus que jamais l'heure d'écouter

Écouter vos clients et leurs nouvelles attentes. Manager et diriger à l'heure du digital commence d'abord par **développer une curiosité, une compréhension et une vision** des nouvelles règles du monde. Si la société est en plein changement, si ces évolutions se font à l'échelle mondiale et de plus en plus rapidement, alors le management a un rôle vital de vigie pour toute l'organisation. Il s'agit de capter le *Zeitgeist,* cet esprit du temps. Entre science et art, il faut détecter les nouveaux usages, anticiper les futurs besoins des consommateurs et imaginer les nouvelles réponses à inventer. Cette veille ne peut pas se faire depuis une tour d'ivoire à coups de tableaux de bord, de rapports et d'échanges avec des profils identiques issus des mêmes cercles.

Il faut au contraire sortir de sa zone de confort, aller sur le terrain, rencontrer ses clients, les start-up innovantes, échanger et ne pas snober de nouvelles approches qui pourraient paraître saugrenues ou tabous. L'ex-PDG d'Intel l'avait déjà compris dès 1998 en nous prévenant que « seuls les paranoïaques survivent ». Bref il est vital de challenger les idées établies, de secouer les modèles et de traquer la disruption avant qu'elle ne nous disrupte. Havas ou Accor ont ainsi choisi de lancer des « **Shadow Comex**[3] » de moins de 35 ans. L'idée ? Consulter la nouvelle génération de collaborateurs sur les différents métiers de l'entreprise de manière régulière et organisée. Sébastien Bazin, le PDG d'AccorHotels, explique comment ce comité exécutif des moins de 35 ans qu'il a créé et qui réunit 13 cadres de l'entreprise âgés de moins de 35 ans fonctionne : « On se voit tous les deux mois, ils ont accès à tous les documents confidentiels du groupe. [...] Nous n'avons jamais reçu autant de candidatures de jeunes que depuis que nous avons lancé cette initiative. Cela a généré une fierté, une envie dans le groupe[4]. » Cette approche s'est diffusée à toute l'organisation : « Désormais, nous avons probablement une cinquantaine de "Shadow Comex" différents à travers le groupe, car les pays répliquent ce que nous faisons en central[5]. » Pourtant, comme toute expérimentation en termes de management, rien n'est si simple. Malgré un grand succès, cette initiative a aussi eu des effets de bord. Sébastien Bazin regrettait ainsi, quelques mois après, avoir « commis une grosse erreur, parce que les plus de 35 ans, les 38 ans, les 42 ans, les 54 ans me disent : "Et moi, je sers à quoi dans le groupe ?" [...] Les plus de 35 ans ont de la sagesse par rapport aux jeunes[6] ». L'enfer est pavé de bonnes intentions, mais l'important reste d'oser changer les choses et de tester de nouveaux dispositifs, quitte à devoir optimiser au fur et à mesure.

Quand avez-vous passé une ou deux journées complètes avec vos clients pour la dernière fois ? Vous pensez bien les connaître ? Alors, dites-moi quelles sont les cinq applications mobiles qu'ils utilisent le plus sur leur smartphone... Savez-vous ce qu'ils disent de votre marque sur les médias sociaux quand vous n'êtes pas là ? Des outils comme Radarly, Synthesio Traackr ou Brandwatch vous proposent pourtant de synthétiser en temps réel ce bouche-à-oreille et de vous aider à identifier les bons et les mauvais points, à détecter les nouveaux influenceurs, les communautés fans de vos produits ou les détracteurs qui démolissent votre réputation. Quand avez-vous répondu à la question ou la critique d'un client sur Twitter ? Ah, vous n'avez pas Twitter ? Vous n'avez pas le temps ? Étrange, Elon Musk, le PDG de Tesla, lui, prend régulièrement le temps de le faire... Un seul de ses tweets annonçant une nouvelle ligne de produits (des batteries pour les maisons) à ses 1,8 million de followers a même entraîné une hausse de la valorisation boursière de la société de 1 milliard de dollars[7] après avoir été retweeté plus de 4 700 fois ! Sinon, il vous reste encore votre support client. À moins qu'il ne soit lui aussi délégué à une autre entreprise dans un pays exotique. Chez Zappos, leader de l'e-commerce de chaussures aux États-Unis (racheté par Amazon), tous les salariés, PDG y compris, consacrent chaque mois une partie de leur temps à répondre aux demandes clients. Rester en phase avec la demande, détecter les insatisfactions et imaginer de nouvelles réponses, les bases du business n'ont jamais été aussi importantes dans un monde en évolution constante.

Vous intéresser au monde du digital et des technologies

Avec le HUB Institute nous avons pu constater que, chaque année, le nombre de comités de direction à participer à nos « **Learning Expeditions** » dans des villes ou des régions innovantes (Silicon Valley, Séoul, New York, Londres, Paris...) ou lors de grands salons (CES de Las Vegas, National Retail Federation Big Show à New York, DMEXO à Cologne, Mobile World Congress à Barcelone, Cannes Lions...) a explosé.

Aller à la rencontre de l'avant-garde des start-up, participer aux grandes conférences de l'innovation ou découvrir les modes de fonctionnement de géants comme Tesla, Google, Alibaba, Tencent ou Facebook devient un facteur clé de succès. Sans intérêt passionné et avéré de leur management pour l'innovation, le nombre d'entreprises qui rateront un virage va se multiplier. Et elles le paieront de plus en plus cher, comme BlackBerry, qui n'a pas anticipé le succès des applications mobiles, ou Kodak, celui de la photographie numérique.

Le mot de l'expert

George Colony
PDG de l'Institut Forrester

« Si vous ne pouvez pas comprendre le nouveau monde du digital, licenciez-vous. Créez un management qui soit "digital first". Assurez-vous qu'il y ait bien un expert technologique au comité exécutif. Si votre board a un faible niveau digital, votre entreprise aura un faible niveau digital. »

Votre vision est-elle assez ambitieuse ?

Une fois ces insights captés, filtrés, analysés, le management doit être capable de définir une vision. Une direction vers laquelle aligner les moyens et les objectifs de l'organisation. Un cap qu'il faut régulièrement affiner et revoir pour rester pertinent. Pour Richard Branson, « si vos rêves ne vous effraient pas, c'est qu'ils sont trop petits ». Pour mériter son nom, votre vision se doit d'être une vraie révolution pour inspirer vos équipes et le marché.

Si vous n'aviez aucune limite de budget ou de ressources, à quoi devrait ressembler votre entreprise dans cinq ans ? Si vous deviez reconstruire votre société de zéro, pour quelle organisation opteriez-vous ? Et si vous étiez un concurrent, comment vous y prendriez-vous pour tuer votre entreprise d'ici deux à cinq ans ? Ces réflexions pourraient être un bon début pour imaginer un futur ambitieux et ensuite imaginer quelle stratégie mettre en place pour y parvenir.

Au final vous pouvez :

- utiliser le numérique pour améliorer les process de votre chaîne de valeur (Amazon qui a optimisé l'efficacité de la vente à distance) ;
- développer de nouvelles activités complémentaires (La Poste réfléchit à proposer aux assurances que ses facteurs puissent constater les sinistres et recueillir les déclarations directement chez les particuliers[8]) ;
- vous diversifier dans de nouvelles activités (Google qui en plus de la vente de publicité se lance dans l'automobile, la robotique ou la santé).

Dans tous les cas, ce sera le consommateur qui validera la pertinence de votre stratégie. À quoi lui servez-vous vraiment ? Pourquoi choisirait-il votre marque pour cette tâche ? Et pourquoi vous recommanderait-il ensuite ? Plutôt que « d'avoir des grandes idées », essayez surtout d'imaginer comment résoudre ses grands problèmes. Pour structurer vos réflexions, nous ne pouvons que vous recommander d'utiliser le « business model canvas[9] » et le « value proposition canvas[10] ». Ces deux méthodes fondées sur les ouvrages et méthodes du site Strategyzer.com sont utilisées par déjà plus de 5 millions de personnes dans le monde.

Planifier – De la vision à une nouvelle stratégie

Pour avancer, il va falloir transformer cette vision en stratégie claire et précise. Du rêve, il faut passer à la réalité et la réalité a souvent tendance à piquer un peu... Se transformer nécessite un vrai plan de bataille. Le management va devoir expliquer, défendre et communiquer sa vision et l'incarner dans un vrai projet d'entreprise avec des moyens, des objectifs clairs et concrets pour susciter l'adhésion et la compréhension des différentes parties prenantes : managers, collaborateurs, syndicats, partenaires... Sans planification, l'échec est certain, mais si la planification est trop longue, les changements une fois réalisés risquent de ne plus convenir à la nouvelle réalité. Et attention à ne pas vouloir préserver les vaches sacrées.

Une méthode simple pour affiner cette stratégie est de respecter les principes énoncés par Peter Drucker, **les objectifs SMART** :

- **Spécifique** – cibler un sujet d'évolution précis ;
- **Mesurable** – quantifier grâce à un indicateur pour mesurer le progrès ;
- **Assignable** – définir qui est en charge ;
- **Réaliste** – préciser les résultats réalistes à atteindre au vu des ressources ;
- **Temporalisé** – spécifier un agenda à respecter pour atteindre ces objectifs.

Une stratégie de transformation digitale ne doit pas seulement consister en une liste d'innovations, mais aussi intégrer **l'arrêt de certaines procédures ou initiatives** existantes. **Innover, c'est accepter de tuer les vaches sacrées**, remettre en cause les (mauvaises) habitudes, modifier les périmètres et les budgets, réorganiser les hommes et les moyens, déplacer certains collaborateurs sur d'autres postes, en licencier malheureusement parfois, tout en recrutant de nouveaux talents avec de nouvelles compétences qui n'étaient pas présentes ou nécessaires auparavant. Bref, un travail souvent ingrat, risqué, mais ô combien indispensable pour avancer.

Le mot de l'expert

Patrick Hoffstetter
Directeur digital de Renault

« Nous avons cinq grands chantiers numériques en cours : les outils, la data, l'organisation, l'écosystème, et le management. Pour les outils, nous sommes plutôt en avance sur nos concurrents du secteur, que ce soit le Cloud, les plates-formes, etc. Sur l'organisation également, avec une digital factory bien installée et une direction client étoffée[11]. »

La digital factory est une cellule rassemblant 50 experts multidisciplinaires en central (IT, marketing, UX...) et une centaine en local dans les pays. Véritable CDO, Patrick Hoffstetter pilote à la fois la stratégie digitale, le management des projets, tout en intervenant aussi sur les sujets de conquête et de fidélisation client. Il a aussi un rôle important en matière d'évangélisation en interne.

Enfin, c'est aussi et surtout réexaminer toute sa chaîne de valeur pour éviter de finir comme les taxis face à Uber ou l'industrie de la musique face à Deezer ou Spotify. Sans remettre en cause du jour au lendemain l'entièreté de son cœur d'activité, il faut accepter et imaginer les disruptions à venir pour mieux les anticiper et les contrer. Et, pourquoi pas, déterminer de nouveaux relais de croissance qu'il faudra tester en acceptant au début que ces nouveaux projets soient certainement moins rentables ou nécessitent un investissement, du temps et des efforts considérables et subissent aussi certains ratés à leur début.

Un petit conseil en passant... il vaut mieux **commencer par de petites batailles faciles** et rapides à remporter. En prouvant rapidement que l'innovation peut fonctionner, le succès rassurera, attirera les bonnes volontés et de plus grands moyens. À l'inverse, des ambitions trop importantes risquent de nécessiter des délais et des moyens tels qu'elles peuvent être stoppées avant même d'être menées à bien et d'avoir démontré leur valeur ajoutée...

Tester – *« Test and fail fast »*

Avant de déployer sa stratégie à grande échelle, il convient de valider ces hypothèses rapidement à petite échelle. On peut soit mener un projet test par une équipe existante sous forme de POC *(Proof Of Concept)* ou pourquoi pas mettre en place une entité à part, tel un laboratoire d'innovation qui sera généralement libéré des contraintes (de rentabilité, de complexité, de validation…) des départements et projets habituels sous le contrôle de la direction de l'innovation ou même pourquoi pas le PDG, surtout dans une ETI (entreprises de taille intermédiaire, entre 250 et 4 999 salariés).

Quand Unilever a décidé de lancer un appareil dans la veine de Nespresso, mais cette fois dans le domaine du thé, le groupe a laissé « carte blanche » à une équipe dédiée hors des procédures habituelles de l'entreprise. L'objectif était à la fois d'innover en sortant des modèles habituels, mais aussi de gagner en rapidité et en agilité. En à peine un an et demi, la marque a développé et lancé TO by Lipton[12], une gamme de thés et une machine sophistiquée garantissant la bonne température et la bonne durée d'infusion grâce à des dosettes intelligentes. Affranchie des contraintes, l'équipe projet a choisi de miser la distribution sur un canal totalement différent des habitudes de l'entreprise avec de l'e-commerce à 100 %. Le projet, encore en phase de lancement, rencontre déjà un certain succès. Il aurait nécessité des mois, voire des années de plus, s'il avait été mené selon l'organisation habituelle.

L'idée n'étant pas forcément de réduire le risque, mais au contraire, parfois, d'échouer le plus vite possible. Cette notion du « *fail fast* » des start-up américaines a souvent été mal comprise. Il ne s'agit pas d'un permis d'échouer, mais au contraire en expérimentant le plus rapidement possible **un MVP, un *« Minimum Viable Project »*** (le prototype le plus simple possible), auprès d'un marché test, d'en retirer vite des retours d'expériences. L'idée étant d'identifier le plus vite possible les « échecs » pour stopper ces pistes ou plutôt pour corriger celles-ci dans une nouvelle version. Comme dans l'informatique, l'idée consiste à passer d'une version alpha à bêta puis d'itérer régulièrement en améliorant un concept jusqu'à satisfaction. Plus la taille d'une organisation est grande et plus cette phase de validation est cruciale. En effet, s'il est possible de changer ou d'améliorer une technologie, il est bien plus compliqué d'expliquer à tous les collaborateurs qu'ils vont devoir changer leurs habitudes ou leurs pratiques tous les deux mois… On risque de vite se retrouver avec des employés démotivés qui verront une nouvelle procédure comme une nouvelle lubie qu'ils ne prendront plus en compte. Pour éviter cela, on pourra avoir recours au « design thinking », une approche structurée, mais agile, pour formaliser et tester rapidement sur le terrain des hypothèses et prototypes.

Déployer – Un management exemplaire

Une fois les pistes et stratégies gagnantes identifiées, le management devra définir un plan très concret en termes de déploiement : quels objectifs, quelles actions, quels moyens (humains et financiers), quelles responsabilités, quels délais ?

L'aspect communication sera un des éléments critiques de cette démarche. En particulier en France, pays en crise, où les gens sont souvent à raison inquiets pour leur futur, le changement rime souvent avec risque et peur, et logiquement défiance et résistance. Cette communication devra parler au cœur et à la raison pour être efficace.

Inspirer, c'est proposer un combat ou une cause ambitieuse à rejoindre. Cela vous permettra de motiver vos collaborateurs à vous suivre malgré les incertitudes ou la peur des sacrifices. L'augmentation de la productivité ou la baisse des coûts seront des concepts insuffisants et trop froids pour susciter l'enthousiasme.

Un plan détaillé et clair permettra d'expliquer les raisons et le déroulement de ces changements et de rassurer les parties prenantes. Rien de pire que l'incertitude, le non-dit, le flou pour générer du stress et de la résistance. Quand on sait l'effet que peut générer un simple déménagement dans une entreprise, imaginez quand on parle de changer d'organisation, de business model... Par « clair » on entendra aussi un plan compréhensible par n'importe quel salarié, sans jargon technique, anglo-saxon ou managérial...

Au final, « on ne peut pas changer les gens [...]. On peut juste leur montrer le chemin et leur donner envie de l'emprunter[13] », comme nous le rappelle si bien le romancier Laurent Gounelle. **Le tout étant aussi de trouver le bon rythme et le bon dosage**. « Changer » ne veut pas forcément dire « tout jeter à la poubelle ». Le management de Coca-Cola a par exemple adopté la règle du 70-20-10 : 70 % des budgets sont dédiés à des actions maîtrisées qu'il faut optimiser (le « Now »), 20 % à des innovations qui ont fait leur preuve ailleurs (le « New ») et 10 % à des expérimentations encore jamais tentées (le « Next »). Ce ratio permet de donner une vision claire et concrète des attentes de la direction en définissant un rythme et en évitant des changements trop brutaux aux conséquences trop incertaines.

Nous ne saurions que recommander **la collaboration en amont** avec toutes les parties prenantes (top management, middle management, collaborateurs, élus du personnel, syndicats, clients...) pour les impliquer dans la réflexion et les échanges. Faire preuve d'écoute et d'empathie permettra d'enrichir votre stratégie, d'identifier de nouvelles sources d'innovations, mais aussi de rassurer en respectant la voie des acteurs existants. Rien de pire pour un CDO (Chief Digital Officer) externe que d'arriver subitement de l'extérieur avec des solutions toutes faites... Cette phase d'écoute et de collaboration en amont ne veut pas dire pour autant que l'annonce du plan de déploiement ne fera pas des mécontents ou ne sera pas disruptive. L'innovation est rarement compatible avec le conservatisme. Mais au moins les collaborateurs auront été écoutés.

La règle des 70/20/10

20 % Tester ce qui a déjà marché ailleurs

10 % Expérimenter ce qui n'a jamais été fait

70 % Déployer et optimiser ce que l'on maîtrise déjà

Au-delà de la phase de communication du nouveau plan, c'est **l'exemplarité du top management** pendant les semaines suivantes qui aura un impact clé. Proclamer ne suffit plus, il faut démontrer. Rien de pire qu'un effet d'annonce non suivi d'actions concrètes pour tuer un changement. Rien de pire si ce n'est des actions contraires aux déclarations, pour définitivement faire passer le mot que votre (r)évolution ne sera que celle des apparences. Combien de fois n'a-t-on pas assisté au lancement en grande hâte et en grande pompe d'un réseau social interne d'entreprise... Outil d'une telle importance qu'évidemment le comité exécutif n'y est pas présent, car « lui » n'a pas le temps (ni l'envie bien souvent). Le résultat sera immédiat pour les salariés : si le Comex n'y est pas, alors cet outil n'est finalement pas important... Il en est de même pour les formations au digital ou l'incubation des start-up. Comme à l'armée, si les généraux restent à l'arrière en ordonnant à leurs soldats de s'élancer hors des tranchées, le résultat sera bien décevant. Changer, c'est incarner et montrer l'exemple. Quand on parle de « *change management* », cela signifie aussi changer de façon de manager.

Bravo, votre nouveau plan a convaincu une première frange de collaborateurs. Inspirés et enthousiastes, ils acceptent de quitter leur zone de confort et acceptent de changer leur façon de travailler, lancent de nouvelles initiatives, quand... patatras ! Certains projets ne marchent pas aussi bien que prévu ou pas du tout... d'autres suscitent le rejet de certains managers peu enclins à voir leur périmètre humain ou financier être impactés ou les syndicats décident de protester. La meilleure des planifications n'évitera pas les obstacles inattendus. Comme le rappelait si bien Mike Tyson, « tout le monde a un plan jusqu'au moment où il se prend une droite ».

Voici alors un autre moment de vérité. Les pionniers qui vous ont fait confiance et tous ceux qui n'ont pas encore évolué par prudence ou rejet vont analyser dans le moindre détail vos réactions. **Si jamais le management ne fait pas la démonstration éclatante de son soutien malgré les difficultés, alors, c'est l'échec assuré**. Si vos premiers disciples finissent crucifiés en place publique, alors ils se détourneront de vous et deviendront même certainement de nouveaux ennemis échaudés d'avoir été abandonnés sous les balles en rase campagne. Et le message sera transparent pour les autres : il n'y a aucun bénéfice personnel à attendre de ce changement. Ils seront confortés dans l'idée qu'ils ont bien fait de ne pas suivre. Ce type de situation est catastrophique et peut laisser des traces pendant des années dans une organisation, paralysant toutes futures velléités de changement...

Marc Speichert, ancien CMO États-Unis pour L'Oréal, l'a bien compris. Après une année à inciter sans succès les collaborateurs à augmenter la part du digital dans leur stratégie marketing, il a dû démontrer que cette prise de risques ne les pénaliserait pas sur leur périmètre existant. C'est finalement en proposant des budgets additionnels (issus d'un fonds spécial appelé « Next Fund ») aux équipes en place pour financer de nouvelles initiatives digitales que L'Oréal a pu convaincre les plus motivés. Sortir du cadre en proposant de nouveaux projets digitaux non encore éprouvés ne rimant alors plus avec une prise de risques.

Évidemment, s'il est souhaitable de soutenir vos équipes dans les épreuves, il sera aussi louable de célébrer les victoires, mêmes petites, pour récompenser leurs acteurs et par là démontrer que :

- les choses avancent (ce qui n'est pas dit ne se voit pas forcément) ;
- les collaborateurs qui font des efforts sont reconnus et idéalement récompensés (promotion, prime, ressources dédiées...) ;
- le management est réellement intéressé et concerné au-delà de l'effet d'annonce initial.

Optimiser – Faire preuve de curiosité pour améliorer et itérer

Roselinde Torres a passé vingt-cinq ans à observer ce qui fait les grands dirigeants en côtoyant pas moins de 200 PDG. Dans son intervention au TED@ BCG San Francisco[14], cette experte explique que le leadership au XXIe siècle est défini et établi à travers trois simples questions :

1. **« Où allez-vous anticiper le prochain changement dans votre modèle économique ou votre vie ?** La réponse à cette question est dans votre agenda. Avec qui passez-vous votre temps ? Quels sont les sujets abordés ? Où voyagez-vous ? Que lisez-vous ? »

2. **« Quel est le degré de diversité de votre réseau personnel et professionnel ? »** Êtes-vous intéressé et capable de développer des relations avec des gens d'horizons très différents ? Plus votre tissu relationnel est varié, plus vos sources d'inspirations et de solutions pour répondre aux défis d'un contexte instable seront utiles.
3. **« Êtes-vous assez courageux pour abandonner une pratique qui vous a aidé à réussir dans le passé ? »** Face à un défi, qui n'aura pas le réflexe d'opter pour une approche familière et rassurante ? Si les méthodes connues et reconnues nous ont permis de devenir dirigeants, pourquoi en changer ? Pour Roselinde, « les grands leaders osent être différents. Ils ne font pas que parler des risques, ils les prennent ».

Bref, en période de mutation, curiosité et diversité sont des facteurs clés de succès. Le leader de demain doit savoir sortir de sa coquille, et comme à l'heure de la Renaissance s'intéresser à de multiples disciplines et sujets en échangeant au-delà de son cercle familier, sous peine de devenir isolé et aveugle dans une tour d'ivoire.

En tant que HUB d'échanges, le HUB Institute n'a eu de cesse de créer des ponts entre les départements des entreprises (DSI, direction marketing, RH, Innovation...), entre grandes entreprises lors de conférences (HUBFORUM et HUBDAY), dîners d'échanges et de partage de bonnes pratiques (HUB Klubs), Learning Expeditions avec les start-up françaises et internationales. En effet, là où avant le pouvoir venait du secret (de sa recherche et développement (ou R & D), par exemple), il vient désormais de votre connectivité. Plus on est connecté à différents écosystèmes, plus on est informé, plus l'on peut réagir vite, trouver les bons partenaires, identifier de nouvelles solutions, ou bénéficier des retours d'expérience du marché. Comme dans la nature, le manque de diversité est un risque grave. Cela signifie qu'à la prochaine disruption, votre mode unique de pensée et d'organisation ne vous permettra pas d'imaginer facilement de multiples approches en réponse et augmentera vos risques de disparaître.

Les premières victoires et initiatives lancées ne doivent pas en devenir pour autant de nouvelles traditions. À l'heure du numérique, où les versions de logiciels se succèdent, il faudra constamment affiner et remettre à jour sa stratégie et son plan de déploiement : version 1.0, 1.1, 1.2... en prenant en compte ce qui a marché et ce qu'il faut changer, tout comme l'évolution des contextes technologique, économique, culturel, concurrentiel...

C'est dans la tempête que l'on reconnaît les grands capitaines. La transformation digitale est un long périple rempli d'embûches. Mais pour débuter ce voyage faut-il encore avoir compris la nécessité et l'importance de celui-ci. Le premier chantier de cette évolution incombe au top management des entreprises et organisations. « La capacité à détecter que les vents ont changé et à agir de manière appropriée avant d'échouer votre embarcation est vitale pour le futur de votre entreprise[15] », nous rappelle l'ex-PDG d'Intel. Comprendre le nouveau monde, choisir un cap, préparer son périple, entraîner un équipage tout en évitant les périls ou une mutinerie, tester et déployer de nouvelles pratiques... Tout cela nécessite une vraie préparation et un vrai capitaine... Mais seules les tempêtes à venir permettront de voir s'il aura le talent, l'écoute, l'ingéniosité et le soutien de son équipage pour voguer avec succès au-delà de l'horizon... La capacité à planifier, à inspirer et à réagir seront trois atouts de poids pour vaincre.

Le mot de l'expert

Vivek Badrinath
CDO d'AccorHotels

« Quand Sébastien Bazin a pris la tête d'AccorHotels (en août 2013), il a souhaité que le digital prenne une dimension stratégique au sein du groupe. Face à l'émergence de plates-formes alternatives telles qu'Airbnb ou TripAdvisor, il fallait mobiliser l'entreprise et recruter une personne au fait de ces sujets, qui avait l'habitude de négocier avec ces nouveaux acteurs[16]. » Le groupe a voté un budget de 225 millions d'euros pour assurer la transformation digitale. « Cette enveloppe résulte d'une décision centrale et c'est un élément structurant de notre approche [...] Les départements ont donc les fonds nécessaires pour mener à bien leurs actions. C'est un point important, car pour conduire une véritable transformation digitale, il faut s'émanciper des contraintes d'arbitrage entre les différentes directions, notamment les arbitrages financiers. Les négociations peuvent représenter du temps perdu pour le développement de nouveaux projets, ce n'est pas efficace. »

Les 5 choses à retenir selon le HUB Institute

1. Comme dans toute guerre, c'est aux généraux de mener la bataille. Si ce n'est pas encore le cas, le top management doit veiller à acquérir une solide connaissance et culture du numérique, des enjeux, possibilités et contraintes à maîtriser. Le digital change le monde et impacte tous les business. Il est impossible de l'ignorer même si pendant leur carrière vos dirigeants n'ont été ni formés ni en charge de ce type de sujet.

2. Être à l'aise avec le jargon digital n'est pas suffisant. Votre direction se doit de développer une vision et une stratégie pour votre entreprise et votre industrie à l'heure du digital. Plus facile à dire qu'à faire, quand on doit continuer d'atteindre ses objectifs trimestriels sur des métiers que l'on maîtrise. Cette stratégie nécessitera qui plus est de casser, réorganiser, changer l'organisation existante. Ce qui ne se fera pas sans mal et sans heurts. Pas étonnant que certaines directions jettent l'éponge et préfèrent donner le change avec un peu de maquillage digital en façade.

3. Avant de déployer les nouvelles initiatives, il sera important de veiller à les tester. Il vaut mieux réaliser un défaut ou une erreur d'approche à petite échelle et rapidement plutôt que d'attendre un déploiement majeur dans le mur. C'est la notion de « *fail fast* » des start-up américaines qui n'est pas très naturelle avec notre culture européenne de l'excellence et de la prudence.

4. Une fois votre nouvelle stratégie lancée, tous les yeux vont se tourner vers la direction avec les premiers frottements et problèmes. L'attitude du management sera déterminante. Sans implication réelle et visible, mais aussi sans soutien de la direction aux collaborateurs ou projets qui rencontreront quelques problèmes au lancement, les employés perdront vite confiance. Ils comprendront que, derrière les grands discours, le risque ne paie pas et que ce changement devrait rapidement s'éteindre faute de soutien réel. L'exemplarité des leaders est indispensable.

5. La transformation digitale n'est pas une destination, mais un voyage. L'objectif n'est pas d'en finir au plus vite pour passer à autre chose. L'idée est de rendre votre organisation apprenante pour les années à venir. Il s'agit en fait du futur de votre business et pas seulement de digital. Si toute l'organisation devient curieuse, agile et cherche constamment à innover et à itérer, alors vous aurez un équipage solide pour affronter les vagues de la disruption.

Les 5 questions à vous poser

1. Votre management est-il réellement formé et informé sur tous les sujets liés à l'innovation, à la disruption, au digital, aux start-up ? A-t-il une pratique réelle et régulière des derniers outils et technologies ?
2. Afin de remettre constamment à jour sa vision et sa stratégie, votre direction se déplace-t-elle sur les grands événements (conférences, salons...) liés à l'innovation dans son industrie ? Échange-t-elle fréquemment avec des experts, décideurs d'autres secteurs ?
3. Dans le cas d'une initiative de transformation digitale, pensez-vous que les enjeux, les objectifs, mais aussi la future organisation, les moyens déployés aient clairement été présentés et compris par tous les collaborateurs ? Pensez-vous qu'ils sachent tous ce que l'on attend d'eux et que chacun pourrait expliquer cette nouvelle organisation ?
4. Votre direction est-elle réellement prête à prendre les décisions lourdes et difficiles pour changer les choses en profondeur ? Est-elle prête à accepter l'échec ou les erreurs possibles lors des premières phases d'expérimentation ?
5. Votre direction inspire-t-elle confiance ? Seriez-vous prêt à rester dans votre entreprise avec le nouveau projet si l'on vous proposait 15 % de salaire en plus ailleurs ?

Deuxième chantier : culture et organisation

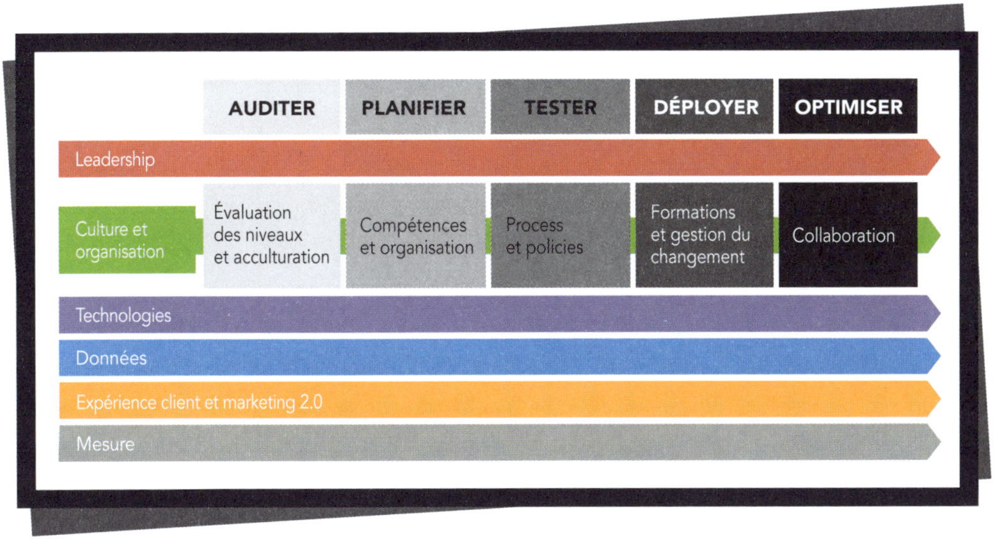

Quand on évoque la transformation digitale, on pense très rapidement au rôle et à l'impact des technologies. Tel logiciel révolutionne une pratique traditionnelle, telle innovation accélère, réduit le coût ou simplifie une tâche. La loi de Moore semble s'appliquer à un nombre croissant de sujets technologiques. Après la puissance des processeurs qui double tous les dix-huit mois, c'est la taille du stockage, la vitesse de connexion... Pourtant si la technologie est un élément crucial (que l'on évoquera comme troisième chantier), elle ne fait pas tout et loin de là. S'il suffisait d'acheter tel ou tel logiciel, la transformation numérique ne serait plus qu'un lointain souvenir !

Avant de parler outils, le deuxième chantier est celui des ressources humaines. Une organisation est avant tout un ensemble complexe de personnes, de compétences, d'envies, de motivations plus ou moins alignées autour de moyens et d'un business model. Une fois planifiée, une transformation réussira ou échouera d'abord grâce ou à cause de l'élément humain. Faire évoluer une entreprise, c'est accompagner l'évolution des rôles, des compétences, des façons de faire d'un modèle à un autre. Souvent la direction des ressources humaines, accaparée ces dernières années par le droit du travail, n'a pas toujours bien anticipé l'impact de la révolution numérique et n'assume pas le rôle qui devrait être le sien dans cette transition. Le sujet digital est généralement le domaine d'un CDO, de la DSI (direction des systèmes d'information), du CMO ou même de la direction générale. Pourtant, la DRH a un énorme rôle à jouer dans le bon déroulement de cette transition. De la définition des rôles et de l'organisation en passant par l'évaluation et l'évolution des compétences, le recrutement et la fidélisation des talents... la DRH devrait être à l'avant-garde de ce type de projet.

Auditer – La culture d'entreprise, le facteur clé de succès

Un gage de cohérence stratégique et de pérennité

Aux États-Unis, la dimension de culture d'entreprise est considérée comme un pilier de la réussite des entreprises. Les nouveaux acteurs innovants tels que Google, Facebook, Airbnb, etc. mettent un soin très important à définir et à diffuser leur culture d'entreprise. C'est le ciment qui doit maintenir la cohésion et la pertinence des actions de chacun avec le projet d'entreprise, et ce au milieu d'un contexte concurrentiel ultra dynamique, changeant et innovant. La culture doit permettre à la société d'avancer dans la bonne direction alors que les dirigeants, les stratégies, les produits peuvent aller et venir, réussir ou échouer, évoluer. Eric Schmidt, Chairman d'Alphabet (la holding de Google), déclarait d'ailleurs : « Google est piloté chaque jour par sa culture et pas par moi[17]. » Pour Tony Hsieh, fondateur du site e-commerce de chaussures Zappos, « notre priorité #1 est la culture d'entreprise. Notre croyance est que si nous adoptons la bonne culture, le reste des choses – comme offrir un super service client, ou construire une marque et un business solides à long terme – viendra ensuite naturellement ». Brian Chesky, PDG de Airbnb, enfonce le clou dans un post de blog envoyé à tous ses employés intitulé : « Ne foirez pas la culture[18]. » Ici pas de langage juridique, ou de politiquement correct, mais un discours direct et sans détour :

« Plus la culture est forte, moins l'entreprise a besoin de processus complexes. Quand la culture est forte, on peut faire confiance à chaque personne pour faire ce qu'il convient de faire. Les gens peuvent être indépendants et autonomes. Ils peuvent être entrepreneurs. Et si l'entreprise a cet esprit entrepreneurial, elle est capable de faire "ce grand bond en avant". Avez-vous déjà remarqué que les familles ou les tribus n'ont pas besoin de processus organisationnel ? Cela est dû à la présence d'une forte confiance (entre les individus) et d'une culture qui prime sur n'importe quel processus. Dans les organisations (ou même dans une société) où la culture est moins ancrée, vous avez besoin d'un ensemble de processus complexes et lourds. [...] Les problèmes vont et viennent. Mais la culture est éternelle. »

Une source d'attractivité et de profitabilité

On peut remarquer que c'est au moins autant à la culture d'une entreprise qu'à l'entreprise elle-même à laquelle les gens adhèrent ou candidatent. Une étude américaine affirme que plus des deux tiers (64 %) de la génération Y disent qu'ils préféreraient gagner 40 000 dollars annuels dans le cadre d'un travail qu'ils aiment plutôt que 100 000 dollars à un poste ennuyeux[19]. En plus de l'attractivité, une culture d'entreprise reconnue est synonyme de rentabilité. L'institut Great Place to Work évalue depuis trente ans, sur 40 pays, les employeurs les plus attractifs. Il a démontré que les organisations du Top 100 de ce classement voient 50 % de turnover des employés en moins et performent 2 à 3 fois mieux en Bourse entre 1997 et 2014[20] que leurs concurrents.

Mais au fait qu'est-ce qu'une culture d'entreprise ?

Wikipédia nous indique qu'en philosophie **le mot « culture »** désigne ce qui est différent de la nature, c'est-à-dire ce qui est de l'ordre de l'acquis et non de l'inné. Et qu'en sociologie, la culture est définie de façon plus étroite comme « ce qui est commun à un groupe d'individus » et comme « ce qui le soude », c'est-à-dire ce qui est appris, transmis, produit et créé. En bref, ce sont les croyances, coutumes, comportements, valeurs, codes qui rassemblent et font un groupe, une société ou caractérisent une organisation. Pour un pays, on pourrait parler de la langue, de la constitution, des lois, des symboles...

Dans son cours de Stanford[21], le président du célèbre accélérateur de start-up Y Combinator, Sam Altman, définit ainsi la **culture d'entreprise** : « Tous les jours, les croyances et valeurs et les comportements et actions de chaque membre de notre équipe dans la poursuite des objectifs et de la mission de notre entreprise. »

Ce « design » de la culture d'entreprise doit survenir le plus tôt possible dans la vie d'une entreprise. En effet le temps et la taille auront tendance à amplifier la culture existante ou faute de culture à diluer la cohérence des efforts et des initiatives. Un bon design favorisera l'alignement des collaborateurs, la stabilité et la confiance au sein de l'organisation, l'exclusion des mauvaises pratiques et la rétention des talents. La culture d'entreprise est un élément essentiel pour aligner toute l'organisation sur la stratégie. En Europe, cette approche est bien moins commune et s'arrête souvent à un niveau très théorique où quelques grandes valeurs génériques s'affichent dans un coin des rapports annuels des grands groupes, sans réelle application de la part du management ou des collaborateurs.

Comment définir une nouvelle culture d'entreprise ?

Définir sa culture d'entreprise est un exercice exigeant, engageant et rarement enseigné dans les grandes écoles. Vous pouvez partir de questions telles que : quelles valeurs sont les plus importantes pour vous ? Pour le succès de votre entreprise ? Quelles seraient les valeurs que vous ne tolèreriez pas chez un candidat ou employé ?

Afin de vous faciliter la tâche, voici une proposition d'approche méthodique synthétisant différents modèles[22], études et réflexions sur le sujet dont plusieurs articles de Torben Rick[23], consultant en gestion du changement :

1. **Définir sa culture :** créer une vision partagée et une direction commune et définir les principes selon lesquels vos collaborateurs sont censés se comporter en interne comme en externe
   - Raison d'être : « Pourquoi existez-vous au-delà de faire du profit ? » comme le résume simplement Torben Rick[24]. Qu'est-ce qui anime votre passion ?
   - Mission : quel le but de votre activité ?
   - Valeurs : comment voulez-vous faire le métier de votre entreprise ?
   - Quels comportements encouragez-vous et refusez-vous ?

2. **Communiquer et partager cette vision**
   - Mettre la plate-forme de marque/Culture Code à la disposition de tous.
   - Partager des histoires et rituels soutenant cette culture.
   - Illustrer cette vision par une feuille de route et des jalons.
3. **Assurer l'adhésion à la culture** en impliquant toute l'entreprise
   - Gérer la résistance de manière proactive.
   - Créer un sentiment d'urgence propice à la mobilisation.
   - Créer un dialogue pour identifier les sources d'incompréhension et de frustrations afin de les adresser.
   - Faire preuve de transparence : partager les chiffres, les succès et les échecs. L'entreprise Buffer partage, par exemple, publiquement les grilles de salaires et la formule de calcul derrière ceux-ci en interne comme en externe[25] !
   - Célébrer les succès.
4. **Mesurer très tôt et souvent les progrès,** car on ne peut changer que ce qui est mesurable
   - Adopter un sens de l'analyse et de la progression.
   - Gérer les inconsistances.
   - Préciser, optimiser et faire évoluer.
   - Vérifier la compréhension et l'application de votre culture. Comme une alerte incendie, il faut vérifier que votre culture est comprise et appliquée par tous.

N'hésitez pas à vous rendre sur le blog de Torben si le sujet vous passionne : www.torbenrick.eu.

Attention, définir et adopter une culture ne doit **pas amener à l'homogamie**. Avoir une culture commune ne doit pas empêcher de veiller à la diversité des profils de l'entreprise. Sans un minimum de friction grâce à cette diversité, il n'y aurait alors plus d'amélioration.

Comment concevoir une culture d'entreprise solide

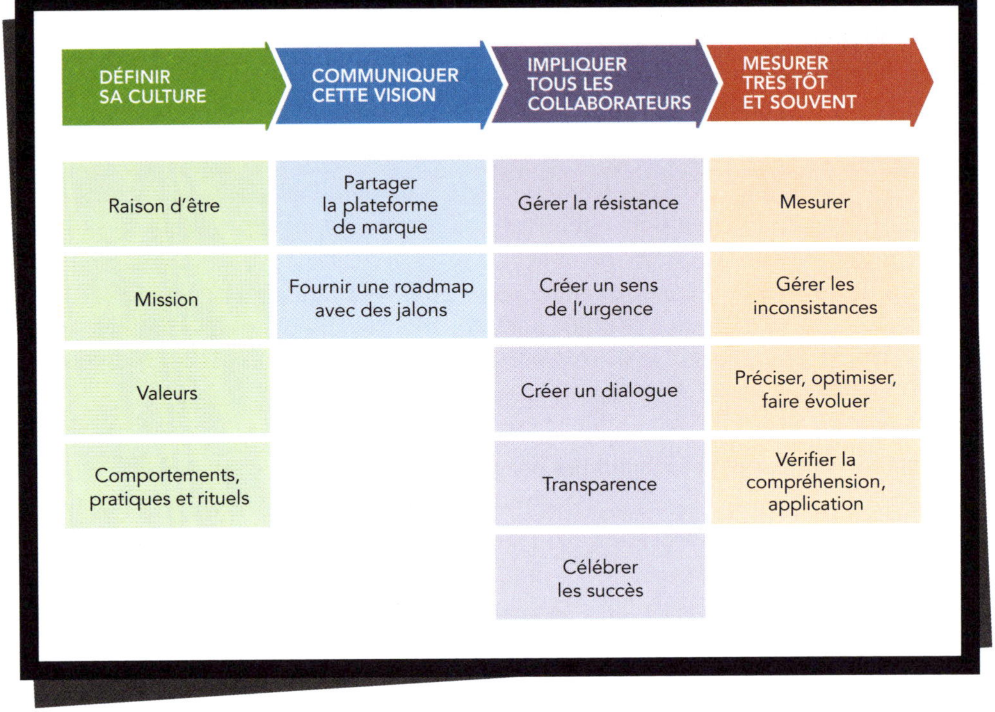

Qu'entend-on par une culture digitale et de l'innovation ?

Chaque entreprise et chaque start-up est différente. Mais une grande entreprise au modèle d'affaires établi ne sera jamais une start-up et une start-up n'est pas la petite version d'une grande entreprise. Une grande entreprise est une organisation stable chargée d'appliquer avec excellence un modèle établi et répétable. Une start-up au contraire est une organisation temporaire à la recherche d'un modèle scalable, répétable et profitable avec un potentiel de forte croissance.

Pourtant, certains principes peuvent être empruntés aux acteurs du digital ou aux start-up. On évitera néanmoins de résumer ces bonnes pratiques au folklore superficiel rapidement croisé lors d'une visite de start-up. Non, on ne sera pas plus « digital » en achetant un baby-foot, en rendant la cantine gratuite, en portant des tee-shirts, en mettant des poufs Fatboy ou du gazon dans les salles de réunion...

En synthétisant les valeurs et traits communs à la plupart des acteurs innovants du numérique on pourrait arriver à la liste suivante :

- **alignement :** une culture d'entreprise (**raison d'être, vision, valeurs et passion**) fédératrice, claire et partagée dépassant les objectifs de profits ;
- **ambition et scalabilité**, malgré des ressources limitées : faire beaucoup et grandir vite avec peu. Un concept parfaitement résumé par **Chunka Mui,** coauteur de *The New Killer Apps: How Large Companies Can Out-Innovate Start-Ups*[26], avec le précepte **: *« Thing big, start small, learn fast*[27] *»*** (Pensez grand, démarrez petit, apprenez vite) ;
- **innovation et prise de risques :** savoir inventer et se réinventer en disruptant les modèles établis ou en répondant à de nouveaux besoins ;
- **la centricité client/utilisateur :** une offre pertinente et mise à jour de manière réactive, fondée sur la compréhension empathique et respectueuse de l'expérience client ;
- **une forte agilité/adaptabilité :** itération rapide, curiosité, suppression des silos, hiérarchie horizontale, collaboration, interopérabilité et open innovation, remise en question permanente et sans tabous, flexibilité pour pivoter ;
- **des valeurs généreuses :** transparence, passion, autonomie, responsabilisation, confiance, partage et communauté, découverte, ouverture au monde.

Bref, sans faire le tour de cette question qui mériterait un ouvrage à elle seule, un certain nombre d'acteurs de cette culture digitale s'est défini en opposition à l'ancienne économie et aux cultures traditionnelles du management. Une opposition de valeurs illustrée avec talent par l'agence Angie[28] :

Culture classique *vs* culture digitale

Ancienne économie	Nouvelle économie
Verticalité	Horizontalité
Maîtrise	Lâcher prise
Planification	Sérendipité
Anticipation	Expérimentation
Création	Réutilisation
Ordre	Agilité
Propriété	Open Source
Faire mieux	Faire bien

Ancienne économie	Nouvelle économie
Intimité	Exposition
Valeur de l'information	Valeur du partage
Mémoire	*Fact checking*
Solution	Contribution
Légitimité par le statut	Légitimité par le contenu
Message	Preuve
Professionnalisme	*Do it yourself*
Formalisme	Décontraction
Sédentarité	Nomadisme
Lien social	Autonomie
Validation *a priori*	Modération *a posteriori*
Rédactionnel	Visuel
Évaluation	Mesure

Communiquer et propager une nouvelle culture d'entreprise

La communication de cette culture est un travail de longue haleine, mais une responsabilité importante qui incombe au management d'une entreprise en transition. N'hésitez pas à utiliser tous les canaux pour la diffusion. En effet, il faudra peut-être **répéter un grand nombre de fois votre message** avant que vos collaborateurs se mettent à croire que, cette fois, cette invitation au changement n'est pas juste une nouvelle mode temporaire. Il faut du temps pour que l'être humain entende, comprenne et adhère. Si vous n'avez aucune idée de ce que vos collaborateurs pensent, ressentent, disent et font face à cette nouvelle culture, si vous n'avez pas dû trouver des explications, des précisions et des réponses à leurs questions, c'est certainement que vous n'avez pas assez communiqué et qu'ils ne vous ont pas entendu ou compris.

Même chez Facebook, ce leader du digital, la direction utilise de multiples supports comme un petit livre rouge[29] ou des posters imprimés à la main avec des pochoirs[30] pour diffuser la bonne parole.

Dans la plupart des entreprises de la Silicon Valley, vous trouverez désormais un « Culture Code », document mis à la disposition de toutes et tous et résumant les grands éléments de la culture d'entreprise. Cherchez LinkedIn, Airbnb, HubSpot, Mailchimp et Culture Code dans Google ou Slideshare pour trouver quelques exemples.

Netflix a été une des premières entreprises à publier ce document en août 2009[31], puis une seconde version[32], document consulté plus de 14 millions de fois sur Slideshare ! Pour son PDG, Reed Hastings, « les vraies valeurs d'une entreprise sont les comportements et les compétences que nous valorisons particulièrement chez nos collaborateurs ». Ces principes sont constamment rappelés et utilisés, que ce soient dans les évaluations annuelles, les évaluations de l'entreprise par les salariés, les départs ou les promotions. D'une grande transparence, ces principes permettent à chacun de bien comprendre la vision de l'entreprise, les principes à respecter et les valeurs en matière de promotion, de prise de congés, ou même de licenciement !

En France, BlablaCar a aussi décidé de faire de sa culture d'entreprise un avantage compétitif pour attirer et retenir les bons profils et aligner les énergies. Fondée en 2003 par Frédéric Mazzella, la plate-forme communautaire de covoiturage payant appartient désormais au cercle très fermé des licornes françaises (avec Criteo, Vente-Privée.com et Sigfox). Avec seulement 350 employés de plus de 30 nationalités, le service BlaBlaCar est désormais disponible auprès de 25 millions d'utilisateurs dans plus de 22 pays ! Son PDG déclarait récemment : « Notre boîte est jeune : les gens font le travail qu'ils sont venus chercher. Si quelqu'un n'est pas heureux chez nous, il doit trouver autre chose. Nous n'avons pas de RH (ressources humaines). Le recrutement se fait en direct avec l'équipe concernée. Je ne crois pas aux process mais aux valeurs partagées[33]. » L'entreprise utilise justement 10 principes[34] rédigés avec les salariés et un zest de poil à gratter pour cimenter les efforts de cette équipe autour d'une philosophie commune *« fun and serious »* qui est même promue par une *« culture captain »*.

Les 10 principes de BlaBlaCar

1. ***We are passionnate, we innovate :*** car ce sont les idées qui changent le monde.
2. ***Think it. Build it. Use it :*** penser comme Mac Gyver. Les employés sont invités à utiliser la plate-forme et peuvent s'en faire rembourser l'usage.
3. ***Share more, learn more :*** c'est grâce au partage de connaissance que l'innovation continue de se développer. L'entreprise met de nombreux outils, moments à disposition de ses collaborateurs pour les informer et les faire collaborer (BlaBlaLearn, la plate-forme d'e-learning avec un taux de participation de 99 %, BlaBlaShare, BlaBlaTalk, BlaBlaWiki, BlaBlaTime) et propose même une semaine d'intégration aux nouveaux arrivants (Onboarding Week) ;
4. **In trust we trust :** la confiance est le socle de l'usage du service communautaire de covoiturage. L'entreprise cherche donc à privilégier, à promouvoir et à défendre cette notion de confiance et de bienveillance à tous les niveaux ;

5. ***The member is the boss :*** le site est d'abord au service d'une communauté. L'écoute et le support des utilisateurs sont donc prioritaires : SAV 7/7, *focus groups*, rencontres avec les membres lors d'un BlablaTour de quinze semaines dans 17 pays, rencontres entre utilisateurs (les BlablaTime)[35] ;
6. ***Fail. Learn. Succeed :*** dans un contexte de croissance rapide et importante, certaines erreurs seront inévitables. L'important est d'apprendre à les gérer et d'en partager les leçons avec le plus grand nombre (sessions de débriefs *Fail & Win*).
7. ***Vanity : (Sanity/Reality) :*** trouver le bon indicateur et chercher à l'optimiser. Comme beaucoup de start-up, la donnée et la mesure sont au cœur de l'entreprise.
8. ***Done is better than perfect :*** il ne faut pas rater le train, l'agilité prime !
9. ***Never Assume. Always check :*** adopter la culture du test.
10. ***Fun & Serious :*** c'est le sérieux personnel qui permet le fun collectif.

Netflix a été une des premières entreprises à communiquer publiquement les détails de sa culture interne. Du recrutement à la façon de promouvoir ou de licencier, l'entreprise partage tout de manière ouverte avec ses collaborateurs mais aussi le grand public. Le but : aligner les employés autour d'une même vision et de principes communs. Le document publié sur Slideshare a déjà été consulté plus de 14 millions de fois.

Les 9 lois du « Culture Code » de Netflix[36]

Capacité de jugement

Vous prenez de bonnes décisions (sociale, technique, business et créative) malgré la complexité.

Vous identifiez les causes profondes et allez au-delà du traitement des symptômes.

Vous pensez stratégiquement, et pouvez expliquer ce que vous tentez ou pas de faire.

Vous séparez intelligemment ce qui doit être fait bien maintenant de ce qui peut être amélioré plus tard.

Communication

Vous écoutez attentivement, au lieu de réagir immédiatement, afin de mieux comprendre.

Vous êtes concis et clair à l'oral comme à l'écrit.

Vous traitez autrui avec respect, indépendamment de son statut ou de vos éventuels désaccords.

Vous savez rester calme en cas de situation de stress.

Impact

Vous accomplissez une quantité impressionnante de travail important.

Vous faites constamment preuve d'efficacité afin que vos collègues puissent compter sur vous.
Vous accordez plus d'importance à la qualité du résultat qu'au suivi du processus.
Vous êtes un « faiseur » et ne laissez pas l'analyse vous ralentir ou vous paralyser.

Curiosité

Vous apprenez rapidement et avec envie.
Vous cherchez à comprendre notre stratégie, notre marché, nos abonnés et nos fournisseurs.
Vous connaissez bien le business, les technologies et le divertissement.
Vous êtes un contributeur efficace en dehors de votre spécialité.

Innovation

Vous reconceptualisez des situations afin de trouver des solutions simples à des problèmes complexes.
Vous questionnez les idées reçues et habitudes lorsque cela est justifié, et suggérez de meilleures approches.
Vous créez de nouvelles idées qui s'avèrent utiles.
Vous nous maintenez agiles en réduisant la complexité et en trouvant le temps de simplifier les choses.

Courage

Vous dites ce que vous pensez même si cela peut être controversé.
Vous prenez des décisions difficiles sans perte de temps inutile.
Vous savez prendre des risques intelligemment.
Vous questionnez les actions qui ne cadrent pas avec nos valeurs.

Passion

Vous inspirez autrui à se dépasser par votre recherche de l'excellence.
Le succès de Netflix vous importe particulièrement.
Vous célébrez les victoires.
Vous êtes tenace.

Honnêteté

Vous êtes connu pour votre candeur et votre franchise.
Vous évitez de faire de la politique interne lors de vos désaccords avec autrui.
Vous ne colportez pas de choses à propos de vos collègues que vous n'oseriez pas leur dire directement.
Vous êtes prompt à admettre vos erreurs.

Dévouement

Vous voulez ce qui est le mieux pour Netflix, plutôt que le mieux pour vous-même ou votre groupe.
Votre ego n'importe pas dans votre recherche de la meilleure idée.
Vous prenez le temps d'aider vos collègues.
Vous partagez l'information ouvertement et de manière proactive.

Anticiper et gérer la résistance au changement

Charles F. Kettering, inventeur du Delco (qui permet d'allumer votre moteur à explosion avec votre batterie), a souvent eu à affronter les esprits conservateurs dans sa carrière d'ingénieur et d'homme d'affaires. Il a pu constater avec humour que « les gens sont très ouverts à propos des nouvelles choses – tant qu'elles sont exactement comme celles existantes ». Telle la loi de la gravité, tout changement crée une résistance proportionnelle à son intensité de disruption. Plus un changement est fort et soudain, plus la peur, l'incompréhension ligueront les participants contre l'acteur de ce changement. Les manifestations parfois violentes des taxis face à Uber n'ont rien de nouveau. Au XIXe siècle, déjà, les luddites en Angleterre ont mené une fronde face à l'automatisation des métiers à tisser à l'heure de la révolution industrielle. Une autre manifestation de cette résistance s'illustre aussi avec les actions de lobbying des acteurs établis. L'industrie automobile anglaise a été ainsi tuée dans l'œuf par les sociétés de chemin de fer voyant d'un très mauvais œil cette nouvelle concurrence. Celles-ci ont fait voter une loi obligeant les conducteurs à faire courir devant leur automobile une personne avec un fanion. Il n'en fallait pas plus pour stopper net le développement de cette nouvelle industrie dans le pays. On pourrait dresser une longue liste des innovations disruptives freinées par la résistance des usagers ou des lobbies en place : le magnétoscope, le téléchargement de musique ou de films, la voiture électrique, les panneaux solaires...

Il est donc vital **d'anticiper la résistance probable aux changements** liés à votre transformation digitale. Les entreprises sont avant tout composées d'humains avec leurs émotions, leurs rêves, leurs peurs. La terminologie « Ressources humaines » prend alors tout son sens. La transformation des organisations se fera ou non d'abord grâce ou à cause des managers et des collaborateurs. Dans un pays comme la France, il ne faut pas négliger le contexte économique difficile, la régulation lourde et l'importance de syndicats qui, additionnés, pourraient s'avérer des obstacles fatals à vos ambitions. Si vos collaborateurs peuvent refuser vos propositions sur le fond, c'est souvent la forme qui peut entraîner les plus grands blocages. Dans un univers jargonnant, le changement est plus souvent vécu comme un risque, un déclassement, un futur flou et anxiogène. La capacité du management à développer une vision et une stratégie est une nécessité importante. Mais c'est aussi la capacité à communiquer les causes, les opportunités et les impacts concrets des évolutions à mener qui sera clé pour convaincre et faire adhérer vos équipes. Celles-ci ont autant besoin d'une vision macro – « Où vont notre industrie et notre entreprise ? » – que micro – « Que vais-je devenir ? » « Qu'attend-on de moi, est-ce réellement clair ? » « Comment va-t-on concrètement m'accompagner pour réussir ma nouvelle mission ? ».

Confronté au changement et à l'inconnu, l'être humain passe par une série d'émotions et de postures résumées dans le schéma suivant adapté du modèle de la psychiatre Elisabeth Kübler-Ross[37]. Cette dernière est connue pour sa théorisation des différents stades émotionnels par lesquels passe une personne qui apprend sa mort prochaine. Ce modèle a depuis été réadapté et appliqué à la gestion du changement en entreprises.

Les 7 étapes de réactions humaines face à un changement

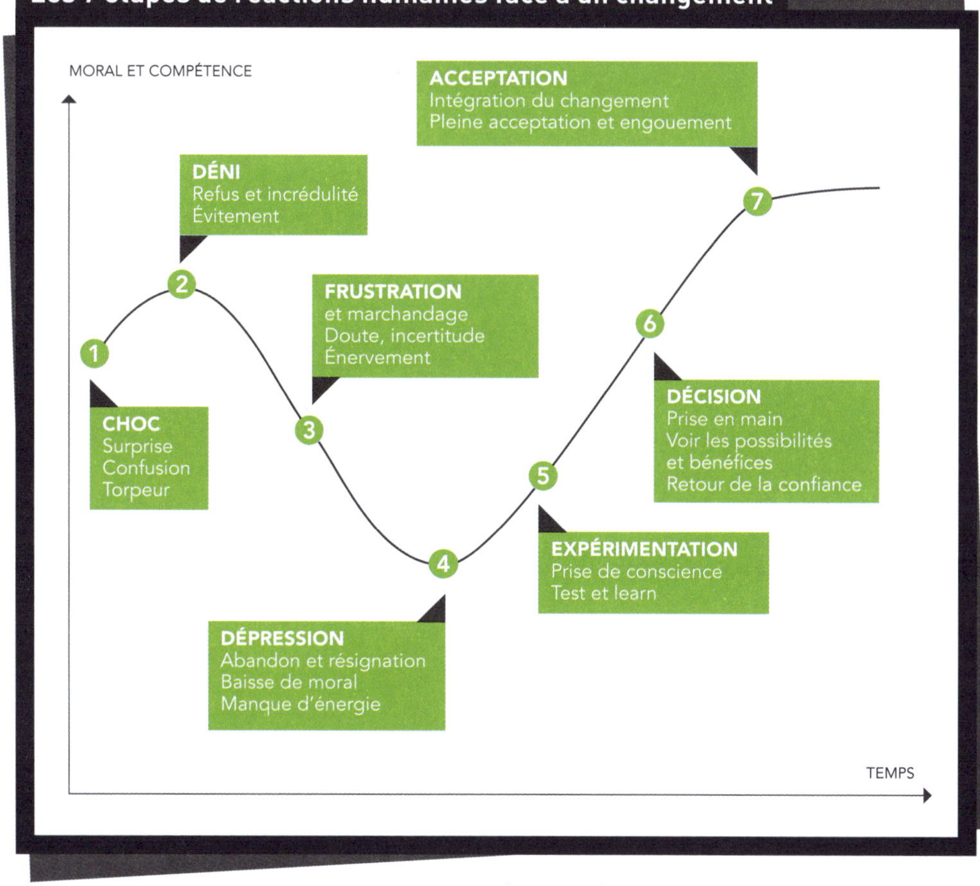

Source : adaptation de la courbe de Kübler-Ross.

Les personnes confrontées au changement passeront généralement par des sentiments de refus, de colère, de confusion, de dépression, de crise, d'acceptation et enfin de confiance renouvelée. De son côté, le consultant Torben Rick[38] liste plus de douze raisons pour lesquelles les gens ont tendance à s'opposer au changement.

Les 12 causes les plus courantes de résistance au changement

1. **Une mauvaise compréhension sur le besoin/la raison du changement.** Si l'équipe ne comprend pas le besoin de changer, vous pouvez vous attendre à de la résistance. Particulièrement de la part de ceux qui pensent fermement que la manière actuelle marche bien, et ce depuis vingt ans !
2. **La peur de l'inconnu.** L'une des raisons les plus communément avancées pour expliquer la résistance est la peur de l'inconnu. Les gens ne se dirigent vers l'inconnu que s'ils croient réellement – et, plus important encore, ressentent – que les risques associés à l'inaction sont plus grands que ceux associés à l'action et au changement.
3. **Le manque de compétence.** C'est une peur généralement passée sous silence. Les changements organisationnels requièrent parfois des changements de compétences, et certains peuvent craindre de ne pas pouvoir s'adapter à cette transition.
4. **L'habitude aux anciennes méthodes.** Si vous demandez à une organisation de changer ses méthodes, aussi rationnel que cela puisse vous sembler, vous aurez à faire face aux habitudes ancrées et souvenirs de chacun, ce qui n'est pas du tout anodin.
5. **Le manque de confiance.** Quand les gens ne pensent pas pouvoir, ou ne pensent pas que l'entreprise puisse gérer convenablement le changement, il y aura également de la résistance.
6. **Une mode temporaire.** Lorsque les gens pensent que cette idée de changement va passer et ne mérite pas un réel investissement.
7. **L'absence de consultation.** Si les gens font partie du changement, il y a moins de résistance, d'autant plus si cela risque d'avoir un impact sur leur travail quotidien. Les collaborateurs informés sont généralement plus satisfaits de leur travail que ceux qui ne le sont pas.
8. **Une mauvaise communication.** Cela paraît évident, n'est-ce pas ? Lorsqu'il s'agit de gestion du changement, il ne saurait y avoir trop de communication et d'échanges.
9. **Le changement des routines.** Lorsque l'on parle de zone de confort, il s'agit en fait de routines qui nous font nous sentir en sécurité. La résistance est, dès lors, un réflexe naturel si cela implique de changer ses routines.
10. **Épuisement et saturation.** Ne prenez pas le respect des nouvelles règles pour de l'acceptation. Ceux qui sont submergés par le changement continu se résignent à suivre le mouvement : ils sont présents, mais leur cœur n'y est pas et leur motivation est très faible.
11. **Le changement de *statu quo*.** La résistance peut également venir des représentations du changement que certains ont. Par exemple, ceux qui pensent être plus mal lotis à l'issue du changement ne s'y investiront pas.

De même, si certains pensent que le changement favorise un groupe aux dépens d'un autre, il peut y avoir de la colère et du ressentiment, même silencieux.

12. **Les bénéfices et récompenses.** Les bénéfices et récompenses du changement ne sont pas toujours perçus comme équitables relativement aux efforts fournis.

À vous d'anticiper et de prévoir les réponses et explications pour franchir chaque étape psychologique et résistance vers une confiance réaffirmée de vos équipes.

Le mot de l'expert

Sébastien Bazin
PDG d'Accor

Pour Sébastien Bazin, il faut se montrer réaliste face aux enjeux de gestion du changement de son groupe, un des leaders mondiaux de l'hôtellerie. Selon lui, « face au changement en cours, qui place le client au centre et nous emmène dans l'industrie de la recommandation, un tiers de nos collaborateurs le comprennent, le partagent et sont capables d'y participer, un autre tiers le comprend, le partage, mais a besoin d'être formé, et un autre tiers le refuse et ne le comprend pas », résume-t-il. Citant Roosevelt, il ajoute que, pour un leader, « l'enjeu est d'emmener les gens à un endroit où ils ne sont jamais allés ». Il doit trouver de nouveaux moyens d'accompagner ses 180 000 employés pour les faire évoluer après quarante ans parfois à faire le même métier. « Sinon, nous allons mourir doucement, assurément face à l'ubérisation[39] », ajoute-t-il.

Planifier – Revoir les compétences et son organisation

Qu'entend-on par « compétences numériques » ?

Quand on évoque le digital, on pense souvent à l'informaticien ou au programmeur. Pourtant, l'éventail de compétences concernées est bien plus large. Combien de fois n'a-t-on pas entendu une direction générale ou des ressources humaines parler du digital comme une seule discipline. « Nos salariés ont un niveau digital inégal. » Après les années 2000, la plupart des entreprises ont lancé leur site Internet et nommé un webmaster puis un responsable digital en charge de ce site, du référencement, des e-mailings et newsletters. Avec le temps, les médias numériques se sont en fait radicalement développés et complexifiés. Au niveau technique les langages se sont multipliés : Java, PHP, Python, Ruby on rails, C++... Les méthodes de développement ont changé : Scrum et méthodes agiles... Les outils et problématiques touchés par le numérique ont explosé : solution de gestion de contenus appelée CMS (Content Management System), outil de CRM, développement d'applications mobiles, mise en place d'Extranet, d'Intranet et de réseaux sociaux d'entreprises, pilotage de l'achat d'espace (reciblage, Adwords, bannières, programmatique...), analyse des statistiques et des performances des actions Web marketing, lancement de plates-formes e-commerce, mobile commerce, problématique d'objets connectés, création d'API pour s'interconnecter avec d'autres sites ou plates-formes, community management sur les réseaux sociaux, production de photos ou de vidéos pour Instagram, YouTube, Facebook, mise en place de campagne d'influence et d'outils de social listening pour suivre la réputation de votre marque... N'en jetez plus, la liste pourrait s'allonger encore et encore. À chaque nouvelle plate-forme, nouvelle tactique, le champ des possibles s'élargit et le numérique devient un sujet bien trop grand pour les maigres ressources qui lui sont dédiées dans de multiples entreprises. En France ou en Europe, les équipes digitales ont généralement grandi de quelques personnes supplémentaires quand la tâche s'est multipliée par 20 en quinze ans. Aux États-Unis, une marque moyenne emploie souvent de 40 à 50 personnes uniquement pour piloter les différents sujets digitaux !

Comment s'y retrouver donc dans cette boîte à outils en expansion et mutation constante ? Dans son étude sur les « Métiers et compétences du marketing et de la communication dans un contexte de transition digitale[40] », l'IAB France propose un référentiel assez clair :

- **des compétences en matière d'analyse :** proches du marketing traditionnel (analyse, interprétation, explication, etc.), mais avec une facette technique plus poussée (mathématiques, statistiques, BDD, etc.). Ces compétences seront exercées par les responsables en référencement, en CRM, les « data scientists », les médias planners, etc. ;
- **des compétences techniques :** de la programmation-développement à l'architecture des systèmes d'information. On retrouve ici les webmasters, intégrateurs html, développeurs mobiles, programmeurs, UX designers ;
- **des compétences de création :** une compétence de création visuelle et de contenus (graphisme, vidéo...) qui n'est pas propre aux métiers de la communication ou du marketing, mais qui en devient une composante essentielle. Elle est impactée par la technicité, la temporalité et l'analyse

de la donnée propre au marketing numérique. C'est le job des webdesigners, graphistes, community managers, social medias managers, UX designers ou webmasters ;

- **des compétences relationnelles :** un aspect fondamental du marketing et de la communication qui se voit renforcé par la facilité de ciblage et d'interaction rendue possible par les nouveaux outils digitaux. Une compétence qui se voit aussi progresser fortement par la capacité à collecter et à analyser des données comportementales des consommateurs à travers les nouveaux outils. On trouvera à ces postes les community managers, le support client, les fonctions CRM ou les responsables des médias sociaux ;
- **des compétences en management et organisation :** ce domaine de cadrage requiert désormais des exigences de plus en plus poussées quant à la capacité technique et pédagogique (comprendre et expliquer). C'est le domaine des chefs de projets, des CDO ou des content managers.

Et au-delà des compétences techniques, les profils liés au numérique vont devoir aussi se doter de **« softs skills » pour gagner en agilité.** R. Ray Wang nous explique qu'il faut investir dans des ARTISANS digitaux : *« **A**uthentic, **R**elevant, **T**ransparent, **I**ntelligent, **S**peedy, **A**rtistic, **N**on conformist. »* Si l'on fait un peu la synthèse des valeurs et caractéristiques comportementales prônées par les acteurs digitaux, on arrive à la liste suivante :

Les savoirs comportementaux (« soft skills » en anglais) caractéristiques des entreprises de l'ère digitale

Compétences	Description
Adaptabilité et agilité	À l'aise avec l'incertitude et le changement. Sait quand faire et ne pas faire de compromis. À l'aise avec des équipes flexibles pour répondre à l'environnement mouvant.
Collaboratif	Capacité naturelle à travailler de manière collaborative et efficacement avec d'autres équipes d'horizons différents.
Créatif	Fait des liens entre idées, concepts et données divers afin de générer des idées neuves et remettre en question l'existant.
Curiosité	Prêt à explorer de nouvelles idées et de nouveaux concepts. Est intellectuellement curieux et capable d'apprendre par lui-même.
Capacité à analyser les données et les insights	Savoir manipuler des données digitales pour la prise de décision. Savoir filtrer, extraire et interpréter pour transformer la donnée en information utile.
Empathique	Fait preuve d'intelligence sociale avec ses collaborateurs et surtout ses clients.

Compétences	Description
Articulé à l'oral et l'écrit	Clair lors de la présentation d'idées et de besoins, argumentation persuasive, capacité à parler le même langage que les personnes non digitales.
Passionné	Passionné par le changement permanent et la soif d'apprendre.
Proactif	Prêt à essayer, quitte à échouer, plutôt que de ne rien faire.
Esprit de synthèse et cadrage de projet	Adopte une démarche systémique et organisée permettant de s'intégrer efficacement dans les processus et avec les autres membres de l'équipe.
Technophile	Primo-adoptant des nouvelles technologies, aimant interagir avec elles et améliorer son travail *via* leur utilisation.
Des personnes en « T »	Les personnes « en T » sont définies comme ayant une forte expertise dans un domaine tout en connaissant et comprenant d'autres domaines digitaux transversaux. Ce concept ne réduit en rien l'importance de l'expertise verticale, mais insiste sur les résultats obtenus lorsque celle-ci est combinée à une compréhension transverse telle qu'identifier des opportunités de collaboration permettant un travail global plus efficace.

Le département ressources humaines des entreprises doit vraiment **faire un effort pour se mettre régulièrement à jour sur les métiers et compétences du numérique**. Le jargon et le manque d'uniformisation des postes ne facilitent pas les choses, mais les RH ont trop souvent évité le sujet en le sous-traitant aux DSI.

« Si les DRH ne maîtrisent pas les nouveaux outils numériques comme le Big Data, ces outils les maîtriseront[41] », prévient François Gueuze, enseignant à l'université de Lille, où il supervise un master en RH. La technologie devient un des facteurs clés de succès pour les entreprises. Comprendre, identifier, attirer et fidéliser les talents numériques est un enjeu prioritaire. Tout comme l'évolution et la formation des compétences des collaborateurs existants. Pour David Lacombled, président de l'IAB France, « les compétences doivent évoluer au même rythme que la technologie, à une cadence parfois soutenue, pour pouvoir saisir toutes les opportunités du marché[42] ».

Derrière chacune de ces compétences se cachent un ou plusieurs métiers dont le nom, la responsabilité peuvent varier d'une entreprise à une autre. Voici un petit récapitulatif des postes les plus courants aujourd'hui :

Les métiers à connaître en matière de digital

Poste	Mission
Chief Digital Officer ou directeur digital	Poste transverse. Expert du digital évangélisateur au sein de l'entreprise. Responsable de l'adaptation de l'organisation au digital, il élabore la stratégie digitale en coordination avec la direction générale et pilote le déploiement de la roadmap de la transformation digitale. Il réalise une veille active et encadre les équipes digitales de l'entreprise. Il juge de la réussite de la transformation digitale en fonction des investissements digitaux et des indicateurs de mesure définis.
Chief Data Officer	Coordonne les interfaces des systèmes centraux informatiques avec les bases de données CRM. Assure la fiabilité des données pour alimenter les bases de données. Réalise des cartographies et rapports pour la stratégie Big Data de l'entreprise. Assure la cohérence, la fraîcheur et l'optimisation des données en relation avec l'ensemble des métiers. Supervise aussi les enjeux légaux, éthiques et de sécurité autour des données.
Chief Technology Officer ou DSI	Supervise l'ensemble des projets technologiques de l'entreprise, de l'avant-vente au support, en passant par les systèmes d'information interne et externe ainsi que les développements futurs. Il maîtrise la faisabilité technique, le budget et assure la mise en œuvre. Il manage les équipes de développement internes ainsi que les prestataires et éditeurs externes.
Directeur CRM	Optimise la relation de la marque avec ses clients *via* l'analyse de la cible et la mise en place d'outils et de stratégies spécifiques. Élabore une stratégie marketing adaptée, choisit les outils pertinents pour attirer de nouveaux clients et fidéliser les existants. Met en œuvre, suit et optimise les programmes de fidélité et plans d'action. Veille au paramétrage et à l'optimisation des campagnes sur la plate-forme CRM.
Directeur médias	Pilote l'élaboration des plans média et sélectionne le support le plus adapté à la cible de la campagne publicitaire et à la marque/au produit, selon le budget alloué et la politique commerciale/marketing de l'entreprise ou de l'annonceur.
Directeur e-commerce	Définit la stratégie marketing et commerciale pour l'activité e-commerce d'une marque. Déploie le catalogue de produits et optimise le parcours client sur le site, assure la mise en place des systèmes de paiement, de livraison et de gestion des stocks. Met en place le support client, gère les campagnes d'acquisition de trafic et de fidélisation. Optimise le site, le parcours client et la visibilité de la marque.
Directeur social médias	Chapeaute l'ensemble de la stratégie et des interactions liées à l'image de la marque et la promotion de produits/d'événements sur les réseaux sociaux. Est en charge de la veille, de l'e-réputation et des stratégies d'influence/RP2.0 de l'entreprise.
Directeur des études	Détermine et coordonne l'ensemble des projets d'études permettant à une entreprise de définir sa stratégie commerciale et marketing pour l'année à venir. Il détermine les moyens à mettre en œuvre pour analyser et découvrir les bons insights en fonction des problématiques de l'entreprise.

Poste	Mission
Expert en e-réputation	Spécialisé dans le recueil, l'analyse et la gestion de la réputation digitale dans l'entreprise comme de l'analyse marketing du bouche-à-oreille numérique. Détermine les produits de veille et les méthodes de travail pour assurer la cohérence et le contrôle de l'image de l'entreprise, maîtriser les plates-formes spécialisées dans ces domaines, déterminer et contrôler la présence sur les médias sociaux. Il participe à la gestion de la communication de crise, mais devient de plus en plus un allié du directeur des études ou du directeur marketing pour utiliser le buzz monitoring comme un outil d'étude et de compréhension du client, de veille concurrentielle...
Dataminer ou data analyste	En collaboration avec la direction CRM, médias ou marketing, il permet de mettre en place des indicateurs et de mesurer l'impact des actions. Il collecte, traite et analyse les données. Met en place des indicateurs statistiques. Produit un reporting régulier. Il analyse aussi les données existantes pour optimiser les produits, les process ou découvrir de nouveaux leviers de revenus.
Chef de projet webmarketing	Conçoit et met en œuvre la stratégie digitale d'une marque *via* des campagnes marketing. Définit une stratégie digitale (référencement naturel [SEO] et payant [SEM], e-mailing, partenariats, CRM, bannières). Conçoit et gère le site Web, propose et met en place un plan de communication online et offline. Définit l'offre commerciale et propose les actions marketing en conséquence. Conçoit les messages, gère les campagnes, suit les retours et mesure le ROI. Analyse l'audience et le trafic.
Chef de projet Web/ technique	Gère l'ensemble d'un projet de création ou de refonte de site Web ou d'une application métier. Il effectue l'analyse des besoins du client et rédige le cahier des charges fonctionnel. Tout au long du projet, il coordonne le travail de tous les acteurs du projet et veille au respect de la qualité, des délais et du budget.
Chef de projet mobile	Gère l'ensemble d'un projet de création ou de refonte d'application mobile. Il effectue l'analyse des besoins du client et rédige le cahier des charges fonctionnel. Tout au long du projet, il coordonne le travail de tous les acteurs du projet et veille au respect de la qualité, des délais et du budget.
Média-planneur	Après analyse du brief du client (cible, objectifs, message...) et d'études de marché, il définit un plan média, négocie avec les vendeurs d'espaces publicitaires (régies publicitaires) et pilote le déploiement des campagnes. Il évalue la performance, le ROI de la campagne qu'il optimise.
UX Designer ou ergonome	Il veille au design et à l'optimisation de l'expérience utilisateur dans une application, un site Web, en se focalisant sur les attentes et besoins de l'utilisateur, les contraintes graphiques et techniques et les objectifs et contraintes du projet du client.
Webdesigner ou graphiste	Définit le design et l'interface d'un site Web, d'une application ou d'une campagne digitale. Sur la base d'un brief, il conçoit les visuels, animations, bannières, interfaces, etc. en collaboration avec la réalisation technique du site.

Poste	Mission
Développeur	Analyse les besoins du projet, étudie les étapes de fonctionnement du programme et détermine une solution technique avant de créer un prototype. À l'aise avec un ensemble de langages de programmation.
Community manager	En charge de l'animation d'une communauté sur Internet (blog, forum, réseau social) au profit d'une marque. Il planifie et publie du contenu de manière régulière en collaboration avec la marque, interagit avec l'audience, modère les réactions et analyse la performance de ses actions.
Webmaster	Responsable du bon fonctionnement d'un site Web. Assure une surveillance du site et des problèmes éventuels. Supervise les projets et assure la continuité du site. Propose l'amélioration de certains dispositifs. Élabore des modifications.

Ces titres et leur périmètre vont constamment continuer d'évoluer dans les années à venir. **Le marché du travail aussi est en pleine mutation.** Les employeurs prévoient ainsi que 35 % des jobs dans leur entreprise vont changer ou disparaître d'ici à dix ans[43]. Pour reprendre l'étude IAB, celle-ci nous explique, par exemple, comment le métier de webmaster des années 2000 a changé et s'est sous-spécialisé en différents nouveaux métiers : du webdesigner en passant par le programmeur, le référenceur ou l'expert webmarketing.

Le rôle du directeur marketing a lui aussi été un des jobs les plus impactés par le numérique. Après une carrière en tant que chef de produit, chef de marque ou en agence à concevoir des campagnes TV, d'affichage, radio ou en presse, il n'est pas évident d'avoir soudainement une vision et une maîtrise omnicanales du marketing. Au-delà de l'aspect études de marché et créativité, le CMO se doit désormais de jongler habilement avec les nombreux formats et supports digitaux, de maîtriser les problématiques de la donnée, de connaître les évolutions possibles du point de vente, tout en veillant chaque jour sur les nouvelles innovations des médias, pratiques et plates-formes !

L'évolution du travail du webmaster

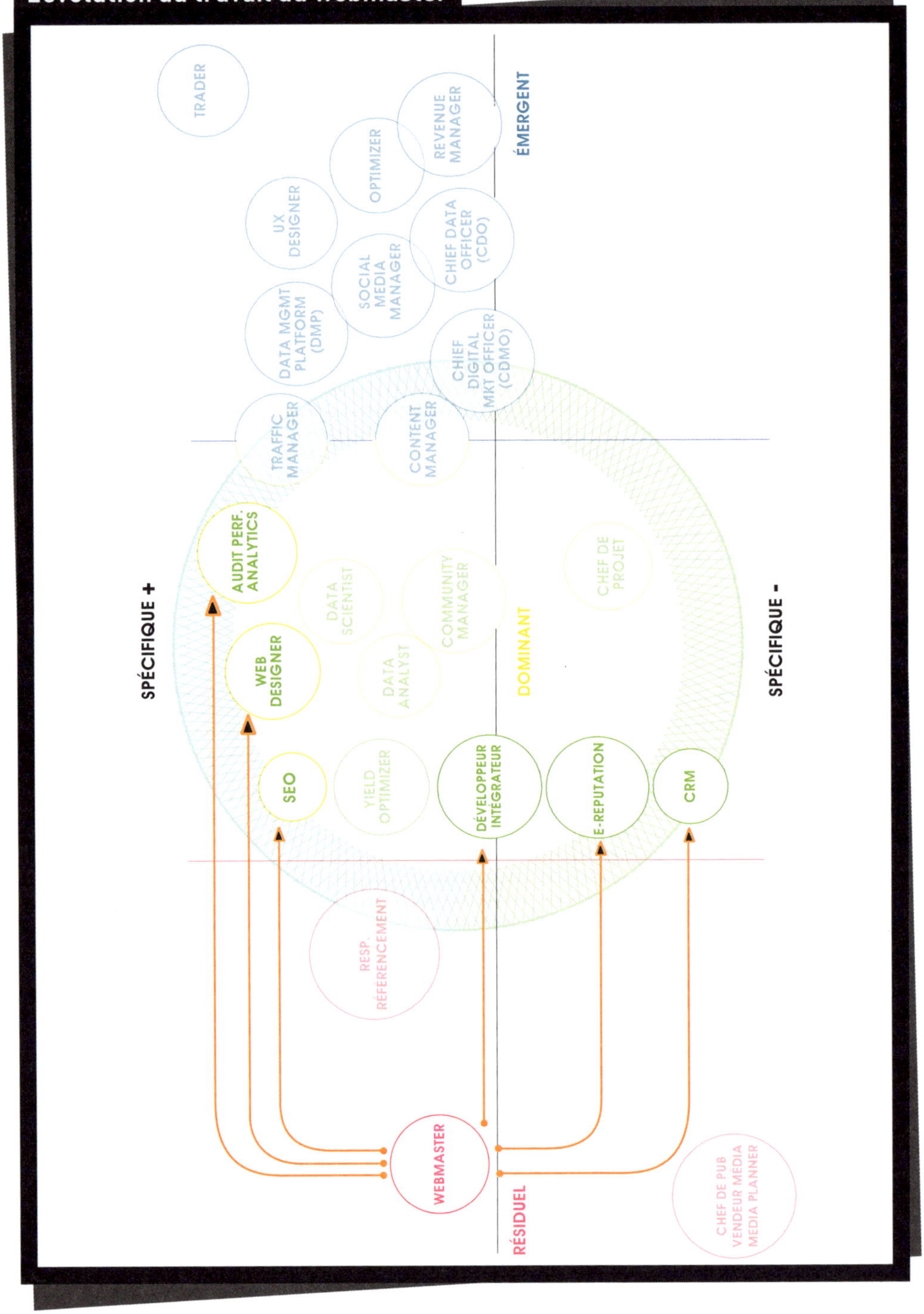

Les nouvelles responsabilités du CMO (directeur marketing)

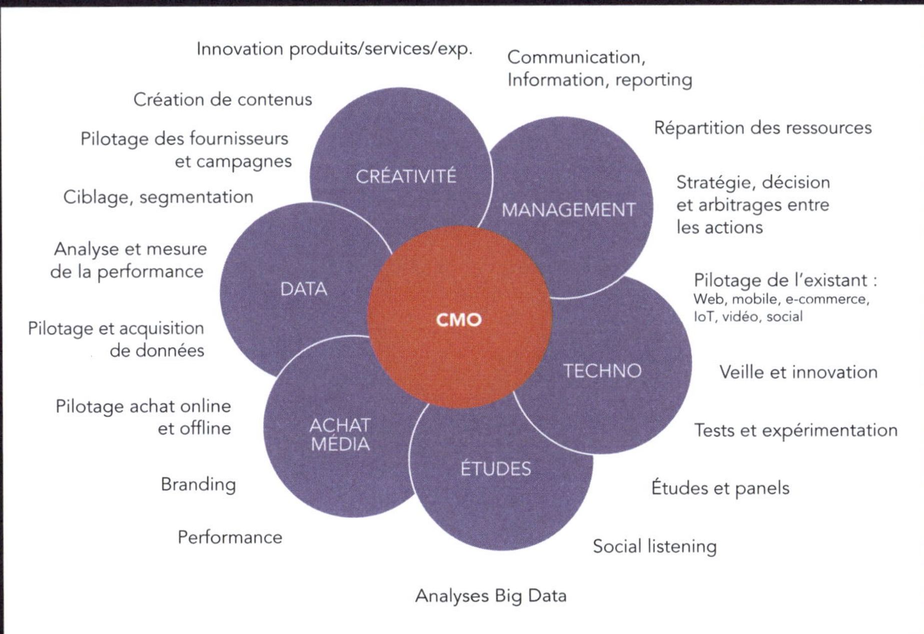

Soyez prêt à vous battre pour attirer et retenir les talents digitaux

Avec la digitalisation de nombreuses activités, certaines expertises deviennent particulièrement recherchées par les entreprises. Vous cherchez un expert de la donnée ? un développeur mobile ou un spécialiste CRM ? Alors bonne chance ! La demande pour ces métiers explose et la rareté des profils concernés leur donne un grand pouvoir de négociation. Quand on est appelé par les chasseurs de têtes chaque semaine et qu'on peut aussi monter sa start-up en étant associé, pourquoi se brader ? Cette pénurie entraîne une inflation parfois assez incroyable des salaires. Il n'est pas rare de voir des salaires de plus de 200 000 euros annuels pour des experts de la donnée. Les start-up et les grands éditeurs de logiciels de la Silicon Valley proposent généralement des salaires dépassant 120 000 dollars annuels pour des programmeurs débutants et Facebook ou Google proposent des stages à plus de 5 000 dollars/mois. Certes, la vie à San Francisco est particulièrement onéreuse, mais ces acteurs se battent pour attirer les meilleurs. Pour ces entreprises, les talents les aideront à faire une grande différence et elles sont prêtes à se battre pour les attirer.

Elles n'hésitent d'ailleurs pas à franchir les frontières pour recruter leurs collaborateurs. Jury dans un hackathon, nous avons été témoin d'une situation surprenante. Un grand acteur de l'assurance bluffé devant la création d'un module automatisé de support client sur Twitter par un des développeurs propose un stage à ce dernier, et ce malgré son look tee-shirt et dreadlocks... Petit sourire de notre geek qui explique que pour rien au monde il n'irait travailler à la Défense chez les « costards-cravates », mais surtout qu'il a déjà été identifié, contacté et recruté par Facebook à 130 000 dollars par mois (logement inclus). Notre acteur de l'assurance a soudain brutalement réalisé le décalage entre son offre et le marché... Les grandes sociétés traditionnelles, qui faisaient encore rêver il y a peu à la sortie des grandes écoles pour leur sécurité, leur perspective de plan de carrière, leur renom et leurs salaires, vont rapidement déchanter si elles ne se remettent pas en cause. Diane Rivière, DRH et chargée du digital pour AXA, confirme la difficulté de recruter des data scientists, indispensables à la réussite du projet. « Particulièrement difficiles à attirer, ils sont rares et chers[44]. » Selon Diane Rivière, trouver ces profils si spécifiques est d'ailleurs l'un des challenges de la transformation du secteur de l'assurance.

La nouvelle génération de travailleurs du numérique est très lucide. Entre inventer la voiture du futur chez Google ou devenir un numéro au 30e échelon chez Renault, le choix sera vite fait. **Les talents digitaux ont une très bonne conscience de leur attrait**. Dans les nouvelles écoles digitales, comme le MBA Digital Marketing & Business de l'EFAP, l'Ecole42, Supdeweb, Epita, Epitech, les Gobelins, la WebSchoolFactory, Hetic, Sup'Internet..., ils sont souvent chassés un à deux ans avant même leur sortie ! L'adaptation des grilles de salaires ne sera pas simple. Comment justifier en interne qu'un expert de la donnée de 28 ans gagne 30 % de plus qu'un chef de produit ou de marque de 35 ans ?

Mais c'est surtout **l'intérêt du poste, du projet et les conditions de travail, la culture d'entreprise** qui vont jouer à plein. Un talent digital peut désormais facilement trouver un emploi à l'autre bout du monde, choisir entre une agence, une marque, un géant du digital ou une start-up, ou même préférer se lancer lui-même avec son projet entrepreneurial. Les grandes entreprises et leurs ressources humaines ont du pain sur la planche pour attirer, mais aussi fidéliser ses hauts potentiels. De la cantine gratuite en passant par les tenues détendues, les baby-foot dans les couloirs, les locaux lumineux et décorés de manière ludique et inspirante, les entreprises digitales font bien plus rêver que les postes de travail au sol en moquette de la Défense... Pas étonnant de voir subitement de grands groupes proposer des salles de créativité, des services aux employés (entretien de la voiture, pressing...).

Mais au-delà du décorum et du folklore, c'est le mode de management et l'intérêt du job, les perspectives d'évolution qui font aussi la différence. Nous observons très régulièrement des CDO ou experts digitaux recrutés à prix d'or démissionner au bout de douze à vingt-quatre mois seulement. La lenteur des procédures, l'organisation hiérarchique désuète, le manque de moyens financiers ou humains, les ambitions timorées, les petitesses de la politique interne et les guerres de baronnies, les complexités kafkaïennes qui insultent le bon sens peuvent vite venir à bout même des plus motivés. Qui accepterait de faire virer un paquebot avec deux cure-dents comme seul équipement ? Quand en plus on se rend compte que parfois le navire a des allures de *Titanic*... Il y a de grandes différences entre ces profils et vos salariés de longue date. Ces experts n'ont pas peur de changer d'entreprise, car ils sont constamment sollicités et chassés par d'autres. Ils n'ont pas fait toute leur carrière chez vous et n'ont aucun complexe à bousculer les lignes, à soulever les tabous, quitte à créer des frictions parfois violentes en interne. Au contraire, ils veilleront avec force à protéger leur employabilité et leur expertise. S'ils constatent que votre volonté de transformation est trop limitée, trop lente, ils ne se contenteront pas de pantoufler en appréciant le calme et le confort de leur salaire. Ils chercheront rapidement un nouveau défi à l'extérieur et vous laisseront en plan.

Si l'aspect rémunération est un point important, la motivation pour un poste dépend d'un nombre bien plus grand de facteurs.

Comment attirer, motiver et fidéliser les talents digitaux ?

Si, par définition, les talents digitaux ont généralement moins de 50 ans, leurs attentes et pratiques sont différentes des générations « plus senior » dans l'entreprise. Ces différences ont tendance à être encore plus marquées pour ces générations Y et maintenant Z qui sont souvent plus impatientes, exigeantes, curieuses. Une évolution des organisations s'impose. Mais elle sera aussi bénéfique quel que soit l'âge des collaborateurs. En effet, le respect, la valorisation des talents ou la convivialité ne peuvent qu'apporter à la vie de votre organisation.

Proposer une rémunération attractive

Des avantages et une rémunération attractive et réaliste par rapport au marché. Vos grilles de salaires ont-elles intégré les exigences pour le recrutement de compétences rares ? Quels services proposez-vous au-delà de la rémunération : crèche, cantine gratuite... ?

Les aider à travailler leur excellence

Répondre à leur besoin de s'améliorer et de progresser en leur permettant de faire un travail qui compte. C'est aussi les autoriser à expérimenter fréquemment en acceptant de tester toutes leurs hypothèses, suggestions. Et surtout leur donner de vrais moyens (humains, techniques, financiers) à la hauteur de leurs objectifs et de vos attentes. Enfin, leur permettre de rester en contact avec l'écosystème externe lors de salons, conférences.

Offrir de l'autonomie

Répondre au désir de diriger sa vie en donnant plus de liberté au salarié en évitant de le micromanager ou de l'infantiliser. Le télétravail est-il possible ? Les horaires sont-ils pointés ? Est-il possible d'engager un certain niveau de dépense sans de multiples validations ? L'entreprise donne-t-elle un certain choix en matière d'équipement informatique ou téléphonique ? Ou propose-t-elle au moins des outils récents et efficaces ?

Donner du sens et une vraie raison d'être à leur travail

Ils doivent avoir l'impression de faire partie de quelque chose de plus grand qu'eux et dépassant la simple recherche de profit. Cela passe aussi par la fierté d'appartenance à une entreprise ambitieuse, vertueuse, respectueuse, humaine, innovante, dynamique et reconnue par la communauté.

Garantir une reconnaissance interne et externe

Quels sont le statut et le niveau hiérarchique proposés ? Les perspectives de carrière sont-elles liées aux résultats ou à certains diplômes, à une ancienneté ou à une limite minimum d'âge ? Le crédit des innovations revient-il à ces personnes ou au seul management ? Auront-elles le droit de prendre la parole et de représenter l'entreprise ou le projet à l'extérieur dans les médias ou à une prise de parole en conférence ?

Offrir de la convivialité et du fun

L'environnement de travail, l'ambiance et la culture d'entreprise sont-ils froids et rigides ? Existe-t-il des activités, des zones de convivialité ou tout n'est-il que grisaille et tableaux de reporting ?

Évidemment, une autre possibilité reste de **piloter un réseau d'experts et de prestataires externes et/ou de former des profils digitaux en interne**. La formation, comme on le verra plus loin dans ce chapitre, reste un outil clé pour favoriser la montée en compétence digitale de votre organisation.

Contrairement aux États-Unis, il n'est pas imaginable d'envoyer soudainement à la casse une grande partie de vos collaborateurs qui n'auraient pas assez de compétences numériques.

Quelle organisation pour digitaliser votre entreprise ?

Chaque entreprise est par essence différente, par sa taille, son métier, son mode de distribution, sa présence à l'international... Certaines organisations ont internalisé une grande partie des fonctions liées au digital avec des moyens humains et financiers conséquents, d'autres en sont encore aux balbutiements et ne prêchent que par l'externalisation à des agences, cabinets et experts. Mais à travers nos échanges et nos missions d'accompagnement au sein des grands groupes ces quinze dernières années, nous pouvons identifier en général trois grandes étapes de maturité en termes d'organisation du digital :

- une absence de gouvernance ;
- un pilotage centralisé ;
- une intégration à tous les niveaux de l'organisation.

Une absence de gouvernance

Chaque pays ou département intègre le digital ou non à son rythme et à sa manière. On assiste ainsi souvent à une multiplication des sites Internet, Intranet, des pages comptes sociaux sur Twitter ou Facebook ou d'applications mobiles sans norme de nommage, sans cohérence pour les clients, et avec des développements parfois incompatibles ou redondants. Faute d'avoir des recommandations à suivre de la part du siège, chacun fait comme il lui plaît ou ne fait rien. À cette étape, les entreprises prennent de nombreux risques. L'expérience client peut varier du tout au tout selon les pays ou les différents points de contact. La présence digitale devient illisible et incohérente avec de multiples pages sur les médias sociaux. Certains comptes créés par des salariés ou des points de vente ne respectent pas forcément la charte graphique de la marque, d'autres ne sont plus maintenus ou modérés et pourraient être la source de potentiel « bad buzz ». Sans stratégie globale et moyens solides, une marque risque de proposer une expérience digitale inférieure à la concurrence et de perdre en image et en parts de marché.

Un pilotage centralisé

Une fois consciente de l'importance stratégique du digital, la direction va mettre en place une stratégie, des moyens, une feuille de route, des *guidelines* pour déployer et piloter le numérique. On parle alors de « gouvernance digitale ». L'objectif est de normaliser et rationaliser les initiatives. On va alors fournir au pays des recommandations et des moyens (humains et financiers) pour établir une présence uniforme et structurée sur le digital, le mobile ou les médias sociaux. Des postes dédiés vont être créés (webmaster, community manager, responsable e-réputation, webmarketing...) avec l'embauche probable d'un CDO. Des agences et cabinets seront sélectionnés pour accompagner les chantiers à mettre en œuvre. Les différents départements (marketing, ventes, ressources humaines...) vont généralement se reposer sur la DSI et le département digital pour centraliser leur besoin. À l'international, le siège va généralement veiller à une uniformisation des solutions (outil de gestion de contenus, CRM, analyses statistiques, e-réputation...), quitte à imposer un standard global parfois mal adapté aux pratiques ou besoins locaux. Cette approche globale amène de la cohérence, des économies d'échelle, permet la comparaison de performance et le partage de bonnes pratiques ou de centres d'excellence, mais limite la souplesse et la réactivité. Les équipes digitales et la DSI peuvent devenir un goulet d'étranglement incapable de répondre rapidement aux multiples demandes de déploiement ou de personnalisation des pays ou départements.

Une intégration à tous les niveaux de l'organisation

Après une phase de normalisation sous le pilotage d'une équipe centrale dédiée au digital, chaque entité va se doter de profils digitaux ou omnicanaux. La direction marketing, par exemple, va recruter un CMO capable de piloter à la fois le marketing traditionnel et digital et des ressources lui permettant de gagner en autonomie et en réactivité. À mesure que le business digital va croître dans les pays (hausse de la part des budgets marketing, croissance de l'e-commerce ou des consultations mobile, popularité des médias sociaux, digitalisation des points de vente), ceux-ci vont aussi embaucher des ressources dédiées au numérique. Le rôle du central devient alors celui d'animateur et de coach. Il doit définir une stratégie globale et accompagner les différentes entités et les pays pour déployer et affiner cette stratégie. Les échanges se font dans les deux sens. Les pays et départements remontent leurs bonnes pratiques au central qui les partage avec toute l'organisation *via* le réseau social d'entreprise, par exemple. La formation est un élément clé pour digitaliser les différents départements et les équipes déjà en place. On parle de moins en moins du digital comme d'un domaine à part, car tout devient digital. On parlera finalement d'innovation business. Le poste de CDO aura alors tendance à disparaître au profit du CMO ou du DSI. Le CDO pouvant dans certains cas prendre la place du CMO (on parlera de CDMO), ou un CMO maîtrisant aussi le numérique prendre le contrôle global.

Un CDO pour piloter la transformation digitale ?

La mise en place d'une transformation digitale requiert de multiples talents, un effort et une énergie à plein-temps. Il convient donc de nommer un responsable qui puisse piloter ce projet dans le temps et coordonner les actions à mener entre les différentes directions. Si le PDG doit avoir une vision très claire de l'importance des enjeux, il faut être réaliste et admettre que ses fonctions ne lui permettront pas de se dédier suffisamment à ce rôle dans un grand groupe. Dans une ETI ou une PME, il sera peut-être néanmoins contraint à avoir ce rôle[45]. La DSI est souvent déjà accaparée par la maintenance des outils et plates-formes existantes. Sa posture peu communicante et défensive (refus réguliers, délais et budgets à rallonge) trop fréquente face au reste de l'organisation lui a fait perdre une belle possibilité de leadership en matière d'innovation. La DRH, trop occupée par les complexités du droit du travail et trop faible en matière technologique, devra aussi passer son tour. Une grande partie du CAC40 a démontré comme une évidence qu'un poste de CDO était définitivement nécessaire pour porter cet énorme chantier.

Les 12 travaux d'Hercule du CDO

Véritable homme ou femme orchestre, aussi à l'aise avec l'humain qu'avec la technologie, le CDO a de multiples tâches à mener, qui ne sont pas sans rappeler les défis du demi-dieu grec.

Évangéliser toute l'entreprise au digital

Le CDO a un rôle d'animateur, de vulgarisateur et d'évangéliste. Pour Sandrine Godefroy, CDO chez Econocom : « Une des premières missions à mener pour un CDO, c'est de clarifier la signification de la transformation digitale dans son entreprise de manière à avoir un référentiel commun de langage et de périmètre d'action. Cela se fait bien sûr en lien avec le Comex et tous les intervenants de la stratégie d'entreprise[46]. » Évidemment, cet élan devra être soutenu et aussi incarné par le top management. L'objectif consiste à ce que chacun comprenne bien les enjeux, risques, et opportunités pour son industrie, son entreprise et son poste. Vos collaborateurs doivent pouvoir parler ensemble avec le même vocabulaire, les mêmes notions et en maîtrisant un certain nombre de concepts, notions, chiffres. Une communication claire et transparente aide à réduire la peur et la résistance au changement tout en permettant d'aligner les énergies et les idées dans la même direction. Attention donc à ne pas rester trop théorique. Étienne Bourdon, CDO du groupe

April, confirme : « L'évangélisation ne se fait pas avec des slides et des incitations, mais grâce à des projets et des démonstrations concrètes[47]. »

Définir une feuille de route avec le Comex

Planifier, organiser, prioriser... comme avant la bataille. Véritable stratège, le CDO doit expliquer, modéliser et convaincre pour déployer avec méthode les différents projets. À lui de trouver un équilibre entre le champ des possibles, le souhaitable et l'indispensable. Véritable exercice d'optimisation sous contrainte, il doit présenter différents scénarios de transformation et valider avec le Comex le meilleur chemin à suivre.

Participer à la montée en compétences digitales

Le CDO devra participer à la mise en place d'un plan de formation ambitieux, de guide d'utilisation et de chartes. Chez Pernod Ricard, Antonia McCahon, la CDO, a lancé 14 modules d'e-learning qui couvrent des thèmes très variés, partant des médias, au référencement, à la publicité... Pour elle, « ce qui est bien, c'est que les gens n'ont pas l'impression d'être à l'école puisque ça touche à leur vie quotidienne, à ce qu'ils peuvent lire dans la presse. Et les résultats sont concluants : nous avons un taux élevé de gens de l'interne qui ont suivi ces 14 modules [...] assez ludiques puisqu'on peut jouer contre ses collègues[48] ». Le CDO devra aussi veiller à l'appropriation réelle de ces expertises dans le travail quotidien des salariés et des managers. Pierre-Philippe Cormeraie, directeur de l'innovation du Groupe BPCE, explique : « Le #digital, ça ne s'apprend pas dans des slides ni des comités. Comme un sport, ça se pratique[49]. »

Piloter les efforts de transformation.

La transformation numérique est un travail quotidien et de longue haleine. Le CDO devra veiller à une exécution rigoureuse, en intégrant régulièrement de nouveaux éléments de contexte, les retours positifs et négatifs des premières expérimentations. Cette progression devra se faire avec des objectifs ciblés très concrets et des indicateurs de mesure pour régulièrement mesurer le niveau d'avancement.

Contribuer au développement du business

Sans retour sur investissement, la transformation digitale peut vite être vue comme un gouffre financier sans fin. Le CDO veillera donc à ce que certains des projets génèrent rapidement un véritable ROI, que ce soit en développant les ventes ou en optimisant les coûts. Chez SEB, Nicolai Gerard porte le titre de Digital Acceleration Officer et non de CDO. Pour lui, « en matière de digital, il est critique de vite transformer l'essai et de rapidement prouver des résultats concrets. Sinon, on est vite caricaturé[50] ».

Communiquer

La disruption digitale est souvent une source d'anxiété pour les employés, et il est parfois difficile de faire prendre conscience à l'ensemble d'un groupe de toutes les initiatives qui sont en cours pour sa digitalisation. Avoir une plate-forme de communication régulière, ouverte sur les projets en cours, est essentiel. Yves Tyrode confirme : « Si vous ne faites pas savoir ce que vous faites, vous ne créerez rien ! Il faut allier communication et réalisation. »

Favoriser la collaboration en interne et en externe

Pour Sandrine Godefroy, « l'enjeu est un changement de posture : on ne travaille plus ensemble, on collabore ensemble. Les outils numériques sont les catalyseurs d'un nouveau mode de coopération ». Que ce soit avec la mise en place, mais aussi l'utilisation réelle de réseaux sociaux d'entreprise, d'outils de messagerie instantanée, de visioconférence ou avec d'autres plates-formes de collaboration, le but est de réduire les silos et de faciliter et d'accélérer la communication, les échanges au sein de l'entreprise. C'est aussi de mieux collaborer avec l'écosystème externe en facilitant l'open innovation. Selon Yves Tyrode[51], directeur digital et communication de la SNCF, la collaboration avec des start-up est fondamentale. La SNCF a déjà accueilli plus de 2 000 start-up dans son incubateur baptisé le 574[52], en référence au record du monde de vitesse sur rail. Pour Pierre-Philippe, le directeur de l'innovation du Groupe BPCE, deuxième groupe bancaire français, « l'open innovation est importante pour nous puisqu'elle nous permet d'être au plus près des esprits créatifs et innovants... Toujours en ayant en tête nos grands objectifs : amélioration de l'expérience client, de l'expérience collaborateurs et de l'efficience de nos entreprises[53] ». BPCE a ainsi lancé, à Paris et en région, des partenariats avec des écoles, des start-up et des acteurs majeurs du digital. Ils ont, par exemple, un partenariat stratégique avec Facebook[54], font partie d'une chaire sur le Big Data[55] avec Télécom ParisTech, Voyages-sncf.com, Deloitte et le Groupe Yves Rocher. Natixis collabore entre autres aussi avec Cap Digital et Paris Région Lab[56]. Reid Hoffman, le cofondateur de LinkedIn, nous rappelle une évidence : « Aussi intelligents que puissent être vos employés, il y aura toujours plus de gens intelligents à l'extérieur. [...] Plus le réseau de vos employés sera étendu, plus il ou elle sera capable de contribuer à innover. [...] Ainsi, les employeurs devraient encourager leurs employés à construire et à maintenir un réseau qui implique le monde extérieur[57]. »

Mettre en place une culture de la mesure de la performance

Nicolai Gerard de SEB explique : « Dans l'e-commerce, nous avons développé des outils de reporting en central (tableaux de bord) pour traquer – au niveau des différents marchés – les données (indicateurs de mesure) qui sont spécifiques au commerce en ligne, avec un accent particulier sur des objectifs logistiques, particulièrement importants pour nos partenaires distributeurs (qu'ils soient *click & mortar* – c'est-à-dire des acteurs traditionnels ayant une activité en ligne – ou *pure players*). » Pour Yves Tyrode à la SNCF[58], « sans mesure, on ne progresse pas. Le ROI n'est pas nécessairement le plus parlant, même si nous prenons en compte le nombre de commandes ou de ventes en ligne ». Le groupe SNCF a mis en place un tableau de bord permettant de mesurer la satisfaction client sur le digital, mais aussi celle des salariés.

Représenter l'entreprise auprès de l'écosystème digital

Start-up, partenaires, éditeurs de logiciels, médias... La prise de parole externe (uniquement une fois que la feuille de route aura été définie et les premiers chantiers lancés) participera à faire rayonner l'entreprise et à attirer les talents, les start-up ou à renforcer la marque auprès du marché. Il s'agit aussi d'échanger avec les responsables d'autres marques non concurrentes pour s'évaluer et prendre en compte les *best practices* de tout le monde.

Nourrir la veille et la prospective de l'organisation

Le CDO doit être une vigie. Fortement connecté à l'intérieur et à l'extérieur de l'organisation, il doit nourrir et inviter les autres à partager les informations, signaux du marché qui pourraient être autant de pistes d'innovation ou d'amélioration. Tel un éclaireur, il doit capter et décrypter l'information.

Participer à la politique d'investissement

Face à la concurrence du covoiturage, SNCF a racheté la start-up OuiCar. Accor a, lui, racheté la start-up française Wipolo, qui édite une application de carnet de route, ou OneFineStay, le site de partage de domiciles haut de gamme pour 148 millions d'euros. Le CDO doit participer à la détection de structures innovantes et travailler avec le Comex sur les stratégies de rapprochement à adopter.

Travailler à la disparition de son propre poste

De manière paradoxale, la raison d'être d'un CDO pourrait disparaître avec le succès de sa mission. Si le numérique est totalement intégré à tous les échelons de l'organisation du management au salarié de base, alors certains pensent que les responsabilités incombant au CDO pourront être redistribuées au CMO ou à la DSI. On peut estimer entre trois et cinq ans l'obsolescence programmée de cette fonction, si l'on prend la durée moyenne d'un grand programme de transformation. Thierry Derungs, le CDO de BNP Paribas Wealth Management, déclarait lui-même récemment : « Je veux devenir inutile d'ici deux à trois ans[59]. »

Le mot de l'expert

Rodolphe Roux
Chief Digital Officer monde de Wiko

« J'aime utiliser les analogies, et à chaque fois qu'on me pose cette question je réponds toujours par celle-ci. Un bon CDO c'est un mélange de trois animaux : l'aigle, capable d'une vue d'ensemble et en même temps intraitable quand il choisit un objectif à atteindre ; la fourmi, organisée et sociale ; le caméléon, capable de s'adapter en toute circonstance.[...] L'empathie, la pédagogie , la prise de risques, l'humour et la ténacité » sont le secret pour enclencher le déclic digital[60].

Le CDO un poste sur un siège éjectable ?

Bien qu'attractif par sa forte visibilité et son niveau hiérarchique (le CDO est généralement rattaché au Comex), le poste de CDO est loin d'être une sinécure. C'est même un des postes les plus exposés, fusible parfait en cas de problème pour le PDG. Comme nous l'avons présenté avec la matrice des six chantiers de la transformation digitale, la tâche est gigantesque. Nouvel intitulé, le poste de CDO est encore souvent mal défini. Le CDO devra donc veiller à bien vérifier la réalité du terrain, les objectifs et les moyens mis à sa disposition sous peine de se retrouver à évangéliser dans le désert sans moyens ni équipe.

Un CDO sans budget ou équipe sera vite relégué au rôle de prophète, sorte de GO que la direction dégainera auprès de l'extérieur pour donner le change en matière d'innovation. Au contraire, chez Renault, Patrick Hoffstetter[61] conduit la transformation numérique de ce groupe de 120 000 collaborateurs avec la « digital factory » une équipe dédiée, au siège, d'une cinquantaine de personnes, et, sur le terrain – régions et pays –, d'une centaine de collaborateurs (il y a un responsable du digital et du CRM dans la plupart des filiales, avec parfois une équipe allant jusqu'à quatre ou cinq personnes, voire plus dans les très gros marchés). Un CDO nécessite clairement des moyens s'il veut avoir un véritable impact.

La position hiérarchique du poste sera aussi un élément très parlant de l'ambition réelle d'une entreprise. Quelle sera sa place dans l'organigramme ? À qui est-il réellement rattaché ? S'il n'est pas au Comex, alors vous pouvez être assuré que sa mission sera loin d'être prioritaire. Une transformation digitale est un énorme chantier stratégique. Il déterminera si l'entreprise est à même d'évoluer pour rester concurrentielle dans un univers numérique mondialisé ultra disruptif. Le Comex doit donc s'emparer cœur et âme de ce projet et interagir avec le CDO en charge de planifier, piloter, déployer, d'optimiser pour le soutenir et de valider avec lui les mesures à prendre. Le CDO devra aussi rapidement identifier ses alliés et ses détracteurs. Il y a fort à parier qu'un grand nombre de collaborateurs et managers espéreront en secret son échec. La résistance au changement est un phénomène naturel et courant dans les organisations. Tel un système immunitaire, un organisme aura vite tendance à rejeter un corps étranger.

En effet, certains managers verront avec ombrage ce nouveau poste débarquer directement au Comex. Soit parce qu'ils n'ont pas eux-mêmes été choisis ou soit parce que la transformation augure de changements de périmètres, d'organisation, de répartitions budgétaires. Quand on a mis une carrière à accéder à ce type de poste, on est généralement peu enthousiastes à l'idée de voir les règles du jeu finalement changer. Surtout si les nouvelles priorités font la part belle au numérique que vous ne maîtrisez pas forcément beaucoup. Si un CDO n'avance pas assez vite, on lui reprochera son manque de résultats. S'il brusque trop les choses, ce sont les baronnies ou les élus du personnel qui pourraient se liguer contre lui. Si ces derniers sentent que le PDG ou le Comex pourraient revenir en arrière devant leurs protestations, ils commenceront rapidement à aiguiser leurs fourches. Changer passe généralement par des licenciements et des embauches, autant de prises de risques pour le CDO.

Faut-il placer un manager interne au poste de CDO ou recruter ?

Si l'on observe le CAC40, les avis et pratiques sont partagés. Peut-on vraiment imaginer qu'un salarié ayant passé des années, voire une grande partie de sa carrière dans la maison, soit la meilleure source de changement et d'innovation ? Mais en même temps, un mercenaire recruté à prix d'or qui ne connaîtra pas les usages internes n'aura aucun réseau dans l'entreprise. Peut-il vraiment réussir sans se mettre rapidement tout le monde à dos ? Un cadre extérieur partagera idéalement une expérience variée au sein de différentes entreprises. Il apportera une autre vision et d'autres pratiques pour nourrir les évolutions à venir. Une personne interne qui aura construit son réseau année après année aura peut-être trop de conflits d'intérêts pour oser opérer les changements radicaux nécessaires. Un externe qui n'aura pas misé toute sa carrière sur cette entreprise verra probablement son poste comme une mission avec des objectifs et une temporalité bien définis. Il sera certainement prêt à faire bouger les lignes sans trop s'attarder sur le passif et les habitudes en place. Attention toutefois à faire le nécessaire pour donner les moyens humains et financiers à ce leader pour mener à bien sa mission. Rarement effrayés par les défis, les experts et managers nommés au poste de CDO seront très visibles et donc chassés par d'autres marques. S'il s'avère que les promesses de moyens, l'ambition annoncée ou le support réel de la direction ne sont pas au rendez-vous, alors ayez conscience que le CDO ne restera pas longtemps couler avec votre navire. Il mettra rapidement le cap sur une nouvelle aventure qui offrira, elle, les moyens de sa politique. Nous avons pu ainsi voir un nombre conséquent de CDO jeter l'éponge après douze à vingt-quatre mois dans un poste mal engagé. Attention dans ce cas à l'impact sur l'image de votre entreprise. Si vous avez célébré en grande pompe son arrivée dans les médias, préparez-vous à quelques interrogations et critiques...

Tester – Revoir vos process

Mettre en place une gouvernance pour piloter le digital

Avec l'ère digitale, le plus grand risque est parfois de tellement ne pas vouloir en prendre que vous allez ralentir toute votre organisation avec des procédures et consignes épuisantes. La transformation digitale nécessite un vrai pilotage, mais aussi, et surtout, d'alléger, de simplifier, en redonnant du pouvoir à tous les échelons. Les outils digitaux devraient permettre de désintermédier certaines validations devenues inutiles.

La première étape passe par un alignement stratégique des rôles et des responsabilités. Des chartes d'usage et des codes de conduites doivent ensuite définir clairement les objectifs, les engagements et les limites de chaque poste ou département. Enfin, il faudra revoir les procédures pour veiller à ce qu'elles servent réellement les objectifs stratégiques et simplifient (et non pas complexifient) le travail des collaborateurs. Les tâches les plus répétitives ou sans valeur ajoutée pourront être automatisées ou externalisées pour permettre aux salariés et managers de se centrer sur ce qui compte vraiment pour l'entreprise.

Le numérique doit faire partie prenante du job de chacun et chacun doit être formé et accompagné pour l'utiliser à bon escient. Une charte des médias sociaux pourra, par exemple, rappeler à chacun ses droits et devoirs ainsi que les bonnes pratiques à adopter dans l'usage personnel et professionnel de ces outils. Cette approche sera plus productive qu'une interdiction globale qui n'a plus de sens à l'heure où tout salarié pourrait se connecter de toute manière à Facebook ou à YouTube depuis son propre smartphone. Il s'agit avant tout d'impliquer et d'engager de manière positive et motivante les salariés et les managers dans cette appropriation du numérique.

Vers une entreprise plus agile

Favoriser l'agilité au sein de votre organisation

Dans son MOOC « Du manager au leader agile[62] », suivi par plus de 32 000 apprenants, Cécile Dejoux, professeur des universités au Cnam (Conservatoire national des arts et métiers), explique que « l'agilité est synonyme de souplesse, vivacité, légèreté. En fait, l'agilité [...] est un état d'esprit. C'est un mode opératoire, c'est ce qui permet de réussir la mise en œuvre de la transformation numérique ». Pour elle, l'agilité concerne à la fois l'entreprise, les méthodes et les compétences des managers.

Qu'est-ce qu'une entreprise agile ?

C'est une entreprise qui apporte rapidement des solutions concrètes et très opérationnelles à ses clients. Une entreprise agile est une entreprise où la gouvernance est partagée et les décisions se prennent au niveau des tâches à effectuer par les collaborateurs qui ont l'information directe. Ceux qui font savent le mieux.

Qu'est-ce que des méthodes agiles ?

L'agilité, à l'origine, est une nouvelle méthode venue du domaine du développement logiciel. Face à un environnement avec des évolutions de plus en plus rapides, il n'est plus possible de lancer des projets de plusieurs années sans adapter régulièrement le cahier des charges. Il s'agit même idéalement de réduire la durée des cycles de développement. Publié en 2001, le **Manifeste pour le développement Agile de logiciels**[63] en définit les grands principes :

- les individus et leurs interactions plus que les processus et les outils ;
- des logiciels opérationnels plus qu'une documentation exhaustive ;
- la collaboration avec les clients plus que la négociation contractuelle ;
- l'adaptation au changement plus que le suivi d'un plan.

Nous reconnaissons la valeur des seconds éléments, mais privilégions les premiers.

Comparaison entre les approches traditionnelles et agiles

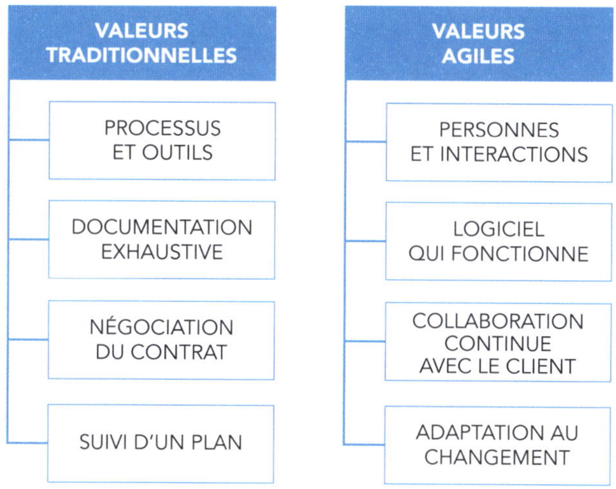

Source : http://agilemanifesto.org/iso/fr/

On parle de « Scrum », de « méthode Lean », ce sont des méthodes privilégiant le cycle court. Elles mettent au centre le groupe autonome réactif avec de l'organisation, qui permet de mettre en œuvre des prototypes qui seront améliorés dans une version ultérieure. La première version consiste en un MVP, le « Minimum Valuable Product ». On cherche à créer un produit avec le minimum de fonctionnalités pour simplifier et accélérer le lancement et recueillir le plus tôt possible un retour des utilisateurs/acheteurs avant d'itérer avec une nouvelle version fondée sur une vraie validation marché.

Qu'est-ce qu'un manager agile ?

C'est un décideur qui va s'adapter, mais plus vite que les autres. Véritable leader, il doit inspirer, incarner et accompagner ses collaborateurs pour inventer chaque jour l'entreprise de demain. Il est prêt à sortir du cadre, à se remettre en cause comme à défier les habitudes. Bref, il est prêt à apprendre à désapprendre pour innover. On peut le caractériser selon cinq caractéristiques :

- l'innovation débrouillarde et partagée ;
- l'expérimentation bienveillante ;
- la vélocité ;

- la collaboration et le collectif ;
- le feedback : optimisation et itération.

L'innovation débrouillarde et partagée

L'innovation n'est plus le domaine réservé du département recherche et développement (ou R & D). Tous les managers et les collaborateurs se doivent de contribuer à l'amélioration et à l'optimisation des produits, services et procédures de leur organisation. Et ce en n'hésitant pas à regarder et à s'inspirer de l'extérieur. Dans son livre *Innovation Jugaad*[64], Navi Radjou nous explique que l'ingéniosité n'est pas qu'une question de moyens ou de budgets. En Chine, en Inde ou en Afrique, des milliers d'entrepreneurs parviennent à transformer les contraintes en opportunités et à « faire plus avec moins ». *« Jugaad » :* ce mot hindi populaire recouvre un concept que l'on pourrait traduire en français par « débrouillardise », soit improviser des solutions ingénieuses dans des conditions adverses (voire hostiles). Cette approche repose sur les six principes suivants :

- rechercher des opportunités dans l'adversité ;
- faire plus avec moins ;
- penser et agir de manière flexible ;
- viser la simplicité ;
- intégrer les marges et les exclus ;
- suivre son cœur.

Combinés, ces six principes du Jugaad devraient favoriser l'adaptabilité, la résilience, la frugalité, la simplicité, l'inclusion, l'empathie et la passion. Autant d'éléments essentiels pour être compétitif et gagner dans un monde complexe. Pour Navi Radjou, « l'adoption de ces principes pourrait également aider les entreprises occidentales à innover et à croître dans un environnement hautement volatil et hyperconcurrentiel ». Un manager agile doit inciter chacun à être source de solution de manière simple et pragmatique.

L'expérimentation bienveillante

Pour innover, il faut accepter de changer le *statu quo*, de tester et d'expérimenter. Le manager doit donc stimuler, soutenir et faciliter les conditions de cette approche par le *« test and learn ».* Il doit montrer l'exemple en évitant le *« wait and see ».* Pour cela, il doit rassurer ses collaborateurs en créant un climat de **confiance, de transparence** et permettre le droit à l'erreur. Arnaud Frey est le président-fondateur d'Extia, une start-up de 800 salariés qui a reçu le prix « Great Place to Work » en 2015 et pratique les méthodes de management agile. Il précise : « Ce qui est important, c'est que quand on sait que la personne est responsabilisée, si elle a fait une erreur, elle va apprendre de son erreur, elle va être dans une logique apprenante, elle va potentiellement même vouloir faire évoluer le process qui l'a emmenée à cette erreur et, surtout, ça va continuer à favoriser l'initiative. Ce qui tue les entreprises aujourd'hui, pour moi, c'est le manque d'initiative de ces salariés [...] et la peur de mal faire. Et aujourd'hui, au global, c'est très contre-productif. »

La vélocité

Pour stimuler l'innovation et l'agilité de son entreprise, le manager doit se mettre au service de ses collaborateurs pour réduire les freins et les obstacles ralentissant leur travail ou leurs propositions d'améliorations. Il doit mettre les bons moyens, équipement, ressources... à disposition et savoir quand privilégier les individus et leurs interactions plutôt que les processus et les outils en place si nécessaire. Plus une proposition d'optimisation nécessitera du temps et des efforts et moins vos équipes seront force de proposition. La vitesse de décision sera clé et celle-ci impose un certain lâcher-prise. Plutôt que chercher à réduire le risque par des études et analyses, validations sans fin, il faut faire confiance à ceux qui font et les inciter au *« fail but fail fast ».* Tester le plus rapidement et le plus en amont possible les mauvaises options pour les éliminer et se concentrer sur les stratégies gagnantes. Une des affiches populaires au quartier général porte la mention *« move fast and break things »,* rappelant à chacun que le mieux est parfois l'ennemi du bien et que la priorité est à la vitesse, quitte à devoir gérer quelques effets de bord dans un second temps. Un des obstacles à la réactivité peut être causé par la tendance à la réunionite dans les grandes organisations. Jeff Bezos, le fondateur et PDG d'Amazon, est animé par une passion sans limites pour la performance et l'efficacité. Il a décidé de régler ce problème avec la règle des deux pizzas : ne jamais faire une réunion ou deux pizzas ne permettent pas de nourrir toute l'assemblée[65]. Un manager agile évitera les réunions et les validations inutiles.

La collaboration et le collectif

Le manager agile ne tirera pas son pouvoir de l'organigramme, d'un statut ou par le contrôle et la rétention d'informations. Au contraire, c'est sa capacité à rejoindre, à participer et à apporter de la valeur ajoutée à différentes communautés verticales, horizontales, transversales qui lui donneront autorité et légitimité. Le manager agile lutte contre les silos et facilite la connexion entre compétences et besoins, solutions et défis au sein de l'organisation. Cela signifie aussi une **évolution des modes de décision.** Oubliez les décisions imposées. Le manager agile devra faire preuve d'écoute et d'empathie pour favoriser des décisions collaboratives. Il aura donc plus un travail d'animateur, de coach, de pédagogue pour expliquer, faire adhérer, aligner. Si cet effort est parfois plus long et nécessite un climat de confiance et de bienveillance, il permettra d'aller beaucoup plus loin avec des équipes responsabilisées, impliquées et donc plus motivées et engagées. Cela implique **une évaluation et une reconnaissance** différentes de ses collaborateurs. Une évaluation fréquente et transparente des avancées du groupe permettra de mieux partager les succès et ratés en valorisant toutes celles et tous ceux qui y ont participé. Lors de notre dernière « Learning Expedition » à Las Vegas avec le HUB Institute, nous avons rendu visite à Zappos, réputé pour ces méthodes innovantes de management. Au sein de ce leader américain de l'e-commerce de chaussures, chaque employé reçoit chaque mois des « Zollars », une monnaie interne à l'entreprise échangeable à leur boutique, qu'il peut offrir à un autre employé pour le remercier ou le féliciter. Tous les vendredis, Facebook organise des « all-hands meeting[66] », visioconférence où n'importe quel salarié peut poser une question à Mark Zuckerberg ou au top management en direct ou *via* un formulaire au préalable. Ce type d'exercice permet de mettre temporairement la hiérarchie de côté pour privilégier l'interaction au sein du collectif.

Le feedback, optimisation et itération

C'est la réalité terrain, le retour client, plus que les procédures qui doivent guider les évolutions nécessaires. Il n'est pas acceptable d'entendre : « Mais nous avons toujours procédé ainsi. » L'analyse des forces et faiblesses, de la performance et des échecs des actions menées doit motiver le manager agile à itérer avec une nouvelle version optimisée. Celle-ci sera à nouveau testée rapidement... Une personne qui se jette à l'eau tous les jours, quitte à faire le petit chien, apprendra plus vite à nager qu'en lisant tous les livres sur le sujet. Au final, même un test réduit à petite échelle apportera toujours plus que les meilleures études. Enfin, la capacité à pouvoir réagir et à savoir s'adapter au changement sera un facteur clé de succès pour le manager agile et son entreprise.

Les éléments clés du management agile

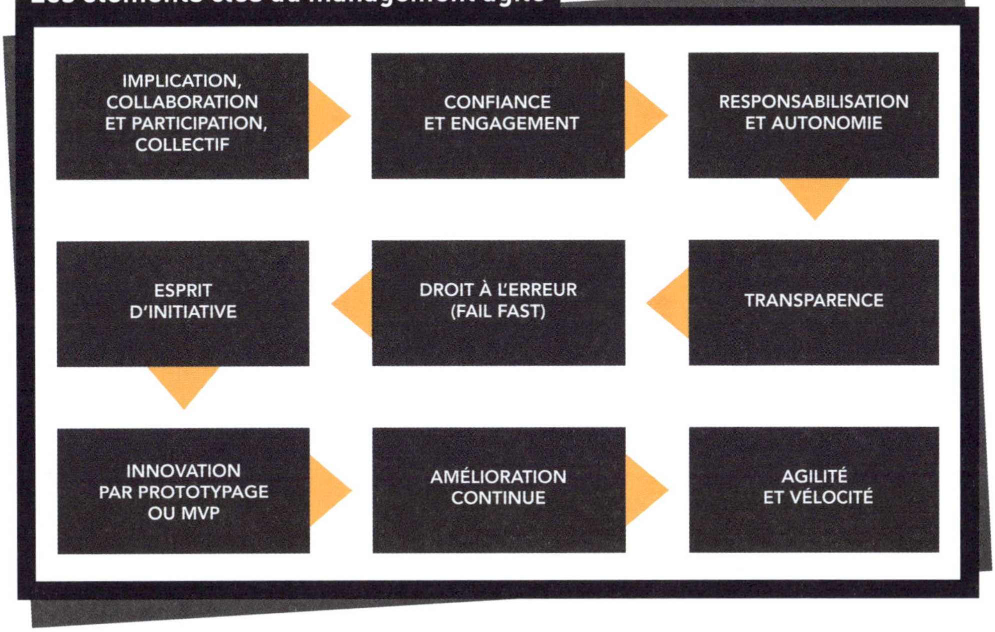

Le mot de l'expert

Antoine Dumurgier
DG d'Edenred, en charge de la stratégie et du développement

« Outre l'évangélisation des équipes, une des clés de succès réside dans la multiplication de petites expérimentations. Parce que, très souvent, entre l'idée géniale et le business qui marche, il y a un océan. Il faut favoriser le foisonnement des initiatives, tester et itérer rapidement pour avoir la chance d'en voir une se concrétiser, avec un business model viable et du chiffre d'affaires à la clé. C'est notre équipe Innovation R&D qui centralise toutes ces idées, issues de tous les pays où nous sommes implantés. Nous testons systématiquement chacune d'entre elles sur le terrain et observons la manière dont les gens réagissent et se l'approprient avant de l'industrialiser. »

Déployer – De l'importance de la formation et du suivi

Les nombreux programmes de transformation digitale des entreprises incluent généralement un plan de formation assez ambitieux. En effet, en Europe, il paraît peu probable (et louable humainement) que les grandes entreprises licencient des populations importantes de salariés qui ne seraient pas à jour en matière de compétences digitales. Malgré une réforme souvent complexe des aides à la formation, la France fait partie des pays privilégiés en matière d'aides et de soutien à la formation des collaborateurs. Le digital a, en revanche, la spécificité d'évoluer en permanence. Cela implique deux défis pour les marques : trouver des formateurs et des contenus les plus à jour possible et l'obligation de voir la formation comme un processus continu. L'idée n'est pas de former une fois ces équipes au « digital », mais bel et bien de les accompagner tout au long de l'année et des années pour entretenir, faire progresser et mettre à jour leur expertise et leurs pratiques.

Qu'entend-on par « formation au digital » ?

Un des premiers sujets à évacuer lors de nombreux échanges avec les DRH ou les responsables de formations est que le **digital est désormais un ensemble de multiples sous-sujets et expertises**. Comme on l'a évoqué précédemment, on peut déjà diviser le sujet digital en cinq grands types d'expertises : technologiques, créatives, marketing, gestion de la donnée et pilotage de projets. Si l'on prend juste le domaine du marketing digital, les sujets sont très nombreux : du social média en passant par le mobile, le CRM ou l'achat d'espace. Sur chacun de ces sujets, le niveau de vos collaborateurs peut être faible, moyen ou avancé.

Commencer par un diagnostic de niveau

Après plus de huit années à accompagner les grandes organisations en matière de programmes de formation, nous avons décidé de développer une solution de diagnostic en ligne. En effet, à quoi bon concevoir un programme si l'on n'a ni la connaissance concrète des besoins ou des niveaux existants de vos équipes ? Comment associer chaque collaborateur au bon module ou au parcours du bon niveau ? Comment éviter d'envoyer un expert s'ennuyer sur une formation dont il maîtrise déjà le contenu ? Il est donc essentiel de mettre en place une phase d'audit du niveau de compétences existant au sein de votre organisation. Avec le **qi-digital.com**, le HUB Institute propose une application fondée sur un questionnaire de 40 questions en ligne pour évaluer le niveau d'un collaborateur sur dix grandes dimensions ou thématiques du numérique. En une quinzaine de minutes, le participant obtiendra un bilan sur chacune des dix thématiques et la DRH récupérera un rapport détaillé pour chaque participant, chaque département et pourra alors concevoir un programme de formation beaucoup plus pertinent.

Concevoir des parcours d'apprentissage mixant différents formats

La transformation digitale d'une entreprise dépasse le simple besoin d'une formation ponctuelle. Celle-ci consiste à changer la culture, les pratiques et à donner envie aux collaborateurs de s'intéresser au numérique. À l'ère digitale, l'envie et la passion seront des moteurs clés pour transformer l'organisation, assurer l'expertise et la performance de vos équipes, accélérer l'innovation et assurer l'employabilité de chacun. Avec l'arrivée de la technologie, des méthodes agiles, des nouveaux outils d'interaction, la formation a elle aussi beaucoup évolué. Digital Days, e-learning, MOOC, SPOC, « reverse mentoring »... les approches innovantes se sont multipliées, mais le jargon franglais ne contribue pas toujours à rendre cette offre de formats très lisible. Voici donc un petit panorama des formats les plus courants en matière de formation au digital.

Le « Digital Day »

Ces sessions inspirantes en présentiel sont généralement un bon moyen de lancer votre programme de formation au numérique. Elles peuvent ensuite chaque année ou chaque semestre continuer de nourrir les réflexions et pratiques de vos collaborateurs et managers. De 50 à 400 personnes en moyenne, ces sessions alternent plusieurs présentations d'intervenants internes et externes pour inspirer, mettre à jour et former vos équipes. La journée peut être répartie entre sessions plénières, ateliers et sessions thématiques en plus petits groupes. L'objectif est d'oxygéner et de donner de la perspective sur les grandes tendances dans et au-delà de votre industrie. Mais c'est aussi de partager un panorama, des chiffres et des exemples concrets avec tous vos salariés et pourquoi pas pour votre management ou votre CDO de présenter la feuille de route et les initiatives digitales pour les mois à venir. Il est vital de créer un référentiel conversationnel en vous assurant que vos salariés possèdent un socle commun en termes de notions, vocabulaire, compréhension des enjeux et défis marché. Plus la stratégie sera claire et plus les efforts de chacun pourront être alignés. Un éclairage par des experts externes sur d'autres secteurs permettra de se comparer aux tendances plus globales et d'éviter de n'avoir qu'une vue réduite en restant concentré sur vos concurrents directs. La disruption survient souvent d'où on ne l'attend pas.

Les formations intraentreprise thématiques

À partir de 5 à 10 personnes et jusqu'à 15, ce type de formation permet de mettre à niveau une équipe sur une thématique spécifique. Une réunion préparatoire permettra généralement de veiller à orienter l'intervention en fonction des spécificités de votre organisation, de votre secteur ou du niveau des apprenants. On privilégiera généralement un mix de sessions plénières et d'ateliers pratiques.

Les formations interentreprises

Ce format traditionnel permet à un nombre très réduit de collaborateurs de se former sur un sujet très spécifique qui n'intéresserait pas forcément ses collègues. C'est aussi l'occasion de croiser et d'échanger avec les salariés d'autres entreprises. Le risque pouvant, en revanche, être un décalage trop important entre des pratiques génériques et la réalité de votre secteur spécifique.

Les conférences externes

Dans un contexte de mutation constante, les conférences offrent une très bonne occasion de s'informer sur les tendances marché, de benchmarker vos pratiques face aux usages du marché, mais aussi et surtout de développer les relations de vos collaborateurs avec tout l'écosystème digital. Une fois en interne, même les plus pointus des experts ont tendance à perdre en excellence, faute de pouvoir dégager le temps de veille indispensable. Il est vital que les organisations encouragent au maximum la création de passerelles avec les autres marques (non concurrentes), les start-up, les éditeurs de solutions, les agences... Plus vous serez connecté et meilleure sera votre vision du marché, moins vous prendrez le risque de rater une innovation importante, et plus vous aurez de chance de savoir quel prestataire est le plus pertinent pour tel chantier. Attention cependant à la multiplication du nombre de salons, de conférences, d'événements. Prenez le temps de bien vous renseigner sur la véritable valeur ajoutée de chacun et n'hésitez pas à vous déplacer aussi à l'étranger.

Les interventions d'experts externes

La montée en compétences en matière de digital et d'innovation est un processus à long terme. N'hésitez pas à proposer des rencontres et échanges réguliers tout au long de l'année avec des invités ayant un rapport direct ou non avec votre secteur. Ces respirations permettront de nourrir la curiosité, d'enrichir votre vision avec de nouvelles perspectives, de nouvelles façons de voir ou des pratiques différentes. Le groupe TF1 propose ainsi à tous ses salariés, tous les mois, des « Masterclass » de deux heures avec deux intervenants externes et un expert interne. L'idée étant d'enrichir le niveau global des collaborateurs avec des éclairages pertinents de l'extérieur tout en partageant les réalisations du groupe sur la thématique.

Le village de l'innovation

Impression 3D, réalité augmentée ou virtuelle, beacons, Google Glass, smartwatch, objets connectés... tous ces termes liés à l'innovation digitale restent parfois très abscons ou abstraits pour des personnes dont ce n'est pas le métier premier. Proposez donc des démonstrations en grandeur nature lors d'un de vos événements internes ou dans votre hall d'accueil. Rien de plus parlant que de toucher, d'expérimenter, de visualiser ces nouveaux outils, ces nouvelles technologies pour permettre à vos salariés de mieux comprendre ces termes, leurs promesses et leurs limites.

Le reverse mentoring

La majorité des entreprises se retrouve avec deux grandes populations. Les salariés qui ont débuté leur carrière avant Internet (les « digital migrants ») et ceux qui sont nés avec (les « digital natives »). Si les plus jeunes sont très à l'aise dans une utilisation personnelle des réseaux sociaux, des smartphones et autres gadgets numériques, il leur manque parfois de vraies bases en matière de management, de marketing traditionnel ou de compréhension du fonctionnement de l'entreprise. Le « reverse mentoring » consiste à créer des sessions d'échanges et de formation réciproque entre ces deux populations en valorisant les savoir-faire de chacun. Un manager expérimenté échangera sur la politique interne, des conseils en management ou sur la plate-forme de marque avec des juniors qui donneront leur vision du monde à l'heure digitale ou en profiteront pour proposer une initiation à Twitter. Adoptée par L'Oréal ou AXA, cette approche permet d'éviter le choc des générations et de valoriser les différentes populations tout en créant des relations transversales au sein de l'entreprise. Chez Accenture, la mise en place de sessions de « reverse mentoring » en one-to-one est née d'un constat : les traditionnels ateliers de formation ne suffisaient pas à créer les usages. « Il y a un vrai décalage entre le "J'ai compris" et "Je le fais"[67] », précise Arnaud Babin, qui pilote ce programme. Cela nécessite néanmoins une bonne préparation en amont pour définir les thèmes, organiser la logistique des meetings, etc.

L'executive coaching

Dans le cas de certains hauts dirigeants, il est parfois délicat politiquement de les envoyer en « formation ». Peur de donner l'impression que l'on « ne sait pas », que l'on est incompétent alors que l'on est à la tête d'un département ou d'équipes, ou agenda incompatible avec des formations d'une journée. On est généralement promu en raison de son expertise et son expérience. Plus les années passent et plus on est censé maîtriser les choses. Mais le numérique ne faisant pas partie des savoirs enseignés dans la majorité des cursus à l'époque, ou des pratiques des départements de l'entreprise, on se retrouve avec une partie de la direction amenée à prendre des décisions stratégiques sur des sujets qu'elle ne comprend pas. « L'executive coaching » permet de fixer des sessions courtes, mais régulières d'une à deux heures en tête à tête avec un expert ou une série d'experts. Sans jugement ni témoin, c'est l'occasion pour ces dirigeants de pouvoir demander sans peur du ridicule des réponses à toutes les questions qu'ils peuvent se poser autour du numérique : explication d'un terme, discussion sur les enjeux, risques et opportunités, échange sur les pratiques. Ce format permet généralement de redonner rapidement un niveau minimum à des talents expérimentés sur les canaux traditionnels pour intégrer aussi les enjeux digitaux. Cela permet aussi de sortir d'une situation assez inconfortable où l'on doit décider, mais ne peut pas forcément demander de l'aide à son équipe ou à ses prestataires sous peine de perdre en crédibilité ou légitimité.

La formation diplômante (ex-executive MBA)

Pour certains salariés ou managers de plus de 40 ans, le digital est parfois encore bien trop méconnu. Afin de s'assurer de leur employabilité pour les années à venir, un nombre croissant opte désormais pour une mise à jour de leur savoir et de leurs pratiques avec des formations à temps partiel permettant de recevoir un certificat ou, mieux, un diplôme. Attention à bien vérifier que l'école proposant ces diplômes propose un enseignement réellement au fait des pratiques en cours. Avec le HUB Institute, nous avons, par exemple, décidé de lancer un MBA « Digital Marketing et Business » avec l'EFAP pour proposer le diplôme et le cursus que nous aurions aimé trouver à l'époque. Une des décisions clés de cette association reposait sur le fait que cette école accepte de ne proposer que des intervenants actuellement en poste. En effet, vu la vitesse de changement des pratiques, un professeur à temps plein sur un sujet n'aurait aucun sens. Il enseignerait des pratiques datant de plusieurs années qui seraient donc certainement dépassées. Les décideurs qui ont fait toute leur carrière dans les métiers traditionnels risquent de se voir reprocher leur manque d'expertise digitale. Il n'est pas rare de voir depuis quelques années une génération entière de directeurs marketing ancienne génération remplacée de manière un peu brutale par de nouveaux managers omnicanaux.

L'e-learning, les MOOC et les SPOC

La formation à distance est en train de prendre un nouvel envol. Malgré de grands espoirs et des attentes importantes de la part des DRH pour les promesses d'économies d'échelle de l'e-learning, la première génération de parcours a été reçue avec un enthousiasme très limité des salariés qui l'a généralement rejeté. Sur le papier, tout était simple. Le salarié se connecte sur un site Internet et peut se former à volonté sur un ou plusieurs modules multimédias. Plus besoin de réserver une salle, de bloquer des dates, de payer le formateur à chaque session... Pourtant, la réalité est bien différente. Après une journée harassante, peu de personnes auront envie de passer quarante-cinq minutes seules devant un écran. Les interfaces des premières plates-formes ressemblent à un logiciel digne du Minitel, leur intégration lourde sans les systèmes d'information interne nécessite du travail pour la DSI, la production de modules au format SCORM (la norme traditionnelle de l'e-learning) est longue, complexe et coûteuse et nécessite des experts spécialisés et des studios de conception multimédia. Dans le domaine du digital où les contenus ont une durée de vie très courte, cette approche ne fonctionne pas ni pour le participant ni pour l'organisation qui doit concevoir et/ou financer ce type de module.

Heureusement, depuis quelques années, de nouvelles plates-formes beaucoup plus légères, modulaires, interactives sont apparues.

Certaines universités ont ainsi lancé avec un certain succès une partie de leurs cours sur des plates-formes de **MOOC** (Massive Open Online Course ou en français : cours en ligne ouvert et massif). Un site d'e-learning permet de suivre des cours à la demande, mais, contrairement au self-service, ces cours sont liés à une période précise et nécessitent une inscription. Les cours proposeront en effet des cours préenregistrés en vidéo, mais aussi certaines sessions en vidéo en ligne et en direct (webinars), ou certaines en forums ou des tâches entre apprenants. Généralement gratuits, ces MOOC proposent des certificats payants pour celles et ceux qui souhaiteraient obtenir une validation officielle. Lancée par le ministère de l'Enseignement supérieur et de la Recherche en octobre 2013, l'initiative www.fun-mooc.fr vise ainsi à fédérer les projets des universités et écoles françaises pour leur donner une visibilité internationale. Avec plus de 50 établissements partenaires en France et à travers le monde, le site compte plus de 1 million d'inscriptions à 150 cours disponibles ! Un autre succès en la matière est le cas de la **Khan Academy**. Piloté par une association à but non lucratif fondée en 2006 par Salman Khan, ce site cherche à « fournir un enseignement de grande qualité à tous, partout ». Il propose un ensemble gratuit de plus de 2 200 mini-leçons, sur les mathématiques, l'informatique, l'histoire... en 36 langues. Ainsi, 580 millions de leçons et plus de 3,8 milliards d'exercices (plus de 4 millions par jour) ont été suivis par plus de 15 millions d'étudiants dans le monde.

Dans le domaine de l'entreprise, on parlera de **SPOC** (Small Private Online Course) ou d'e-learning. Il est rare en effet qu'une entreprise ait besoin de former massivement des dizaines de milliers de salariés sur le même sujet au même moment comme avec un MOOC. Ces solutions en mode SAAS nécessitent un simple accès Web et sont souvent compatibles avec les tablettes et les smartphones (on parle de plates-formes « responsive »). Il suffit de créer les comptes utilisateurs, et l'on peut déployer en quelques heures sans passer par la DSI. Au niveau de la création, ces plates-formes comme 360Learning, CoorpAcademy, Grovo... permettent d'intégrer des ressources issues directement du Web (vidéos YouTube, Dailymotion ou Vimeo), de multiples formats (Prezi, PDF ou PowerPoint...), de publier des vidéos, des quiz... Elles proposent aussi des fonctionnalités d'échanges avec le formateur (publications de commentaires ou de questions) ou avec les autres apprenants. On parlera alors d'e-learning tutoré ou mentoré ou de « social learning ». Une interface d'analyse statistique permet de suivre avec précision la progression des apprenants, mais aussi le succès et les faiblesses éventuelles des modules. Ce type d'approche n'aura pas le même impact qu'une formation en présentiel, mais permettra un déploiement bien plus rapide et international pour un prix raisonnable pour de grandes populations d'apprenants. Avec le HUB Institute nous avons ainsi pu déployer 8 modules d'acculturation au digital pour les 4 000 employés du siège Carrefour en cinq semaines. Il aurait été impossible de faire passer ce volume d'apprenants en formation présentiel où cela aurait nécessité des mois, des centaines de sessions et un budget trop important.

Le blended learning

Cette approche mixe formation en présentiel et e-learning. Un parcours qui cherche à capitaliser sur les forces de chaque mode d'apprentissage. L'idée est de pouvoir proposer certaines sessions en présentiel et d'accompagner ensuite les apprenants avec certains modules à distance (mobile learning ou e-learning). Il n'y a pas de solution magique pour former instantanément des salariés de niveaux hétérogènes. Il faut savoir proposer différents formats et vague après vague emmener progressivement la majorité des collaborateurs sur plusieurs mois. Certains seront plus sensibles à certains formats ou dispositifs, il faut donc veiller à proposer une offre d'apprentissage assez variée pour séduire le plus grand nombre.

Le mobile learning

L'apprenant moderne selon l'étude Bersin by Deloitte n'a guère de temps à consacrer à sa formation (1 % environ) ; et pas de temps à perdre : quatre minutes, c'est le temps au bout duquel il décrochera d'une vidéo ! Bien qu'un peu caricaturaux, ces chiffres nous rappellent que l'enjeu optimisation du temps est crucial pour les collaborateurs. L'arrivée de nouvelles plates-formes de mobile learning comme 2spark, Sparted ou Teach on Mars peut apporter un type de réponse appréciable à ce challenge. Ces outils ne proposent pas des modules e-learning sur mobile. La plupart des plates-formes e-learning sont déjà « responsive » et donc consultables sur tablettes et smartphones. Non, ces outils proposent de découper les savoirs en mini-activités ou quiz à mener en quelques minutes chaque jour sur son mobile. En moins de cinq minutes, les collaborateurs seront invités à répondre aux deux ou trois questions du jour, à consulter les réponses et à visualiser leur score. Très rapide, ce mode de formation est optimal pour des salariés ayant un peu de disponibilités dans les temps de transports, par exemple. Un algorithme permettra généralement de reposer les questions ratées individuellement et de vérifier le bon ancrage de ces savoirs. Évidemment, cette approche nécessite soit la mise à disposition d'un smartphone auprès des collaborateurs, soit une consultation possible aussi sur ordinateur, sous peine de créer une protestation de la part des syndicats. Elle est particulièrement bien adaptée aux populations nomades comme des commerciaux ou des vendeurs en point de vente.

Les newsletters et les rapports de veille

Développer l'expertise numérique de ses salariés ne reposera pas sur une action ponctuelle, mais bien sur un effort quotidien. Comme en sport, c'est l'entraînement régulier qui permet de progresser. Vos collaborateurs doivent se mettre en posture de veille, et ce quotidiennement. De nombreux blogs, sites, magazines analysent et suivent les innovations dans votre secteur et votre industrie. Mais certains peuvent souvent se sentir un peu démunis devant l'abondance de l'information, véritable infobésité. Afin d'organiser cette veille et de respecter le peu de temps disponible de vos équipes, la mise en place d'une newsletter de veille ciblée conçue par un organisme interne ou des experts internes pourra faciliter les choses. Attention à ne pas noyer les gens en filtrant vraiment les actualités et tendances essentielles. Il conviendra de présenter ces informations de manière concise en proposant un lien pour celles et ceux qui aimeraient approfondir, et en donnant une analyse rapide sur l'intérêt et les conséquences de cette information dans votre secteur.

Si l'e-mail reste un format simple et efficace, cette veille peut aussi se faire sur le réseau social d'entreprise (Yammer, Chatter, Facebook at work...), un groupe Facebook privé ou *via* le partage de rapport de veille en slides. Ce dernier format que nous privilégions au HUB Institute avec nos HUB Reports permet de présenter visuellement et de manière attractive les tendances. Les slides nécessitent moins de temps de lecture et permettent surtout aux lecteurs de pouvoir réutiliser aisément ces informations pour une prochaine réunion. Au-delà d'informer, il faut veiller à la bonne appropriation de cette information par vos équipes. Pour les entreprises les plus évoluées, on pourra même proposer aux collaborateurs de contribuer eux-mêmes aux partages de tendances et de contenus comme le font les équipes d'AXA Banque directe grâce à la plate-forme Scoop-It. Un collaborateur a juste à copier-coller un lien vers une ressource intéressante dans la section thématique spécifique pour que les abonnés à cette rubrique puissent y avoir accès et la commenter.

Les learning expeditions

L'innovation accélère et nécessite d'identifier le plus tôt possible les nouveaux usages, les pratiques innovantes, les technologies ou start-up disruptives. Un bon moyen de nourrir la réflexion du top management, de les inspirer ou de les surprendre consiste à les emmener là où se passe cette innovation. La plupart des comités exécutifs programment désormais 1 à 2 fois par an des déplacements sur les grands salons comme le CES de Las Vegas, le NRF Big Show, le Mobile World Congress de Barcelone... ou à la rencontre des grands groupes (Google, Facebook...) et start-up innovantes à San Francisco, Séoul ou Tel-Aviv. Ne pas y aller, c'est se priver de sentir le pouls du marché, de connecter des idées, de rencontrer de nouveaux partenaires ou de nouveaux fournisseurs stratégiques. En ne limitant pas ces déplacements qu'au DSI ou au responsable de l'innovation, on s'assure de mettre au même niveau de compréhension et de vision prospective et business l'ensemble des décideurs clés d'une entreprise. Évidemment, on conseillera un travail préparatoire important et un accompagnement solide pour éviter à ce déplacement coûteux de ne pas devenir une simple visite guidée comme on irait au zoo. Les visites et rencontres doivent se faire avec des objectifs et des interlocuteurs clairement identifiés. Un institut devra synthétiser le contexte des visites et formaliser les tendances et pistes d'innovation ou de collaboration amorcées.

Les immersions en entreprise

Familièrement appelé « vis ma vie » ce format disruptif permet une vraie ouverture sur des pratiques différentes d'autres acteurs. Le groupe L'Oréal a ainsi envoyé certains de ses managers passer une journée au côté d'un salarié d'entreprise plus digitale : agence média, agences digitales, start-up, « pure player » de l'e-commerce. Ce format est un très bon moyen pour réoxygéner les pratiques d'une entreprise, où l'ancienneté des employés serait importante. Se confronter à une autre organisation, des habitudes différentes permet de prendre du recul sur son propre travail et l'approche de son entreprise.

L'important sera de savoir mixer les différents formats et les différentes thématiques pour concevoir des parcours pertinents et efficaces comme dans le schéma suivant. Il faudra aussi prendre en compte le niveau de « seniorité » du public visé. Pour des questions de coûts par exemple, les formules d'executive coaching ou les « learning expeditions » auprès des start-up de la Silicon Valley sont souvent réservées au top management ou autres membres du comité exécutif.

Adapter vos formations en fonction du public visé

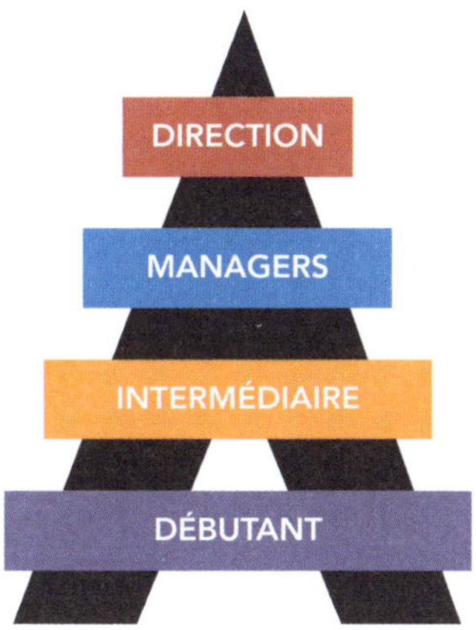

NIVEAU
Adaptabilité de la formation en fonction du public visé

DIRECTION
Membres du CA, top management
→ Vision, transformation digitale, Changement, innovation et Stratégie

MANAGERS
RP, Com, digital et marketing
→ Comprendre les tendances, les innovations et bonnes pratiques du digital

INTERMÉDIAIRE
Coms/RP et marketing - community managers
→ Déployer des solutions et implémenter des bonnes pratiques

DÉBUTANT
Légal, finances, secrétaires, salariés
→ Initiation digitale : tendances et chiffres, Introduction au digital

Quels acteurs pour animer votre programme de formation ?

De nombreux experts, sociétés, écoles et organismes proposent désormais une grande diversité d'offres de formation. Quelle que soit la typologie d'acteurs, voici quelques critères à vérifier avant de choisir.

L'organisme ou l'expert est-il vraiment crédible et légitime ?

Il faut être réaliste, personne ne peut être expert en tout… Un centre de formation en programmation ne sera pas forcément le meilleur sur des sujets marketing. Quelles sont les références de cet organisme ? Combien de sessions anime-t-il par an ? Un expert français reconnu sur un sujet ne sera *a priori* pas toujours très pertinent pour former les équipes d'une autre région du monde. Les pratiques et outils digitaux en Chine, par exemple, n'ont que très peu à voir avec ce qui se fait en Occident.

Cet acteur est-il un théoricien du sujet ou un expert pratique ?

Contrairement à des enseignements comme les langues ou le management, le digital évolue à très grande vitesse. Un professeur à plein-temps, même d'une grande école, risque d'avoir une vision dépassée des pratiques actuelles. Un expert de la formation qui n'aura pas pratiqué régulièrement les techniques enseignées ne saura pas partager un retour d'expérience concret et à valeur ajoutée.

Au-delà de l'expertise, quelle pédagogie ?

L'art oratoire n'est pas forcément le fort de notre système éducatif. Il n'est pas rare de voir certains experts réputés s'avérer incapables de se rendre accessibles aux apprenants en multipliant l'usage de jargon. Et d'autres peu habitués à piloter, à engager et à interagir avec une audience ne sauront pas toujours créer la bonne dynamique en variant les exercices, les formats pour garder l'attention et favoriser un apprentissage efficace et plaisant.

L'intervenant garantit-il la modernité de son intervention ?

On ne le répétera jamais assez, le digital vieillit vite. Les pratiques d'hier sont rapidement dépassées, voire inutiles ou contre-productive. L'intervenant doit donc veiller et garantir une mise à jour très fréquente du contenu, des chiffres, cas et bonnes pratiques qu'il présentera. Son implication dans l'écosystème (intervention dans les médias, jury lors de prix, publications, prise de parole en conférences...) sera un bon signe de sa capacité à détecter et à intégrer les nouvelles innovations et tendances. Attention au prestige du nom de certaines grandes écoles. Ce qui compte, c'est avant tout la pertinence et la modernité des enseignements.

Exemple de programme d'accélération digitale

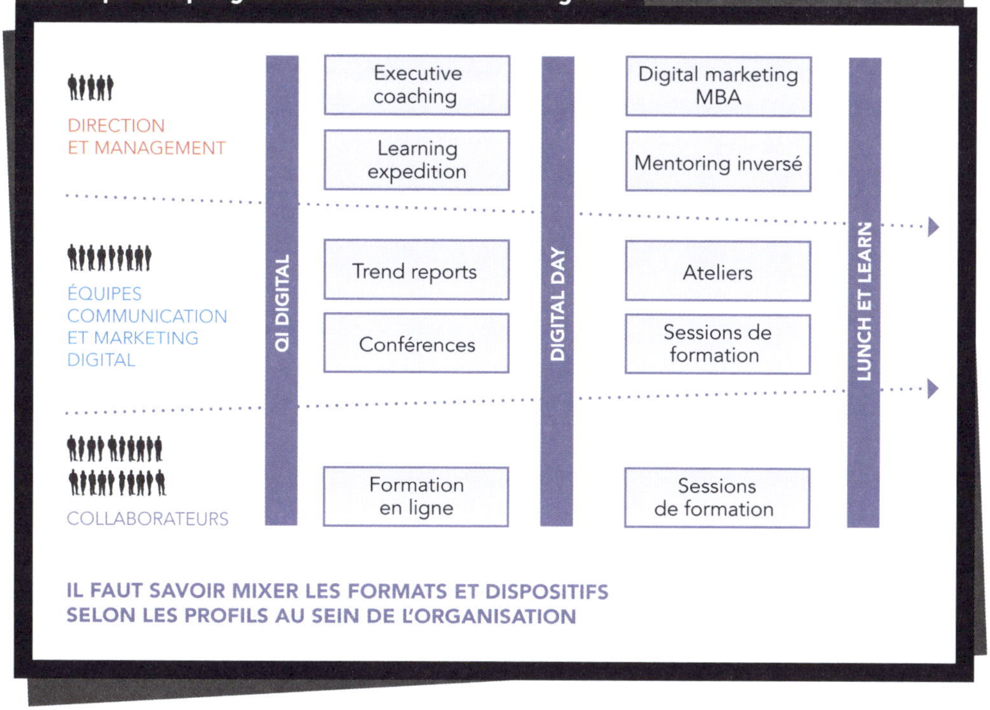

Optimiser – Vers une nouvelle culture de la collaboration

Dans la plupart des programmes de transformation digitale on trouve la mise en place d'un réseau social d'entreprise comme Chatter, Yammer, Knowledge Plaza, TalkSpirit, Jive ou plus récemment Slack ou Facebook@ work. Mue par de bonnes intentions, cette démarche précipitée se termine en général par un échec partiel ou total. Malgré le déploiement de l'outil, les encouragements des managers ou de la cellule digitale, le RSE ressemble vite à une ville fantôme faute d'une réelle raison d'être ou du bon accompagnement. Loin de nous pourtant l'idée de jeter le bébé avec l'eau du bain… Nous sommes nous-mêmes de fervents utilisateurs de Facebook@ work au HUB Institute. Tout est en fait une question de contexte, d'ordre et d'accompagnement.

7 raisons pour lesquelles vous allez rater le lancement de votre RSE

1. **Vous pensez outil avant de penser culture et stratégie.** S'il suffisait seulement d'un outil pour résoudre un problème, la transformation numérique serait déjà du passé. Attention à vouloir trouver des solutions toutes faites sous forme le plus souvent de logiciel. Chaque entreprise, chaque culture est différente. Changer les habitudes est d'abord un défi lié à la psychologie.
2. **Le RSE est en opposition avec la culture historique.** Après des années à favoriser la compétition entre départements et collaborateurs, la rétention d'informations, ne vous attendez pas à ce qu'ils se mettent instantanément à échanger.
3. **Vous voulez changer d'outils et d'habitudes sans expliquer pourquoi.** Difficile de demander à vos collègues d'adhérer à de nouvelles méthodes s'ils n'en comprennent ni le but, ni la raison, ni le principe. Il est indispensable de donner une « big picture » avant de distribuer vos outils.
4. **Vous n'avez pas vraiment formé vos collaborateurs.** Chez de nombreux clients, nous avons vu le RSE apparaître subitement dans l'Intranet, sans un mot, une réelle explication. N'attendez pas que les employés, déjà surmenés, prennent le temps de deviner par eux-mêmes l'intérêt de cette plate-forme. Et quand bien même vous auriez mis en place des ateliers pour présenter les fonctionnalités du RSE, il vous faudra aussi expliquer en quoi il peut être utile dans le travail quotidien. Que dois-je partager sur le RSE ? Et donc plus par e-mail, messagerie, téléphone... Sinon ce sera juste un canal de plus en doublon des usages actuels.
5. **Vous avez imposé un outil sans impliquer vos employés.** Avez-vous pris le temps d'associer vos managers et collaborateurs sur l'intérêt d'un RSE et le choix d'un outil spécifique ?
6. **Votre management ne donne pas l'exemple.** Le RSE est tellement important que le Comex n'a pas le temps d'y aller, ni d'y participer. Rien de plus radical pour faire comprendre à tout le monde que cet outil n'a pas de réelle importance. Manager, c'est aussi donner l'exemple.
7. **Il n'y a pas d'*incentive* clair pour favoriser son utilisation.** Quelle valorisation donnez-vous aux contributeurs actifs et qualitatifs de la plate-forme. Sans réelle motivation, même les plus enthousiastes se fatigueront vite.

Bref si les RSE peuvent énormément contribuer à la fluidification de la communication et favoriser la collaboration et l'agilité, ils ne doivent pas être lancés à la va-vite. Ils ne sont pas une des premières étapes à franchir mais bel et bien un aboutissement une fois que toute votre organisation sera en mouvement. Ils viendront apporter de l'huile pour faciliter les échanges une fois, et une fois seulement, que votre culture aura évolué. Sans accompagnement préalable ils ne seront perçus que comme une nouvelle lubie et une source de stress supplémentaire dans une journée de travail déjà surchargée par les interruptions. Et les plates-formes collaboratives peuvent avoir des objectifs très différents (partage de connaissances, travail à distance, suivi de tâches...) qui imposeront des outils eux aussi différents.

Le mot de l'expert

Raphael Briner

Chier Marketing Officer du réseau social d'entreprise Knowledge Plaza

« Les plates-formes de collaboration sont le reflet de l'activité collaborative de l'entreprise que l'on peut rassembler en trois grands usages principaux, interdépendants : entraide, partage de connaissances et gestion de projet. Le Knowledge Sharing Canvas vient faciliter l'état des lieux de chaque plate-forme sous l'angle de la connaissance, mais pas seulement. Il vient révéler lors d'une démarche de prise de conscience individuelle ou collective ce qui fonctionne bien, ce qui peut être amélioré, ce qui constitue des accélérateurs pour la capture, l'organisation, la diffusion de connaissances et la collaboration liées. Visuel, il vient soutenir votre prochain workshop dédié à vos plates-formes déployées en interne et peut s'utiliser avec tout type de réseau d'entreprise, plate-forme documentaire, chat ou Intranet, chacun étant vecteur de changement et d'accélération. Retrouvez des explications complètes sur le storytelling, l'art de la conversation, l'organisation et la capture de connaissances, des exemples d'usage en lien avec la transformation sur www.knowledgeplaza.net/ksc »

Knowledge Sharing Canvas

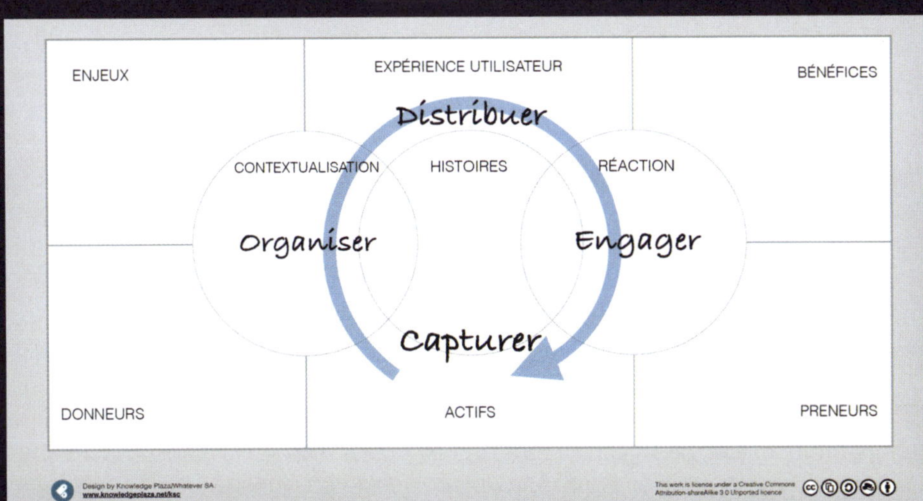

La notion de collaboration dépasse de loin le sujet des RSE. À son arrivée chez Yahoo comme PDG, Marissa Mayer a décidé de stopper le télétravail. Décision surprenante pour un acteur digital ? Pour elle, le constat était simple, « les gens sont plus collaboratifs et innovants quand ils sont ensemble ». À l'inverse, la Sécurité sociale belge a révolutionné la vie de ses fonctionnaires en permettant le télétravail pour les volontaires jusqu'à trois jours par semaine[68] ! Le haut fonctionnaire Frank Van Massenhove a su transformer une institution moribonde en un des acteurs les plus reconnus pour l'épanouissement de ses collaborateurs, sa productivité et ses économies. Pour lui le principe est simple : « L'argent ne motive pas les gens. Ce qui les motive, c'est de travailler dans le respect et la confiance, pour des organisations qui sont bien perçues par la société. » Les réseaux virtuels sont loin d'être inutiles et les échanges humains font aussi toute la richesse de notre travail. Mais quelle qu'en soit la nature, favoriser la collaboration repose avant tout sur la création d'un climat de confiance, condition indispensable à tout projet collectif. Pour le consultant Grégory Culpin, « (ré)instaurer la confiance au sein des entreprises suppose de respecter quelques critères tels que le respect des engagements, la crédibilité du management, la fiabilité et la transparence des informations, la congruence entre les actes et les propos ou encore l'encouragement et l'acception d'expression d'insatisfactions ou de doutes[69] ». Chez Facebook, par exemple, des sessions « all hand meetings » organisées à travers le monde en visioconférence permettent à n'importe quel salarié de lever la main pour poser une question au PDG. Bref, un programme qui repose avant tout sur une culture et une exemplarité de la part de la direction.

Entreprises libérées et holacratie : étapes ultimes de la collaboration ?

Certaines organisations font le choix d'aller encore plus loin en mettant la confiance et la collaboration comme fondement même de leur fonctionnement.

Certaines entreprises ont adopté le modèle d'« **entreprise libérée** », popularisée par Isaac Getz en 2009. Selon cette approche, la liberté est érigée en principe du management. Les salariés sont encouragés à prendre et à mener à bien des initiatives au lieu d'appliquer des règles. La prise de risques est encouragée. La hiérarchie est au service des collaborateurs qui s'autodirigent. Pour certains, cette philosophie signifie presque la fin du management. Plusieurs PME (la biscuiterie Poult, Chronoflex, SPF mobilité et transports [une administration belge], la fonderie FAVI...) ou même Harley Davidson ont adopté cette approche avec parfois un succès assez époustouflant aussi bien en termes de performance que de satisfaction des employés.

Aux États-Unis, le leader de l'e-commerce de chaussures, Zappos, est une des premières grandes sociétés à essayer de mettre en place l'holacratie comme organisation du management. Après des années à nourrir et à développer une culture d'entreprise déjà très atypique et décalée, son fondateur Tony Hsieh a décidé d'aller encore plus loin[70]. Cette gouvernance dissémine les mécanismes de prise de décision au travers d'équipes auto-organisées. Même chez Zappos, ce nouveau mode d'organisation ne s'est pas fait sans heurts. Plus de 18 % des équipes ont démissionné, ce qui ne choque pas pour autant son PDG, pour qui le changement est une opportunité.

Quelle que soit l'approche choisie, une chose est sûre, le futur des organisations passera par une collaboration optimisée. Comme nous le rappelle poétiquement l'écrivain japonais Ryunosuke Satoro, « individuellement, nous ne sommes qu'une gouttelette. Ensemble nous sommes un océan ». La réussite de la transformation digitale sera collective ou ne sera pas.

Les 5 choses à retenir selon le HUB Institute

1. La transformation digitale est d'abord une **transformation de vos équipes, de votre culture d'entreprise**, bref une évolution qui réussira ou échouera par votre capacité à impliquer et à faire adhérer vos collaborateurs à votre projet.
2. Dans un monde digital, votre organisation doit **gagner en agilité**. Vos managers et collaborateurs doivent s'habituer au changement et accepter de se mettre dans une posture d'innovation, d'expérimentation et de collaboration réactives et itératives au service de l'organisation et du client.
3. Votre **organisation et vos process doivent évoluer** pour gagner en vélocité et en performance en intégrant les nouvelles exigences et opportunités du monde numérique. Le numérique doit devenir une priorité pour tous grâce à un véritable pilotage **orchestré par un CDO** (Chief Digital Officer).
4. La responsabilité du management et de la DRH est d'accompagner au maximum vos collaborateurs dans leur montée en compétences numériques. La maîtrise de nouvelles expertises, l'apprentissage de nouveaux métiers doivent devenir un processus permanent grâce aux multiples **formats de formation** possibles. Il en va de la compétitivité de votre entreprise et de l'employabilité de vos collaborateurs.
5. La collaboration est un vrai enjeu mais elle nécessite bien plus qu'un simple « réseau social d'entreprise ».

Les 5 questions à vous poser

1. Votre direction des ressources humaines ou « direction des talents » est-elle réellement à jour en matière de compréhension des enjeux, des métiers, des compétences, des méthodes et de la terminologie numérique ?
2. Connaissez-vous le niveau et la répartition de l'expertise digitale au sein de vos collaborateurs ? Mettez en place un diagnostic sur le même principe que notre http://qi-digital.com.
3. Vos programmes de formations sont-ils réellement assez ambitieux pour faire monter en compétence digitale tous les échelons de votre entreprise ? Au-delà de formations ponctuelles, avez-vous exploré les nombreux formats pour entretenir et développer l'expertise, mais aussi la culture et l'engouement de vos collaborateurs pour l'innovation ?
4. Votre management est-il un bon exemple en matière d'agilité ? Êtes-vous réellement actif sur le réseau social de votre entreprise et contribuez-vous vraiment à faciliter la collaboration entre vos départements, salariés, managers... ?
5. Les moyens humains, financiers, mais aussi l'équipement fournis à vos collaborateurs sont-ils vraiment à la hauteur de vos ambitions ? Ces moyens permettent-ils sincèrement de les motiver et de leur donner un avantage sur la concurrence ?

Troisième chantier : la technologie

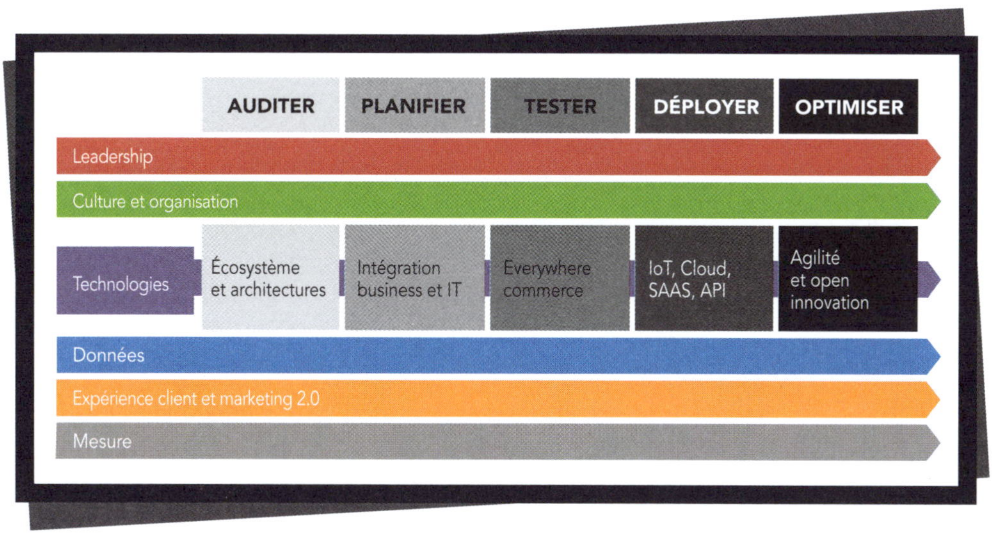

Auditer – Nouveaux écosystèmes, nouvelles architectures

Le numérique est évidemment aussi une révolution technologique. Depuis l'arrivée de l'informatique, des gros systèmes de l'époque IBM, les choses ont grandement évolué. Avec la loi de Moore, la puissance de calcul et la capacité de stockage ont progressé de manière exponentielle, mais ce sont surtout l'arrivée d'Internet et celle du mobile qui ont bouleversé la donne. Malheureusement, l'informatisation des grands groupes s'est souvent faite avant cette vague. Les systèmes informatiques existants, protégés par une DSI souvent elle aussi de la même époque, ne correspondent plus du tout aux pratiques actuelles.

Au contraire, véritable forteresse à l'intérieur des organisations, les DSI de l'ancienne école veulent régulièrement tout contrôler en interne, redévelopper leur propre version d'un logiciel ou installer leur propre hébergement de serveurs. Cette approche passéiste conduit à une lenteur ou à une paralysie mortifère pour l'organisation. Profitant de la complexité du sujet pour les non-informaticiens, ce type de DSI annonce toujours des délais de plusieurs mois, voire de plusieurs années, pour toute demande de développement du métier avec des budgets là aussi souvent dissuasifs. Les équipes en place ne sont pas toujours capables de programmer selon les nouveaux usages en mixant open source, logiciel tiers et approche Lean ou agile. Et, à l'extrême, la réponse la plus simple de ce type de direction sera tout simplement un non, arguant de problèmes de sécurité, d'infaisabilité... Incapables d'argumenter sur le côté technique incompréhensible pour les non-initiés, la direction générale de l'entreprise ou les autres départements n'auront plus qu'à assister à un lent déclin face à de nouveaux concurrents bien plus agiles.

Pour terminer ce panorama acide, mais malheureusement assez réaliste, cette approche conservatrice touche aussi l'équipement informatique des collaborateurs. Dans les années 1980-1990, les managers des grandes entreprises étaient équipés de matériels informatiques professionnels inaccessibles aux consommateurs : Palm Pilot, BlackBerry... Aujourd'hui la lenteur et l'incapacité à piloter la technologie ont fait bien des dégâts. Le top management aura parfois un téléphone plus vétuste qu'un particulier ou même un adolescent. Les collaborateurs utiliseront des ordinateurs ou des mobiles datant de deux ou trois ans, une éternité en matière de technologie. Comment demander à ses équipes d'imaginer les services de demain avec les outils d'hier ?

Ce manque d'initiative et d'investissement se révèle bien coûteux en termes de productivité. Si tous vos employés mettent dix minutes à démarrer leurs ordinateurs, multipliez le temps perdu à l'échelle de l'entreprise sur une année. Si le moindre échange de fichiers avec l'extérieur nécessite des efforts sans nom, si vos nouveaux employés doivent comme dans un grand groupe cosmétique attendre des jours leur ordinateur à leur arrivée, quel est le coût en manque d'efficacité et en démotivation ? Que pense un collaborateur quand arrivé dans son entreprise, il a l'impression de faire un bond en arrière par rapport à son équipement personnel : connexion lente ? Plus de Skype ou de Dropbox, des Intranets dignes de l'Union soviétique... La génération Y a d'ailleurs de plus en plus de mal à accepter ce retard. Et certains préfèrent amener leur propre matériel pour gagner en efficacité ou utilisent des solutions de manière officieuse (on parle alors de « Shadow IT »). La DSI oublie parfois qu'elle est au service des employés et pas le contraire. Dans les start-up ou les GAFA de la Silicon Valley, vous pourrez constater que le support informatique est toujours aux petits soins, que les collaborateurs peuvent choisir leur équipement (c'est la notion de BYOD : Bring Your Own Device) et que ces mesures ne sont pas vécues comme un investissement, mais juste une exigence de base ! Si vous voulez faire de la course de compétition, il est temps d'arrêter de fournir des sabots ou des claquettes.

La nouvelle logique du Cloud et des logiciels en SAAS

Avec Internet, nous sommes entrés dans une nouvelle ère du Cloud, des API, du collaboratif, de l'interopérabilité. Le numérique repose désormais sur de nouvelles architectures et de nouveaux écosystèmes. Salesforce a été un des premiers acteurs de cette révolution philosophique. Avant, les solutions de CRM (Customer Relationship Management) à la Siebel coûtaient des centaines de milliers d'euros entre les licences, les serveurs, la main-d'œuvre interne et l'intégration avec des cabinets ou SSII (sociétés de services et d'ingénierie informatique). Que vous ayez trois utilisateurs ou 10 000 commerciaux, il existait une barrière d'entrée importante en termes financiers. Salesforce a décidé de proposer un nouveau modèle de vente. Désormais, il s'agit de proposer son logiciel comme un service (SAAS : Software As A Service). Vous ne payez qu'en fonction de l'usage et du nombre d'utilisateurs. Avec cinq utilisateurs, les tarifs vont débuter à moins de 30 euros par mois sans coût d'intégration, car l'hébergement est fait sur les serveurs de Salesforce et ne nécessite plus une installation en interne. Vos équipes peuvent accéder aux logiciels *via* leur navigateur Internet. Au fur et à mesure du développement de vos besoins et de votre entreprise, vous pouvez ajouter des licences et payer pour de nouvelles fonctionnalités. Vous pouvez même acheter des modules supplémentaires déjà existants conçus par la communauté de développeurs Salesforce et proposés sur un « store », véritable place de marché en ligne. Les autres éditeurs comme Microsoft, Oracle, IBM, etc., ont aussi adopté au moins partiellement cette même logique. Terminés les investissements colossaux dès le départ, les cahiers des charges complexes et les temps de déploiements démesurés. Vous libérez ainsi les ressources internes qui étaient chargées de l'administration des serveurs et des salles blanches.

Le mot de l'expert

Habib Guergachi
CEO & Founder de Zengularity, SSII

« Le véritable problème est celui de l'épidémie de l'obsolescence. Obsolescence technologique, managériale et psychologique. Attention, ça ne remet pas en question le génie de ceux qui font fonctionner ce système, il y a une véritable expertise à ne pas négliger. Le bon côté, c'est que les plus jeunes veulent aussi tout changer. Mais il va falloir apprendre à faire cohabiter des anciens systèmes et de nouvelles architectures agiles, des applications SAAS extrêmement complexes et à bas coût servant des millions d'utilisateurs. Il faudra accepter qu'un manager à 35 000 euros encadre des stars du développement à 100 000 euros annuels. C'est une question de culture et un changement de paradigme très puissant dont les entreprises françaises ne sont pas encore conscientes. Demain, on va assister à des "Florange" des développeurs : des "découpeurs d'ailes de poulets" (des développeurs d'entrée de gamme) seront remplacés par des algorithmes beaucoup plus puissants, développés par des ingénieurs de haut niveau. »

Une plus grande sécurité, stabilité et évolutivité

Évidemment, il faut pour les DSI accepter d'utiliser le code d'une autre entreprise ; même si ce code testé par des centaines de milliers d'utilisateurs sera bien plus stable, sûr qu'un prototype développé en interne. Et c'est sans parler de l'évolutivité. Les éditeurs de logiciels comme Salesforce, Adobe, Oracle, Microsoft, SAP mettent généralement directement en ligne et à disposition des utilisateurs les nouvelles versions, intégrant de nouvelles fonctionnalités ou des patchs de sécurité. Oubliez les coûts de migration, de débug, et d'évolution des logiciels interne. Enfin, faire appel à un éditeur externe permet de se reposer sur une communauté importante constituée d'experts, de programmeurs indépendants, de cabinets de conseil ou de SSII. Ces acteurs maîtrisent ces logiciels et pourront vous accompagner dans le futur, quand bien même vous souhaiteriez vous passer de votre DSI ou d'un prestataire existant. À l'inverse, choisir des systèmes propriétaires développés en interne ou vendus par une société externe, c'est le risque d'être complètement dépendant sans possibilité simple de changer de système, de le faire évoluer ou de changer d'intervenant.

Cette anecdote peut prêter à sourire, mais nous croisons chaque semaine de grands groupes dont une partie importante de l'existant informatique est devenue un empilement de technologies souvent vieillissantes, tenant par enchantement comme une vieille plomberie vermoulue et risquant à chaque minute de s'effondrer ou de subir une faille de sécurité sans aucun plan de back-up si ce n'est la volonté à géométrie variable de la DSI. Le management, pour qui le sujet est souvent incompréhensible et synonyme de dépenses et de délais sans fin, a jeté l'éponge ou croise les doigts pour ne pas avoir à y mettre la tête. Ce manque de leadership ressemble presque à un suicide annoncé. Toutes les entreprises (banque, assurance, transport, commerce...) sont désormais en passe de devenir logicielles, et le software est un sujet critique pour assurer leur futur. Si ce n'est pas fait, il est urgentissime de lancer un audit externe et neutre des systèmes existants et d'identifier les chantiers informatiques à mener. L'heure où la DSI mesurait son importance en nombre de serveurs à gérer ou de programmeurs employés en interne est terminée. Elle doit désormais être un partenaire indispensable pour anticiper les activités de demain et identifier les bonnes solutions internes ET externes pour gagner en vitesse et en agilité tout en assurant stabilité et sécurité.

Planifier – Rapprocher la DSI du business

Les nouveaux leaders du digital ont largement dépassé la défiance mutuelle entre métier et DSI. Aujourd'hui, leur capacité à faire collaborer efficacement les équipes en charge des technologies, du design/interface et du contenu/marketing leur permet de concevoir des expériences clients dépassant les attentes de ces derniers. Des sites comme Vente-Privée, CaptainTrain, Etsy proposent des fonctionnalités sophistiquées, mais toujours dans une interface sympathique et intuitive. Le design et l'interface, rassemblés sous le terme UX pour « User eXperience », sont d'ailleurs des facteurs clés de performance comme a pu l'analyser KPCB[71], un des cabinets américains d'investissement dans les start-up les plus réputés. Le mot d'ordre doit être à celui de l'intégration et de la collaboration entre direction informatique et les entités en charge du business.

Au sein du PMU, qui compte 1 400 collaborateurs, une DSI visionnaire a réorganisé les équipes. Aiguillonnée par l'ouverture à la concurrence en 2010, l'entreprise a continué d'accélérer sa transformation finalement logique, car 100 % de ses revenus sont réalisés *via* des transactions numériques (Internet, mobile (en 2017 avec MyPMU) et les bornes déployées progressivement sur les 12 800 points de vente, dont la refonte coûtera plus de 100 millions d'euros). Le PMU a ainsi décidé d'internaliser son informatique et de mélanger les profils technologiques, design et marketing afin de favoriser une vision multidisciplinaire et agile des projets. Le réseau social d'entreprise Yammer contribue aussi à « décloisonner horizontalement, en faisant communiquer les métiers, et verticalement, en aplatissant la hiérarchie[72] ». Le bilan : une innovation plus pertinente et rapide, stimulée par l'accès direct au client. Cela permet aussi d'éviter beaucoup d'énergie inutilement perdue en politique interne.

Le mot de l'expert

Christophe Leray
CIO at Pari Mutuel Urbain (PMU)

« Notre réflexion sur la transformation digitale a commencé avec la mise en concurrence de PMU sur son secteur à la suite de l'ouverture du marché décidée par l'État français. Pour le groupe qui était jusqu'alors en situation de monopole historique, cette décision a créé un électrochoc. Plutôt que de subir le risque, la direction générale en a fait une opportunité et a défini une politique commerciale agressive qui s'est traduite par un travail d'équipe entre le marketing et l'IT.

On a parallèlement adopté les méthodes agiles depuis six ans en incitant les équipes à travailler ensemble et à coopérer de façon à construire ensemble solutions et démarches dans des temps de développements raccourcis et dans une interaction permanente. Ce mode de travail transversal inspiré des *pures players* qui implique différents métiers – IT, marketing, e-commerce, finance – n'est pas simple à implémenter dans des entreprises qui ont des process et une culture de travail établis. Si l'on a progressé, il faut constamment lutter contre les habitudes et maintenir le cap dans la durée. Enfin, il ne faut pas hésiter à mélanger les compétences et les collaborateurs, *digital natives* et seniors : c'est cette alchimie des compétences qui permet d'avancer et de créer une dynamique vertueuse. »

Cette collaboration passe aussi par le travail sur un référentiel de termes communs pour pouvoir facilement échanger avec le minimum de jargon. Le recrutement de doubles profils : « creative technologist », digital marketer, expert technico-fonctionnel... sera aussi une bonne manière de créer des ponts entre des départements aux formations, langages et pratiques souvent incompatibles. Au final, « la connaissance est la seule chose qui s'accroît lorsqu'on la partage[73] ».

Dans une tribune[74], le développeur Benjamin Delespierre nous explique que malgré le clivage trop courant entre techniques et opérationnels, c'est « **la mise en commun de tous ces talents qui font les projets réussis** ». Pour lui, il est donc primordial que tout ce petit monde se parle, échange et confronte ses idées, les expose (sans les imposer) afin qu'une solution émerge. Pour que celle-ci puisse émerger et être acceptée par tous (et non subi par certains), il faut créer au sein de l'entreprise les conditions du dialogue :

- **une hiérarchie horizontale :** les membres du projet doivent pouvoir exprimer leurs idées librement et sincèrement, sans la « crainte du boss » ;
- **un leader au sein du groupe :** son rôle est de **trancher** sur les questions qui mettent le projet dans l'impasse et de **recadrer** les débats un peu trop houleux. Il maintient l'harmonie dans un esprit constructif sans imposer sa vision ;
- **la responsabilité partagée :** si quelque chose se passe mal, tout le groupe en porte la responsabilité et non un seul membre ; tout le monde se sent **impliqué et responsable.**

On pourrait résumer de manière simpliste en parlant de bonne communication, de collaboration bienveillante et de responsabilisation. Trois valeurs évidentes, mais pas toujours si simples à mettre en œuvre au sein des grandes entreprises.

La DSI : un périmètre complexe et en constante évolution

Pour les non-experts, voici un petit schéma pour essayer de résumer les différentes tâches et responsabilités de la DSI (direction des systèmes d'information) :

Le périmètre du DSI nouvelle génération

PÉRIMÈTRE	IT POUR L'INTERNE								IT POUR L'EXTERNE			
VOTRE STRATÉGIE IT	GOUVERNANCE & MAINTENANCE IT							INTÉGRATION & DÉVELOPPEMENTS				
POUR QUELS PUBLICS	EXPLOITATION		COLLABORATEURS			IT			B2B	CLIENTS B2C		
INFRA CLOUD / GÉRÉE EN INTERNE SOFTWARE & DATA CLOUD / GÉRÉ EN INTERNE SERVICES UX, DEVICES & PLATFORMS	**Logistique** Fournisseurs + Production + Stockage + Transport	**Finance** ERP + Facturation + Gestion	**SI RH** Recrutement + Accueil + Information + Formation + Entretiens	**Outils collaboratifs** Partages de documents GED + DAM (Digital Asset Management) + KM (Knowledge management) + RSE (Réseau social d'entre-prise)	**Bureautique** Logiciels + Équipement Informatique + Téléphonie & Mobile + Accès Web + Gestion des Emails + Support Utilisateur	**Sécurité** Gestion des Accès + Sécurité infor-matique + Disponibilité + Sauvegarde	**Maintenance** Interne + Partenaires + Éditeurs de logiciels	**Développe-ments & R&D** Interne + Partenaires + Éditeurs de logiciels	**Ecosystème** Vos APIs + Vos Dévelop-pements sur mesure + Vos Web Services	**Marketing** Gestion de Contenus + Services & Apps + Achat Media & DMP + Mesure Offline + Web + Mobile + Social + Objets Connectés	**E-Commerce** En Direct + Revendeurs + Distributeurs Point de Ventes + Web + Mobile + Social	**CRM** Sales CRM + Mktg CRM + Support Clients
INDICATEURS DE PERFORMANCE	Suivi de production	P&L	Turn Over	Taux d'usage	Demande de support	Attaques, alertes et failles	Disponibilité	Vitesse et Coûts	Transactions	Marketing analytics	Ventes & prévisions	CRM Analytics & BIG DATA

Le périmètre est devenu énorme entre les couches d'infrastructure, logicielle, de développement de services ou de sécurité. Que ce soit pour le fonctionnement interne (facturation, gestion des stocks...), le service des collaborateurs (partage de fichiers, e-mails, accès réseaux...), le marketing ou la vente, la technologie est partout. Quand on sait que chacun de ces sujets évolue chaque jour (nouveaux prestataires, nouvelles technologies, changements d'architecture, mises à jour, failles de sécurité...), on ne sera pas surpris de voir les budgets exploser, les délais des demandes utilisateurs s'allonger et l'état de stress de la DSI s'envoler. Piloter une multitude de systèmes hétérogènes développés à diverses époques selon des stratégies différentes tient parfois de la gageure. L'architecture informatique de certains grands groupes ressemble souvent à une plomberie très instable qui risque d'exploser à la prochaine mise à jour, en raison de la manœuvre malencontreuse d'un collaborateur ou à une tentative externe de piratage.

Dans le futur, le travail de la DSI va continuer d'évoluer. Cette direction va devenir un facteur clé de succès ou d'échec pour les entreprises. Son rôle devrait moins consister à produire des lignes de code qu'à proposer une vision et à piloter une feuille de route pour accompagner la transformation digitale. Comment proposer une vision globale et consolidée de la technologie de l'entreprise dans un monde complexe et évolutif ? Comment proposer une expérience utilisateurs intuitive, simple et agréable tout en assurant sécurité et haute disponibilité ? Comment évoluer vers une infrastructure au service du business ? Tout cela en réduisant les coûts et en participant à l'amélioration de la performance grâce à la rationalisation, l'automatisation.

Le mot de l'expert

Ludomira Rochet
CDO du groupe L'Oréal

« Aujourd'hui, je suis convaincue que le digital sans l'IT et l'IT sans le digital, ça ne marche pas bien. J'ai coutume de dire : *"Digital marketing is dead, we are now marketing at the digital age."* L'idée, c'est que le marketing digital, c'est juste du marketing avec des outils différents, que le marketing est propulsé par la technologie, mais on travaille toujours sur les mêmes objectifs qui sont humains et non digitaux : faire rire, émouvoir... Donc si l'on ne maîtrise pas les aspects technologiques et IT, on ne peut pas concevoir des expériences créatives et génératrices d'émotions. Je vois cette relation DSI-CDO-Digitale comme critique, pas comme un antagonisme. Parce qu'au fond, si le digital n'est pas branché sur l'IT traditionnelle et sur toutes les problématiques e-commerce et CRM ou si l'IT n'arrive pas à s'adapter en matière de rapidité d'évolution et d'agilité on a raté quelque chose : c'est dans la coopération des deux que cela se joue. »

Faute de devenir un soutien proactif et collaboratif au business, la DSI verra son périmètre rogné au fur et à mesure par de nouveaux faiseurs : CDO (Chief Digital Officer), direction e-commerce, direction marketing, Chief Data Officer... qui mettront en place des stratégies de contournement de la DSI en travaillant en direct avec des éditeurs, des intégrateurs ou des start-up. Si la fin justifie les moyens, cet éparpillement risque à terme de donner naissance à une « informatique Frankenstein » ingérable et instable. La DSI a un rôle majeur à jouer. Encore faut-il qu'elle accepte de quitter le confort de sa forteresse pour devenir un centre d'expertises partenaire pour le business.

Tester – Repenser la vente avec le « everywhere commerce »

Un des sujets les plus impactés dernièrement en matière de technologies est celui du commerce. Qu'il soit effectué en ligne, sur mobile ou en point de vente, l'achat vit une vraie révolution grâce au digital et à Internet. En effet, avec le Web, il n'a jamais été aussi aisé de comparer les offres, les prix, les avis des clients et de pouvoir acheter en quelques clics un produit ou service auprès d'un nombre quasiment illimité de fournisseurs ou commerçants. Choisir de lutter en baissant les prix est une guerre perdue d'avance pour les acteurs européens face à la concurrence de pays en développement ou d'acteurs utilisant l'optimisation fiscale. Il y aura toujours une offre moins chère.

L'expérience client prime sur le prix

C'est en fait du côté de l'expérience client qu'il faut regarder. Grâce à la technologie, Amazon a transformé l'expérience client en atout considérable. Le site propose un choix quasiment illimité de produits vendus par lui ou ses partenaires, une information qui se veut transparente avec les avis clients, un achat en un clic et une livraison en moins de 24 heures, parfois une heure (grâce à une logistique et des entrepôts informatisés), et sans frais pour les clients premium. Pour les achats de produits numériques (e-book, musique, vidéo), c'est encore plus simple grâce à un téléchargement rapide en capitalisant sur AWS, une infrastructure d'hébergement en Cloud ultra innovante et efficace. Pour la financer, Amazon commercialise même pour plusieurs milliards de dollars annuels de la capacité d'hébergement en Cloud à des dizaines de milliers de sociétés comme Airbnb, la SNCF ou Slideshare. Amazon innove constamment, quitte à pousser ses équipes avec une pression de la performance qui peut parfois choquer[75]. Amazon livre désormais les produits alimentaires et le frais dans certaines villes, – il suffit de scanner un code-barres ou d'en énoncer le nom auprès de son enceinte connectée Alexa[76] pour passer commande. Commandes qui seront bientôt livrées par drones d'après les derniers tests très sérieux présentés par l'e-commerçant[77].

Face aux premières limites techniques et à la complexité d'Internet, aux inquiétudes en matière de sécurité des paiements, bien des marques ont d'abord ignoré ou renoncé à prendre le sujet e-commerce au sérieux. La situation s'est répétée à nouveau avec le mobile commerce ou celui depuis une montre connectée, par exemple l'Apple Watch. À force de traîner les pieds, de nouveaux acteurs plus courageux et innovants ont trouvé des solutions aux différents obstacles et développé un solide leadership. Face à une industrie de la mode et du luxe peu attirée par les limites techniques d'un Web jugé trop froid, Vente-privée a franchi le pas et dépassé les 2 milliards d'euros de chiffre d'affaires en 2015, dont plus de 50 % sur le mobile[78]! De la manière de présenter les produits à celle de les vendre, cette entreprise n'a eu de cesse d'expérimenter en affrontant différents ratés. Sa courbe d'expérience lui permet désormais de maîtriser un véritable savoir-faire en matière de ventes en ligne.

« Everywhere commerce », un chantier très complexe

Là où il s'agissait autrefois d'être la meilleure boutique de la rue, il faut désormais devenir un des leaders nationaux ou internationaux face à certains mastodontes avec des moyens techniques, financiers et humains phénoménaux. Vendre en ligne nécessite de maîtriser de nombreux savoirs : approvisionnement, logistique, stockage, livraison, design d'interface, hébergement haute disponibilité (surtout au moment de Noël ou des soldes), marketing digital et réseaux sociaux, et surtout gestion client (le CRM ou Customer Relationship Management). En effet, cette brique du chantier data est clé pour fidéliser et activer sa clientèle existante pour vendre plus, plus souvent, un panier au montant plus élevé... Si l'e-commerce et le mobile commerce explosent avec des vitesses plus ou moins rapides dans le monde, tous les secteurs ne sont pas égaux. Dans le domaine du voyage et du tourisme, on atteint souvent les 50 % de revenus en ligne. Dans la mode ou le luxe, une boutique e-commerce ne fera souvent encore que le chiffre d'affaires d'une ou deux boutiques physiques.

Digitaliser l'expérience du point de vente

Les acteurs de la distribution subissent une véritable pression de la part de l'e-commerce. Si l'alimentaire ou la confection haut de gamme sont encore marginalement impactés, le secteur des biens culturels ou de la high-tech a découvert avec effroi la puissance des acteurs comme Amazon. L'e-commerce possède des atouts solides face aux magasins : ouverture 7j/7 et 24h/24, choix quasiment illimité, prix très compétitifs, mise en avant des avis clients de manière transparente... Les magasins, eux, impliquent des investissements très lourds en termes immobiliers, de personnel...

Pourtant, même un des leaders du numérique comme Apple est le premier à investir de manière ambitieuse dans ses points de vente. C'est même la marque qui génère le plus de chiffre d'affaires par mètre carré aux États-Unis. Il faut donc éviter une vision simpliste qui voudrait que l'e-commerce remplace les boutiques. Il est temps, au contraire, d'innover pour réinventer le retail de manière complémentaire. Au salon américain du retail (le NRF Big Show), nous avons pu observer deux grandes tendances se dégager.

Réenchanter le lieu de vente

Incapables de lutter sur les prix ou le choix, les points de vente doivent donner une vraie raison aux clients de se déplacer. Burberry a transformé son « flagship store » de Londres en un lieu de vie reconfigurable qui peut accueillir des concerts, des expositions tout en faisant la part belle aux écrans digitaux. Apple a repris à son compte l'idée de « forum » de la Fnac. Ses magasins proposent ainsi un véritable programme d'animations avec des formations, des démonstrations ou des interventions d'acteurs, de photographes... dans l'espace auditorium. À New York, le magasin Story se veut à la fois un magazine, une galerie et un magasin. Tous les deux mois, cet espace choisit un nouveau thème et change complètement tous les produits vendus ainsi que la décoration. La boutique Samsung de SoHo propose désormais un bar à jus de fruits. Sephora propose un espace cours de maquillage dans son point de vente du MeatPacking District. À Paris, la marque de vêtements Sézane, lancée par la talentueuse blogueuse Morgane Sezalory, a, elle aussi, décidé de se démarquer. Après son site e-commerce, l'entreprise a ouvert une boutique, ou plutôt un appartement où les clientes sont invitées à toucher, à tester les produits sans les acheter ! La commande se fait sur des écrans sur le site e-commerce. Le lieu devient un espace expérientiel et événementiel qui propose aussi des projections, des expositions tout au long de l'année. On pourrait presque imaginer que les boutiques deviennent à terme de véritables attractions dont on paierait l'entrée...

Faciliter la visite des clients

La seconde tendance propose au contraire de se doter de multiples services ou dispositifs d'informations. Chez Best Buy, une borne externe au magasin et accessible 24h/24 permet de commander *via* un bras articulé tout un choix de DVD ou d'accessoires électroniques. Chez la créatrice Rebecca Minkoff, des cabines connectées permettent de tester différents éclairages, d'appeler une vendeuse ou d'obtenir de l'information sur un produit. Chez Sephora, à New York, le Color IQ[79], un nouvel appareil, permet de scanner votre peau pour vous aider à vous conseiller de manière individuelle les produits les plus harmonieux avec votre teint. À l'Apple Store, vous pouvez régler un petit achat directement *via* votre compte iTunes, sans avoir à passer à la caisse.

Les technologies permettent de simplifier, de personnaliser, d'enrichir l'expérience en point de vente. Mais attention à éviter les idées gadgets qui ne correspondent pas à la réalité des comportements ou des attentes des clients. Prévoyez toujours un test pour vérifier que votre idée ultra innovante de QR code, de beacons, d'écran tactile, de borne interactive ou de « social wall » apporte réellement de la valeur ajoutée à votre clientèle. Attention aussi à la robustesse de vos nouveaux dispositifs. Un écran ou une borne dans un lieu de grand passage sera fortement sollicité (coups, usages répétés, tentatives de vol ou de casse...). On constate trop souvent que les écrans tactiles ou les tablettes des points de vente sont en panne, donnant alors une image négative ou peu professionnelle de la marque. Choisissez des partenaires habitués à proposer des solutions solides et éprouvées si vous ne voulez pas vous retrouver à envoyer en catastrophe un technicien à l'autre bout du monde pour aider vos techniciens. Et enfin, le terrain nous rappelle parfois de simples réalités : qui va nettoyer toutes les cinq minutes les empreintes de doigts sur vos écrans tactiles ?

Être disponible à toute heure, sur toutes plates-formes

Au final, là aussi, il y a un grand chantier pour permettre de piloter avec efficacité la vente de produits et services sur une multiplicité de canaux et formats actuels et à venir.

Netflix permet de s'abonner et de consommer ses films et séries sur plus de 1 000 appareils différents : de votre PlayStation en passant par votre smartphone, votre box Internet, votre tablette ou votre ordinateur, 1 000 appareils et plates-formes qui continuent d'évoluer tous les mois. Sans socle technologique moderne (dans cet exemple, les API), votre entreprise n'aura pas la capacité de faire évoluer de manière agile ses systèmes, sera plus lente que la concurrence à le faire et risquera de voir une architecture informatique trop fragile exploser en vol ou se faire pirater aisément.

Même certaines entreprises technologiques souffrent régulièrement d'une infrastructure inadaptée mettant en jeu leur activité. PlayStation, qui propose à des dizaines de millions d'adeptes des jeux vidéo des parties en réseau, a ainsi vu ses systèmes piratés, et a été incapable de les relancer non pas après quelques minutes, mais après quelques mois ! Imaginez l'impact en termes de confiance et de déception de la part des utilisateurs qui ont payé plus de 50 euros pour un jeu et souvent un abonnement supplémentaire pour les parties en réseau. Inutile de dire que les ventes de consoles et d'abonnements se sont écroulées pendant cette période au grand bénéfice de Xbox, la console concurrente de Microsoft. Et c'est sans compter l'impact délétère sur l'image et la réputation de la marque Sony.

Même le géant Amazon se prend parfois les pieds dans le tapis malgré ses 100 milliards de revenus[80], soit environ 190 000 dollars par minute. En 2013 une panne de quelques minutes a causé une perte estimée entre 1 à 3 millions de dollars ![81].

Quand on observe que les systèmes de caisse datent souvent de l'ère pré-Internet, qu'ils ne sont pas toujours connectés aux stocks ou à ceux d'autres pays, il est temps de remettre l'existant à jour : votre chiffre d'affaires de demain pourrait en dépendre.

Déployer – Cloud, SAAS, API et objets connectés

La révolution de l'informatique connectée

Depuis son explosion dans les années 1990, l'informatique a connu bien des évolutions et progressé à un rythme incroyable. Un simple smartphone actuel possède plus de puissance de calcul que le vaisseau spatial Apollo. Mais après l'époque des énormes systèmes historiques, celles des clients serveurs ou même de la micro-informatique personnelle grâce à Microsoft et Apple ou celle de l'informatisation des entreprises, c'est l'accès Internet qui change à nouveau la donne. Depuis 1995 et la démocratisation d'Internet, l'accès à une connexion s'est simplifié et démocratisé. Du WiFi en passant par la 4G, et bientôt la 5G, nous sommes désormais quasiment connectés en permanence. La vitesse de connexion continue d'accélérer alors que son prix baisse. Au-delà des 3 milliards d'internautes et 2 milliards de mobiles connectés, ce sont progressivement toutes les entreprises, les logiciels, et les plates-formes qui sont désormais connectés à la Toile, mais aussi entre eux.

Là où, il y a quelques années, il fallait encore installer un logiciel sur des serveurs internes grâce à une équipe informatique interne pléthorique, les entreprises peuvent désormais accéder à des logiciels en ligne accessibles *via* un simple navigateur. Les grands éditeurs de logiciels ont emboîté le pas au précurseur Salesforce qui a révolutionné le CRM. Même un Microsoft a décidé de s'adapter et de se transformer. Satya Nadella, son Chief Transformation Officer, n'a qu'un mot d'ordre : « *Mobile First, Cloud First* ».

Bienvenue dans le monde des solutions SAAS (Software As A Service), où une simple carte de crédit permet souvent de créer quelques premiers comptes utilisateur sur une plate-forme de facturation et de gestion française comme Sellsy, de CRM comme Marketo, de partage de fichiers comme Dropbox, de bureautique comme Microsoft 365 ou de gestion d'e-mails comme Google Enterprise. Ce passage à des solutions hébergées sur les serveurs de ces éditeurs logiciels, le fameux Cloud, ne paraît peut-être pas grand-chose pour les non-initiés, mais c'est une véritable révolution pour cinq grandes raisons.

Externaliser pour économiser

En externalisant l'hébergement à un tiers, l'entreprise cliente peut **réduire les ressources et donc les coûts** de sa DSI dédiés à acheter et à maintenir des serveurs internes. Avec les économies d'échelle des grands prestataires, les prix sont souvent bien inférieurs aux coûts d'une installation, d'une gestion et d'une mise à jour tous les dix-huit mois en interne avec des performances et des prestations bien supérieures. AWS, l'hébergement en Cloud d'Amazon, a ainsi vu ses prix baisser plus de 50 fois depuis son lancement[82] !

L'avantage de l'approche en SAAS

Au lieu de nécessiter un énorme coût d'achat et d'intégration quel que soit votre usage réel, ces solutions permettent **une location mensuelle proportionnelle à l'usage**. Là où une solution CRM comme Siebel aurait coûté plusieurs centaines de milliers d'euros il y a quelques années, et ce même pour quelques utilisateurs, une PME peut se doter d'une licence Salesforce basique pour moins de 30 € par mois pour cinq commerciaux. L'entreprise pourra ensuite payer plus au fur et à mesure de la croissance du nombre d'utilisateurs ou si elle souhaite adopter des fonctionnalités avancées optionnelles. Avec cette approche, les logiciels SAAS deviennent accessibles de la PME au grand groupe et voient la taille de leur marché exploser avec un temps et un effort de vente bien plus réduits.

Le temps de déploiement est plus rapide

Au lieu de devoir acheter des serveurs, de les configurer et d'avoir les équipes internes formées sur chaque solution avec les appels d'offres nécessaires, on peut rapidement créer un compte et commencer à utiliser ce type de solution dans certains cas en quelques minutes. Les éditeurs en profitent d'ailleurs souvent pour court-circuiter les départements informatiques ou achats en permettant au département marketing de tester une solution à partir d'une simple carte bancaire. Dans un contexte où la rapidité va devenir un critère de plus en plus vital pour affronter la concurrence, le Cloud apporte un avantage à ne pas sous-estimer.

Les mises à jour sont plus simples et moins onéreuses

Plus besoin de prévoir un énorme effort pour une phase de migration vers une nouvelle version d'un logiciel avec tous les risques de plantage éventuel. Ces solutions accessibles *via* Internet sont mises à jour en temps réel et très régulièrement par les éditeurs eux-mêmes. La plupart de ces mises à jour sont imperceptibles et ne nécessitent aucun paiement supplémentaire. Mais il arrive qu'exceptionnellement quelques mises à jour puissent « bugger » ou rendre ces solutions incompatibles avec d'autres briques logicielles obsolètes. Le rôle de la DSI est donc d'anticiper, de surveiller et d'accompagner les effets et non plus d'effectuer elle-même cette migration.

Un accès économique à une puissance quasi illimitée

Grâce au Cloud, les entreprises peuvent désormais payer en fonction de leur consommation. Plus besoin de surpayer pour des serveurs énormes ou de la bande passante que vous n'utiliseriez que quelques jours par an (pour les soldes, par exemple). Une simple PME peut désormais affronter des pics exponentiels de trafic ou d'usage en ne payant un peu plus que pendant ce court laps de temps. Le Cloud offre une capacité de montée en charge rapide et illimitée. Que ce soit la taille de stockage, le volume de la bande passante ou la puissance de calcul, le Cloud libère les entreprises d'énormes investissements en amont qui immobiliseraient énormément de capitaux. Avec l'offre de logiciels 3D en Cloud de Dassault Systèmes, quelques ingénieurs en start-up peuvent louer la même puissance de calcul 3D qu'une multinationale uniquement pour les quelques heures de l'année où ils en auraient vraiment besoin pour faire une simulation ou un calcul exceptionnel. Avec Akamai, une agence comme Viewon peut garantir la diffusion en vidéo live du défilé de la marque de lingerie Etam à plus de 2,1 millions de personnes[83] sans voir le site tomber, et en assurant un accès rapide partout dans le monde. En proposant la puissance de ses algorithmes d'intelligence artificielle Watson *via* une API, IBM permet au robot Pepper d'Aldebaran de démultiplier son intelligence et ses capacités sans avoir besoin d'un processeur plus puissant, plus cher et plus consommateur d'énergie[84]. L'API permet au robot de récupérer quasi instantanément la puissance de calcul effectuée dans le Cloud par Watson.

Évidemment, cette nouvelle approche représente aussi quelques risques, souvent théoriques et exagérés par les DSI, parfois peu enclines à adopter de nouvelles façons de faire et à voir leur budget (et donc souvent leur sentiment d'importance) potentiellement réduit. Il ne sera pas rare d'observer des

DSI de l'ancienne école alerter sur les risques éventuels de sécurité ou de coupure sur des systèmes hébergés à l'extérieur. La réalité nous montre pourtant que l'on peut avoir bien plus confiance dans les compétences et la taille des équipes de grands éditeurs mondiaux comme Adobe, Apple, Google, Microsoft, Oracle ou SAP pour garantir que leurs solutions soient à la fois disponibles et sécurisées. En effet, aucune de ces entreprises cotées ne pourrait prendre le risque réputationnel d'une faille ou d'une longue panne. À l'inverse, bien des DSI n'ont pas les moyens de monitorer leurs systèmes 24h/24, de patcher les nombreuses failles d'anciens systèmes... Pour plus de sécurité, il est d'ailleurs aussi envisageable de recourir à un Cloud privatif.

Le mot de l'expert

Christophe Marée
Directeur marketing Europe de l'Ouest d'Adobe

« La valeur ajoutée des solutions technologiques réside dans leur intégration. Aujourd'hui, lorsque l'on regarde le paysage technologique qui est mis à disposition des entreprises, il est extrêmement vaste, et donc compliqué à appréhender pour les directions. En jeu, notamment, il y a la question de l'interopérabilité des technologies sur laquelle repose une grande partie de leur valeur ajoutée. La performance de ces outils repose en effet sur une utilisation et une liquidité de la donnée que seule l'intégration permet. C'est ce que nous proposons aux entreprises avec Adobe Marketing Cloud : la plate-forme rassemble l'ensemble des technologies disponibles et permet d'avoir une vision unifiée des données collectées au travers des différents canaux digitaux (mailing, site Web, réseaux sociaux, etc.). Ici réside l'intérêt des technologies : passer du Big Data à la smart data. Elles sont la clé de voûte qui permet la création d'expériences clients personnalisées sur l'ensemble des points de contact. S'en emparer est donc un prérequis indispensable à toute transformation digitale [...]. Enfin, dans le paysage technologique à la fois flou et foisonnant, la veille est essentielle pour déceler les futures opportunités de marché et anticiper l'évolution radicale des métiers en général, et de la fonction marketing en particulier, que l'on pense par exemple à l'Internet des objets ou à la réalité virtuelle. Être à l'affût des nouvelles idées est la meilleure manière de garder un temps d'avance et de se positionner rapidement sur les futurs usages et technologies. »

La résistance à ces nouvelles architectures illustre aussi l'inconfort de certaines DSI à perdre une partie de leur pouvoir. Celui-ci reposait entre autres sur l'incapacité de toute autre entité à comprendre et à pouvoir contrôler la qualité, les budgets et les délais de ses services.

Des plates-formes interopérables grâce aux API

À partir du moment où les logiciels, plates-formes, solutions sont disponibles en permanence sur le Web, il devient souvent bien plus intéressant pour les entreprises et les développeurs de **capitaliser sur des briques existantes au lieu de réinventer entièrement la roue** pour lancer un nouveau service. Uber n'a pas dû réinventer de télécommande, de système de paiement ou de solution GPS pour créer son service. Uber a simplement combiné la création d'une application mobile sur l'App Store d'Apple, la cartographie déjà créée par Google Maps, et le paiement *via* la solution Braintree de PayPal[85] pour accepter sans effort plus de 120 devises. Ces connecteurs entre plates-formes reposent généralement sur une API (Application Protocol Interface) qui permet aux deux systèmes de s'interfacer en contrôlant clairement la sécurité et l'usage. Le succès écrasant du logiciel d'e-mailing Mailchimp est autant lié à son expérience utilisateur qu'à ses API particulièrement ouvertes, documentées et robustes offrant une interopérabilité de base avec déjà plus de 800 plates-formes[86]!

Cette approche offre en effet de nombreux avantages :

- **le lancement rapide et à coût réduit de nouveaux services :** au lieu de tout redévelopper pendant des mois, vous pouvez combiner très rapidement des briques existantes. Vous payez proportionnellement (souvent avec dégressivité) selon votre usage. Si votre service ne fonctionne pas, le coût d'investissement initial aura été assez limité ;
- pour l'entreprise proposant un service *via* une API : vous **facilitez et accélérez l'adoption** en offrant et en documentant l'accès à votre service aux développeurs du monde entier. Comme l'API pointe chez vous, vous pouvez surveiller en permanence les usages inventés par ces partenaires. Et le cas échéant, vous pourrez demander un paiement au-delà d'un certain usage et créer un revenu, racheter une solution à succès, dans certains cas vous en inspirer ou même en cas de concurrence ou d'abus en bloquer l'accès ;
- dans tous les cas, c'est une façon ingénieuse **d'externaliser une partie de votre recherche et développement (ou R & D)** auprès d'une communauté innovante, non rémunérée qui peut parfois atteindre plusieurs centaines de milliers d'experts. Une bonne façon de s'imposer plus rapidement comme un des standards ou une des solutions leaders avec un écosystème de modules compatibles que vous n'auriez jamais eu ni le temps ni l'argent de développer avec vos propres équipes. Google offre ainsi une API pour intégrer gratuitement Google Maps dans votre site ou votre application. Si votre usage dépasse un certain volume, il faudra alors payer un loyer d'utilisation à Google. Ce loyer restera toujours bien inférieur au coût réel pour recréer et mettre à jour une cartographie mondiale.

Évidemment, une infrastructure reposant en partie sur des API n'est pas un long fleuve tranquille. Ces API évoluent très régulièrement et peuvent nécessiter de maintenir la compatibilité de vos systèmes avec ces connecteurs. Et dans certains cas si une API devient indisponible, c'est toute votre solution qui peut devenir elle aussi inaccessible. Il peut aussi arriver qu'à la suite d'un rachat, d'une faillite ou d'un changement de stratégie, le fournisseur d'une API décide d'en arrêter la mise à disposition.

Loïc Le Meur en a fait l'amère expérience avec Seesmic, une des multiples solutions à proposer une interface « tiers » pour Twitter. Ce dernier a subitement décidé de fermer son API[87] en 2012 après le rachat de TweetDeck pour forcer les utilisateurs à utiliser désormais son service. Les outils reposant sur cette API se sont subitement retrouvés orphelins et déconnectés. Comme l'explique Loïc Le Meur, « ma pire erreur fut de trop dépendre d'un tiers. En fait, nous étions 100 % dépendants de lui et on a dû en subir les conséquences[88] ». Quand on essaie de cultiver, autant éviter de le faire en mettant tout dans le champ du voisin...

Début 2016[89], Facebook, aussi, a créé la stupeur des développeurs des 600 000 applications mobiles qui utilisaient le service d'hébergement en Cloud Parse racheté par le réseau social. À la suite d'un changement de stratégie, Facebook a demandé à tous ses utilisateurs de trouver une nouvelle solution en quelques semaines avant de fermer le service.

Pourtant, malgré ces quelques contraintes, votre entreprise se doit d'être prête pour le Cloud et les API. Sans cela, c'est tout votre business qui sera incompatible demain avec l'économie mondiale.

Objets connectés : le Cloud s'interface avec le monde physique

Après les systèmes informatiques avec le Web, c'est au tour des produits physiques de s'interconnecter. Avec la généralisation d'une connexion Web omniprésente et permanente, du smartphone comme télécommande universelle et avec la miniaturisation et la baisse du coût des processeurs, c'est presque naturellement qu'est née l'ère de l'Internet des objets (appelée aussi IoT pour « Internet of Things »). Si l'on peut citer les distributeurs bancaires comme un des premiers exemples dans les années 1970, les différents cabinets et analystes estiment à plusieurs dizaines de milliards le nombre de ces objets dans les années à venir. Votre maison connectée saura détecter votre présence ou votre départ pour gérer les accès, l'alarme, ouvrir ou fermer les volets, choisir la bonne ambiance musicale, régler la température ou l'arrosage des plantes. Votre voiture connectée vous permettra d'accéder aux films de vos choix sur l'autoroute où elle conduira de manière autonome. Ainsi, 90 % des voitures devraient être connectées en 2020[90]. Elles partageront aussi vos données avec votre assurance qui calculera vos primes instantanément selon votre style de conduite. La ville connectée détectera le trafic, les besoins en énergie, la pollution, la criminalité en temps quasi réel pour optimiser les actions réactives ou proactives à déployer.

Derrière cette tendance lourde, il y aura évidemment bien des échecs. Il ne suffit pas de connecter une ceinture, un mixeur, ou un frigo à Internet ou à un smartphone pour que les consommateurs se jettent sur ces produits trop souvent encore « gadgets ». Comme toute nouvelle vague d'innovation, peu nombreux seront les élus et comme toujours, c'est l'utilisateur qui aura le dernier mot sur ce qui a du sens ou non. Et la question de la sécurisation des données sera majeure. S'il est déjà désagréable de se faire pirater son compte e-mail ou Facebook, imaginez si demain une personne mal intentionnée pouvait ouvrir les portes de votre maison ou faire subitement tourner votre voiture connectée lancée à 130 kilomètres/heure !

Dans les entreprises, l'impact des objets connectés aussi sera énorme. En connectant ses distributeurs, Coca-Cola pourra anticiper une panne ou les besoins de réapprovisionnement pour optimiser instantanément les tournées de ses employés ou prestataires. En adaptant son chauffage en fonction de la météo, des prix et du suivi de sa production propre d'énergie renouvelable une grande entreprise pourra réaliser des économies annuelles en millions d'euros. En connectant ses clients et ses produits, une entreprise de ventes d'accessoires de sports pourra analyser les usages réels et comprendre les comportements et usages de ces clients pour améliorer ses produits. La solution Steadyserv iKeg[91] soutenue par Intel propose ainsi aux propriétaires de bar de s'équiper d'une balance connectée à mettre sous leurs fûts de bière. La balance permet de suivre le niveau en temps réel et de savoir quand changer un fût sans risquer de gâcher du produit. Elle permet aussi d'alerter le fournisseur avant même la rupture de stock et donc une perte sur les ventes. Les bars équipés ont vu leurs ventes bondir jusqu'à 12 % (en évitant les ruptures) et leurs coûts de matière première baisser de 5 à 7 %.

L'interopérabilité entre objets, Internet et logiciels

Un des éléments clés pour le succès de ces produits sera leur interopérabilité entre eux et avec les plates-formes, logiciels et API. Selon la loi de Metcalfe ou loi de l'effet de réseau, « l'utilité d'un réseau est proportionnelle au carré du nombre de ses utilisateurs ». La valeur d'un écosystème d'objets et de logiciels connectés grandira avec le nombre d'interconnexions et donc de scénarios possibles. Si mon thermostat Nest peut s'interfacer avec ma station météo Netatmo ou l'application de Météo France et l'interrupteur Legrand de mon chauffage d'appoint électrique, alors la valeur créée sera bien plus importante que l'utilité de chacun de ces produits indépendamment.

Pour se parler, ces objets et logiciels vont devoir s'accorder sur un standard d'interopérabilité. Comme nous avons pu le voir au CES de Las Vegas, le salon mondial de l'électronique, toutes les marques se sont lancées dans une ou plusieurs alliances industrielles : Allseen Alliance, ZigBee Alliance, Zwave Alliance, Open Interconnect, Thread Group. Et c'est sans compter sur Apple avec iOS, Healthkit et Homekit ou Google et Android qui accélèrent en coulisse en espérant maîtriser la plus grande partie de la chaîne de valeurs avec leurs standards et écosystèmes. Même La Poste essaie de réunir les acteurs français et internationaux avec Docapost. La start-up IFTTT (pour « If This Then That », qui signifie « si ceci alors cela ») propose dès aujourd'hui de créer des recettes d'interactions entre votre lampe Philips, votre BMW, votre bracelet connecté FitBit et plus de 292 services comme Instagram, Dropbox, Twitter, Spotify...

Quelle est votre place dans cet écosystème ?

Si votre entreprise n'est pas déjà en train de réfléchir à la place de ses produits une fois connectés avec le reste des acteurs logiciels et électroniques mondiaux, elle risque de se retrouver isolée sur une île technologique déserte, et de se voir bientôt boudée par les consommateurs 2.0. Le succès dans ce nouvel espace mondial et ultra concurrentiel sera loin d'être aisé. Il faudra maîtriser à la fois les enjeux de design produits et d'interface, de production industrielle, de développement logiciel, de mise à jour et de support clients... et tout cela en face de mastodontes agiles, innovants, surcapitalisés et ambitieux comme Apple, Google... Ces efforts nécessiteront des investissements temps et financiers importants. À vous de réfléchir à les financer en trouvant le bon mode de monétisation. Faire payer un loyer pour l'accès à votre API au-dessus d'un certain usage à vos partenaires ? Proposer des options et fonctionnalités payantes à vos clients ?

En plus de votre propre excellence, il vous faudra **attirer et animer un écosystème de développeurs et partenaires externes** pour enrichir la valeur de votre offre de services en développant rapidement le catalogue le plus riche possible de solutions. Apple a pu démultiplier la valeur et le nombre d'applications sur son iPhone en proposant aux développeurs de leur reverser une confortable commission sur les ventes de leurs applications, ou en leur permettant de proposer des services payants dans l'application (Achats « in-app » dans la logique d'une approche freemium). Face à elle, Microsoft a énormément de mal à convaincre la communauté de développeurs mobile de créer des applications pour son App Store, et ce malgré le rachat de Nokia. Une base d'utilisateurs bien plus réduite signifie une probabilité très faible de rentabiliser l'effort nécessaire à la portabilité d'une application. Avec un nombre d'applications limité, les utilisateurs vont certainement préférer prendre un smartphone compatible avec les catalogues mieux pourvus d'Apple IOS ou de Google Android. Chaque mois qui passe, les écosystèmes d'Apple et de Google se renforcent de manière vertueuse et créent une barrière à l'entrée croissante face à la concurrence. Plus d'applications offertes attirent plus d'utilisateurs. Plus d'utilisateurs incitent plus de développeurs et de sociétés à concevoir de nouvelles applications. Et vous, avez-vous pensé à votre écosystème ? Quel intérêt pour d'autres sociétés d'y participer ? Connaissez-vous les écosystèmes concurrents ?

Optimiser – Agilité et open innovation

Dans un contexte de disruptions multiples, la vitesse devient plus importante que la taille. Là où la taille apportait force et puissance, elle devient synonyme de lenteur qui sclérose et paralyse. Il s'agit de rester agile et d'innover pour s'adapter rapidement à un nouveau contexte, réagir, rebondir, intégrer le retour d'expérimentations, bref d'être à même de pouvoir évoluer rapidement face à un environnement (économique, technologique, sociologique...) en pleine mutation.

Et si vous vous inspiriez des start-up ?

Initialement réservé aux nouvelles approches en matière de programmation, le terme « agile » se conjugue désormais à toutes les sauces. Marketing agile ou lean marketing, organisation agile... Et si c'est une vraie priorité pour les start-up aux moyens limités et à l'espérance de vie faible, cette nécessité s'impose aussi aux grandes organisations traditionnelles.

Pour paraphraser Steve Blank, un des pères du concept de « lean start-up », une grande entreprise n'est pas une start-up en plus grand. Ces deux catégories sont foncièrement différentes. Une grande entreprise exécute un modèle établi qu'elle essaie d'appliquer avec excellence. Une start-up est une organisation temporaire et innovante en faillite virtuelle (ayant souvent levé des fonds avant d'être rentable ou même d'être monétisée) à la recherche d'un business model profitable, répétable et « scalable ». Une start-up n'est pas non plus une PME. En effet, une PME a généralement des coûts proportionnels à son activité. Un cabinet de conseil devrait doubler le nombre de ses collaborateurs pour doubler son chiffre d'affaires. Une start-up (souvent tournée autour du développement d'un logiciel) peut généralement croître de manière exponentielle sans avoir multiplié ses coûts de manière linéaire. Pas étonnant que le « capital-risque » se concentre sur ces start-up, en espérant qu'au milieu de plusieurs investissements, une licorne (start-up valorisée à plus de 1 milliard de dollars) compense largement les pertes des autres start-up en échec.

Les start-up ont beau être foncièrement différentes, les grandes entreprises peuvent néanmoins s'en inspirer et adopter quelques-uns de leurs principes en matière d'agilité et d'innovation :

- lancer un produit en mode MVP : Minimum Viable Product ;
- mettre en place le droit à l'échec (rapide) ;
- construire, mesurer, apprendre et recommencer *asap.*

Lancer un produit en mode MVP : Minimum Viable Product

Dans son ouvrage *The Lean Start-up* que nous vous encourageons à lire, Eric Ries a popularisé le concept de MVP (Minimum Viable Product), désormais appliqué par la majorité des start-up de la Silicon Valley. Dans le contexte incertain d'une jeune pousse, le temps est un des facteurs les plus importants. Il vaut mieux lancer au plus vite une version limitée d'un produit ou d'un service. Vous pourrez alors capitaliser rapidement sur les retours du marché et itérer en fonction plutôt que de travailler des mois en secret au risque de développer inutilement des fonctionnalités, voire un produit complet ne correspondant pas ou peu aux attentes de vos clients.

L'approche MVP (Minimum Viable Product)

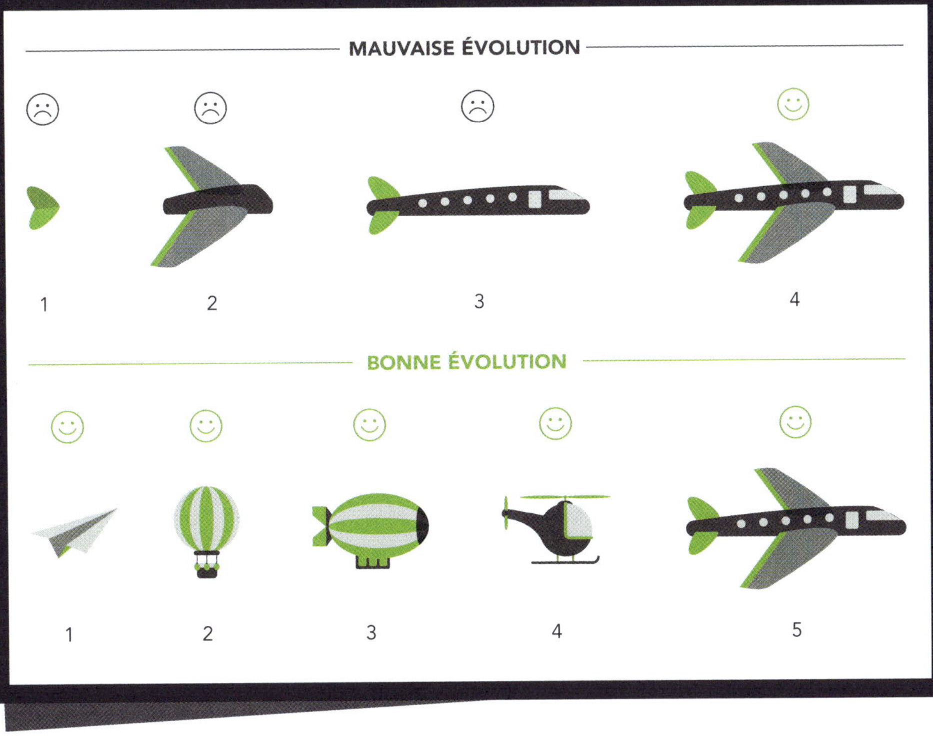

Dans le contexte disruptif actuel, les grandes entreprises gagneraient à accélérer leur processus et à simplifier certains projets, quitte à lancer une version bêta et à itérer ensuite. Aucune stratégie ne survit telle quelle au contact des retours clients. Et lancer plus tard, c'est souvent prendre le risque de ne pas avoir compris le marché (qui est en pleine évolution), apporter une réponse à un contexte qui a déjà changé, ou laisser un concurrent prendre l'initiative. Google lance régulièrement de nouveaux services en bêta et les améliore ou les arrête en fonction du retour marché. En évitant d'affiner des idées qui n'auraient de toute manière pas rencontré leur demande, Google peut se redéployer rapidement sur celles qui ont eu le meilleur retour. On ne parle évidemment pas de lancer un produit non achevé, mais bel et bien de se forcer à limiter sa première version au minimum vital pour que le produit puisse fonctionner et répondre à un premier besoin de base.

Poussé à l'extrême, un MVP peut consister à une simple annonce de concept (par exemple les « concept cars » de l'industrie automobile) pour tester et valider l'appétence d'une cible pour une nouvelle offre. Le service de partage de fichiers Dropbox, frustré par le manque d'intérêt des investisseurs à ses débuts, a par exemple validé l'attractivité de son concept avec la publication d'une vidéo YouTube poussée *via* Digg, expliquant concrètement la simplicité et le potentiel de la solution à venir. La liste d'attente pour le service est alors passée de 5 000 à 75 000 personnes en 24 heures, validant leur hypothèse et motivant l'équipe à prendre le risque de s'atteler au développement du service[92].

Mettre en place le droit à l'échec (rapide)

L'approche MVP va de pair avec un autre trait souvent mal compris des start-up. On observe parfois de grands groupes inspirés par un voyage dans la Silicon Valley déclarer qu'il faut enfin accepter l'échec. Cette vision s'avère en fait être une compréhension partielle et caricaturale du concept. Il ne s'agit pas de déresponsabiliser subitement vos équipes en leur donnant l'impression que leurs échecs n'auront aucune conséquence. L'idée est au contraire de passer d'une logique de planning à celle de l'expérimentation. Plus vite on teste des éléments d'une idée, plus vite on peut éliminer les mauvaises hypothèses. Échouer rapidement consiste à prétester rapidement vos concepts pour pouvoir se concentrer plus vite sur les innovations vraiment gagnantes selon le marché.

Les périodes de transformation dans une grande entreprise sont source d'une anxiété importante pour les collaborateurs. Passer de l'application de procédures éprouvées liées à un modèle établi à l'inconnu et aux risques de l'expérimentation n'est pas sans stress. Si vous souhaitez motiver vos équipes à réinventer un modèle, à se lancer dans l'apprentissage de nouvelles compétences, une certaine bienveillance et une tolérance explicite pour le droit à l'erreur sont les bienvenues. Pourquoi prendre le risque de changer si le moindre échec vous est reproché, qui plus est dans un contexte de chômage important ?

Assureur militant, la MAIF[93] a, par exemple, instauré une tolérance à l'erreur pour ses 7 000 salariés dans son droit collectif. Dédramatisée et analysée, l'erreur devient une source d'optimisation. On ne cherche plus des coupables, mais des explications et un apprentissage, instaurant une atmosphère de sécurité psychologique qui favorise la confiance et l'autonomie.

Air France a aussi développé une démarche différenciant erreur (non intentionnelle) et faute (volontaire) pour que le principe de non-punition incite n'importe quel salarié à signaler toute source d'inquiétude ou de dysfonctionnement. Pour l'ex-responsable R&D chez Air France Consulting, cette initiative permettrait d'éviter plus d'un crash par semaine[94] !

Construire, mesurer, apprendre et recommencer *asap*

Les approches « lean » ou agiles s'inspirent des nouvelles méthodes de programmation comme « l'extreme programing » ou la méthode « Scrum ». Avec l'accélération et la mondialisation de l'économie, il est de moins en moins possible de se payer le luxe de lancer des projets sur trois ou cinq ans. Avec une approche traditionnelle, le contexte aura certainement changé, et une fois livrée la solution répondra à un cahier des charges désormais dépassé. Qui n'aura pas déjà vécu la frustration d'une DSI annonçant un planning de plusieurs mois entre le cahier des charges et la mise en production d'une nouvelle fonctionnalité ? Il faut au contraire assurer des livraisons beaucoup plus fréquentes d'éléments ou de parties. On parle même de « sprints » de deux semaines souvent avec une approche Scrum. À chacune de ces mini-étapes, on pourra alors corriger et affiner la feuille de route globale pour prendre en compte les retours des validations et les évolutions du contexte. Il s'agit de construire un prototype (MVP) rapidement, de le tester et de mesurer (grâce aux données et aux échanges avec les utilisateurs pour corriger et affiner) en itérant ensuite à nouveau.

Avec les technologies numériques, cette approche a été grandement facilitée. On peut aisément annoncer une idée à une population précise en utilisant les outils de ciblage publicitaire ou les réseaux sociaux. La création d'un prototype peut se faire plus rapidement et à moindre coût en capitalisant sur du code open source des frameworks (bibliothèques logicielles) existants ou pour les produits en utilisant l'impression 3D. Dans certains cas, on peut même mettre les futurs acheteurs à contribution avec le crowdsourcing (soumission d'idées par la foule) ou le crowdfunding (les internautes préfinancent un produit sur des plates-formes comme Kickstarter ou KissKissBankBank).

Enfin, avec l'abondance de données et d'outils de mesure, une entreprise peut comparer différentes versions d'une idée avec de l'A/B testing ou mesurer l'écho et la réputation de leur concept par le public avec des solutions de « social listening ».

Même un grand groupe comme Orange, qui réalise plus de 40 milliards d'euros de chiffre d'affaires[95], n'a pas hésité à adopter cette démarche. Pour le lancement d'un combiné téléphonique rétro futuriste inspiré des années 1930, le NeoRetro, la marque a lancé un test sur le site français de crowdfunding Ulule[96]. Devant le succès et le buzz, la marque a pu décider en confiance de lancer le produit dans ses boutiques.

Le mot de l'expert

Luc Bretones
Directeur du technocentre d'Orange

« Pour faire face à un contexte placé sous le signe de l'accélération permanente, nous avons affiné notre organisation, pour toujours plus "casser les silos". Depuis mon arrivée, nous expérimentons en mode "One Roof", c'est-à-dire une approche en plateaux pluridisciplinaires agiles, à l'image de ce qui se faisait déjà chez Orange Vallée[97]. » Mais cette collaboration ne doit pas juste être interne. Pour Luc Bretones, « qui dit innovation ouverte dit collaboration entre des partenaires pour développer de nouveaux territoires d'innovation. Le principe est celui de la mutualisation des compétences. En gros, si l'on va seul, on va plus vite, mais si l'on va à plusieurs, on va plus loin ! On parle donc de co-création. Les coopérations peuvent s'établir entre les labs de grandes entreprises, entre une grande entreprise et une start-up, entre une marque et ses consommateurs (ce que l'on appelle le "crowdsourcing"). [...] La coopération, ce n'est pas toujours simple » et cela nécessite un vrai alignement (organisationnel, culturel...) et une capacité à se connecter avec des API, par exemple[98].

Open innovation : vers une entreprise plus ouverte

Derrière ce terme très tendance se cache une vraie réalité. L'époque d'une R&D (recherche et développement (ou R & D)) cachée et adepte du syndrome NIH (Not Invented Here) est révolue. Certes, si le principe de confidentialité n'est pas totalement révolu, il doit être habilement mis en balance avec l'intérêt majeur de collaborer avec des acteurs externes à l'entreprise. Dans la course à l'innovation actuelle, peu d'entreprises peuvent se priver de capitaliser sur les savoirs, idées, ou briques technologiques externes. Au contraire la constitution et le pilotage d'un écosystème de partenaires : développeurs, start-up, chercheurs, éditeurs, intégrateurs et experts... permettent désormais d'enrichir votre compréhension du marché et d'accélérer le lancement d'innovations.

Cette collaboration peut prendre de nombreuses formes, de la plus ouverte à la plus contrôlée, et intervenir à tous les niveaux de l'activité de l'entreprise : recherche et développement (ou R & D), compréhension des attentes marchés, lancement marketing, innovation en points de vente, amélioration de la mesure... Voici quelques-unes des approches les plus courantes.

Le hackathon

Nouvelle tendance au sein des grands groupes, ce type d'événement est né de la contraction des mots « *hack* » (à comprendre comme programmer de manière à résoudre un problème) et « *marathon* ». Ce rassemblement intense et de courte durée réunit généralement des salariés et des développeurs qui sont mis en compétition sous forme d'un concours d'innovation chronométré. Mixant ouverture, vitesse et expérimentation, les hackathons permettent parfois d'identifier des pistes et concepts prometteurs. Les meilleurs devant idéalement donner place à un approfondissement ultérieur sous forme de POC *(Proof of Concept)*. Mais attention à avoir des attentes réalistes et à bien travailler sur la préparation amont. Veillez aussi à bien récompenser vos salariés et les programmeurs ou start-up volontaires pour leurs efforts, leur temps et leur propriété intellectuelle. Enfin, n'espérez pas inventer un produit fini en un week-end avec des pizzas. Un des éléments critiques en termes de retour sur investissement sera votre capacité à transformer les pistes retenues en vrais projets de développement. Ce qui nécessite des moyens humains et financiers ainsi qu'un vrai cadre légal si cela implique une collaboration avec des start-up ou des développeurs externes.

Le crowdsourcing

Véritable boîte à idées collaborative, ce type d'initiative permet de capitaliser sur les idées, suggestions et critiques de clients de manière temporaire ou permanente. Dell a été une des premières grandes sociétés à mettre en place un site dédié (ideastorm.com) sur lequel ses clients peuvent en toute transparence proposer et suggérer des améliorations. Depuis son lancement en 2007, le site a reçu plus de 24 000 idées, 750 000 votes et a débouché sur pas moins de 549 innovations ! Depuis, de très nombreuses entreprises ont mis en place ce type de démarche comme Starbucks[99] avec ses clients, Unilever[100] Foundry avec les start-up (avec cette fois-ci une promesse de rémunération ou d'investissement pour les meilleures idées) ou plus récemment decathloncreation.com.

L'incubateur de start-up

Les membres du CAC40 se sont quasiment tous dotés d'un espace d'hébergement (espace de coworking) et de collaboration avec les start-up. L'idée étant de dynamiser une organisation en mettant en place un échange rapproché avec les nouveaux acteurs innovants et agiles de votre industrie. Si certaines démarches tiennent plus de l'effet de mode ou d'annonce, d'autres, plus matures, peuvent mener au lancement d'un produit développé conjointement, à la prise de participation, à un investissement ou même au rachat de ces acteurs.

Le mot de l'expert

Fabrice Marsella
« Maire » du Village by CA, l'incubateur du Crédit Agricole

En octobre 2014, le Crédit Agricole a lancé son premier accélérateur de start-up rue La Boétie, à Paris, dans un espace de 1 800 m². La première promotion a été accueillie pour un bail de deux ans. « Nous sommes une pépinière généraliste : nous accueillons des start-up présentes dans tous les secteurs d'activité, pas seulement dans le domaine bancaire, mais nous veillons à ce que les domaines d'excellence du Crédit Agricole – la santé-prévoyance, l'agriculture et l'agroalimentaire, le logement, l'énergie et l'environnement – soient bien représentés[101]. » Mais pour la deuxième promotion, cet espace d'open innovation se recentre sur les nouvelles opportunités technologiques. Fabrice Marsella précise : « Nous cherchons des projets différents de ceux que nous hébergeons aujourd'hui. Nous voudrions notamment trouver des start-up spécialisées dans la blockchain, la technologie qui se cache derrière le bitcoin, mais aussi dans les objets connectés pour la maison, par exemple[102]. » Plus de 20 villages ou pépinières de start-up vont s'ouvrir pour héberger pas moins de 600 start-up dans toutes les régions de France. « Le moyen d'innover, c'est aussi de nous inspirer de gens qui ne nous ressemblent pas[103] », résume le « maire » du premier espace dédié à cette collaboration innovante avec les jeunes pousses.

Pour éviter d'être un simple espace de coworking, l'incubateur devra fournir un véritable accompagnement, un programme de collaboration sur une durée clairement définie, un accès à des ressources (financières, expertises, top management, accès privilégiés aux clients ou au réseau de distribution…) en plus du simple hébergement immobilier. Une version plus légère peut consister en un programme dédié aux start-up avec des licences gratuites, l'accès à un support ou de la formation comme Microsoft le propose avec BizSpark[104]. Le HUB Institute propose par exemple des programmes d'accélération clé en main aux grands groupes cherchant à dynamiser leur incubateur. Ce format HUB Camp propose une formation intense de cinq jours pour permettre aux intrapreneurs et aux jeunes pousses de maximiser leurs chances de succès avec les meilleures bonnes pratiques et les conseils de mentors expérimentés.

Le laboratoire d'innovation

Cette structure différente du département recherche et développement (ou R & D), profite généralement d'une certaine autonomie pour identifier de nouveaux besoins, concevoir de nouveaux prototypes... Chez Google, c'est GoogleX qui pilote des projets de recherche très ambitieux et innovants sans rapport direct avec l'innovation incrémentale des services existants. De Google Glass en passant par Google Car, ces projets très risqués, longs et coûteux promettent en revanche, s'ils arrivent éventuellement à maturité, de représenter des leviers de croissance représentant des marchés estimés à plusieurs milliards de dollars. Ce département interne collabore très régulièrement avec une communauté de chercheurs, d'universitaires et profite parfois de la cellule d'investissement de l'entreprise pour faire l'acquisition de start-up qui pourraient contribuer à ses projets. Chez AXA, par exemple, un data innovation lab d'une quinzaine de personnes a été créé pour exploiter de manière innovante les données des assurés (avec leur accord évidemment). L'entreprise teste par exemple une approche de « pay how you drive », où les conducteurs, qui partagent leurs données de conduite et se comportent mieux que la moyenne au volant, pourraient bénéficier d'une baisse de leur prime d'assurance[105].

Le mot de l'expert

Alain Dufossé

Directeur général de BIG, le laboratoire d'innovation de Pernod Ricard

« BIG (Breakthrough Innovation Group) a été créé en 2012 avec une ambition : inventer la convivialité du futur. Ce n'est ni un accélérateur ni un incubateur, mais une structure qui a les mains libres pour défricher les prochaines innovations de rupture. Parce que les finalités sont différentes, Pernod Ricard a décidé de séparer l'innovation incrémentale de l'innovation de rupture. La mission de BIG est de développer des nouveaux business models fondés sur le service, l'expérience et le produit et qui sont en rupture avec les pratiques actuelles de notre industrie. [...] BIG fonctionne un peu comme une start-up interne : on crée et on incube nos propres projets, de l'idée à la livraison du prototype. Après expérimentation, on se tourne vers Pernod Ricard pour "pitcher" notre business plan auprès des dirigeants comme une start-up pourrait le faire auprès d'un groupe d'investisseurs. Au final, BIG agit comme un studio interne de création de nouveaux business models qui, à terme, a vocation à donner naissance à de nouvelles business units. Pour ce faire, on a mis en place une équipe resserrée de 8 personnes qui fait appel à des compétences extérieures dans des domaines *a priori* très éloignés du nôtre. De cette friction et de cette ouverture sur d'autres terrains que celui du spiritueux naissent des idées inspirantes et la création de nouveaux concepts. »

Le concours d'innovations auprès des collaborateurs

Ouvrir sa R&D ne passe pas forcément par les start-up, mais aussi pourquoi pas par impliquer les autres départements de votre organisation. Combien de fois avons-nous pu faire ce constat : les collaborateurs connaissent sur le bout des doigts leur activité, et fourmillent d'idées d'améliorations ou d'innovations. Mais l'énorme effort nécessaire (voir le risque) et la très faible chance de voir leurs suggestions aboutir dans l'organisation actuelle ont découragé même les plus passionnés de partager leur idée. Il est urgent que les entreprises cherchant à innover se remettent en cause et mettent en place des canaux transparents, transversaux (ne dépendant pas de la chaîne hiérarchique), justes et motivants pour permettre à cette énorme source d'innovations de pouvoir émerger.

Avec le concours interne Kangaroo Fund, Pernod Ricard propose à chaque employé de pouvoir proposer de nouvelles idées. À travers différentes étapes clairement annoncées, les projets sont évalués de manière transparente et bénéficient au fur et à mesure des étapes de sélection d'un financement progressif pour arriver à un prototype. Les deux ou trois projets gagnants se verront financés en totalité. Dans certains cas, certains projets pourront devenir **une spin-off** : une nouvelle société indépendante lancée par ces collaborateurs et dans laquelle l'entreprise pourra prendre une participation.

La Poste a lancé l'initiative « 20 Projets pour 2020[106] », un concours d'idées interne auprès des salariés. Les lauréats du concours sont ensuite accompagnés pendant six à dix-huit mois pour développer leurs projets. Pour son PDG, Philippe Wahl, « nous lançons nos filets à la mer et nous regardons ce qui marche, expliquait-il aux *Échos*. Nous avons fait le choix d'expérimenter à ciel ouvert et en public, mais les postes du monde entier, de l'Allemagne au Japon, suivent elles aussi la même stratégie, qui consiste à développer les services à la personne[107] ».

Dans le cas de start-up ou d'entreprises partenaires, cette collaboration pourra évidemment déboucher sur un investissement, une prise de participation ou un rachat.

Quelles que soient la ou les formules retenues, on pourra au moins lister cinq objectifs principaux :

1. **explorer** et identifier de nouveaux besoins et usages ;
2. **imaginer** de nouvelles solutions à ces nouvelles attentes ou aux comportements existants ;
3. **expérimenter** de manière plus créative : trouver des approches iconoclastes pour améliorer, changer ou réinventer l'existant ;
4. **mesurer et itérer** avec plus d'efficacité : tester, mesurer et comparer le résultat de variations, d'éléments, de prototypes, en documentant les essais grâce à la donnée ;

5. **tester** plus rapidement : mettre en œuvre à petite échelle avec un POC pistes retenues.

Si la transformation digitale ne consiste pas uniquement à se doter d'outils et de logiciels, le chantier technologique conserve une importance capitale. Notre époque de mutations permanentes, de concurrence mondialisée impose un pilotage ambitieux, subtil et visionnaire. Si elle ne l'a pas encore fait, votre entreprise doit repenser sa DSI pour adopter de nouvelles approches, réformer l'existant souvent archaïque et se mettre en ordre de manœuvre pour accompagner le métier et contribuer de manière proactive au développement de votre activité. Sans un socle technologique solide et ultra performant, capitalisant sur les dernières innovations (API, Cloud...), il vous sera impossible d'accélérer ou de commercialiser et de satisfaire vos clients sur les points de contact existants et futurs. De l'e-commerce aux objets connectés en passant par le CRM, la sécurité, les applications métiers... le périmètre de la DSI a explosé et requiert de nouvelles méthodes pour gagner en rapidité, en agilité, optimiser les coûts et faire face à la concurrence. Cette maîtrise doit s'accompagner d'une ouverture intelligente pour capitaliser sur les meilleures innovations de votre écosystème. D'une forteresse, la DSI doit devenir une tour de contrôle, le centre du système nerveux de votre organisation, et le fer de lance de l'innovation en connectant intelligemment expertise interne et externe.

Les 5 choses à retenir selon le HUB Institute

1. Les technologies ont beaucoup changé ces dernières années. Les systèmes informatiques de beaucoup de grandes entreprises reposent souvent sur des langages et architectures désormais en partie dépassés. Ce « legacy » devient un poids qui ralentit et limite l'agilité et la performance interne et externe de l'entreprise.
2. Il devient urgent de repenser son informatique et d'en faire un fer de lance au service du business et des différents métiers en assurant stabilité, sécurité, mais aussi et surtout agilité, rapidité et flexibilité. La DSI doit évoluer et ne pas être une forteresse, inaccessible aux non-experts. Elle ne doit plus chercher à tout contrôler, mais bel et bien à piloter intelligemment de manière visionnaire ce qui doit être internalisé ou au contraire externalisé en capitalisant sur les nouvelles opportunités du Cloud, des API, des logiciels en SAAS.

3. Toutes les entreprises sont en train de devenir des entreprises logicielles. Le nombre de tâches et de sujets relevant de l'informatique devient énorme. Il va falloir mettre de gros moyens financiers et humains pour s'assurer que votre entreprise ne prend pas du retard sur la concurrence. Mais ces moyens conséquents devront être pilotés par un DSI talentueux et visionnaire capable de proposer des solutions souples, performantes et de manière la plus rentable possible.

4. Les nouvelles architectures doivent être bien plus ouvertes et capables de s'interfacer avec des solutions et plates-formes externes. Cette interopérabilité, facilitée entre autres par les logiques d'API et de Cloud, sera indispensable notamment dans le domaine des objets connectés.

5. Pour évoluer, la technologie au sein des organisations doit gagner en agilité pour assurer une forte capacité d'innovation. Des modes de travail agiles en passant par le droit à l'échec et à l'expérimentation, ou à l'open innovation, il n'y a pas de recette miracle, mais un nombre d'ingrédients à bien maîtriser pour mieux collaborer et inventer votre business de demain.

Les 5 questions à vous poser

1. Connaissez-vous clairement les forces et les faiblesses de vos systèmes informatiques ?

2. Votre DSI est-elle un partenaire proactif, agile, visionnaire au service des autres départements ?

3. Votre technologie est-elle agile et capable de déployer de nouvelles idées ou de s'interfacer avec des solutions externes de manière rapide, performante et stable ?

4. Les notions d'API, de Cloud, de SAAS, d'interopérabilité, d'open innovation sont-elles vraiment maîtrisées par votre top management et les dirigeants intermédiaires ? Ces décideurs ont-ils une compréhension des enjeux en termes de performance et de compétitivité dans le futur ?

5. Votre organisation pratique-t-elle l'open innovation ou la cocréation ? L'innovation est-elle une notion et une priorité partagée par tous les collaborateurs et dirigeants ?

Quatrième chantier : les données

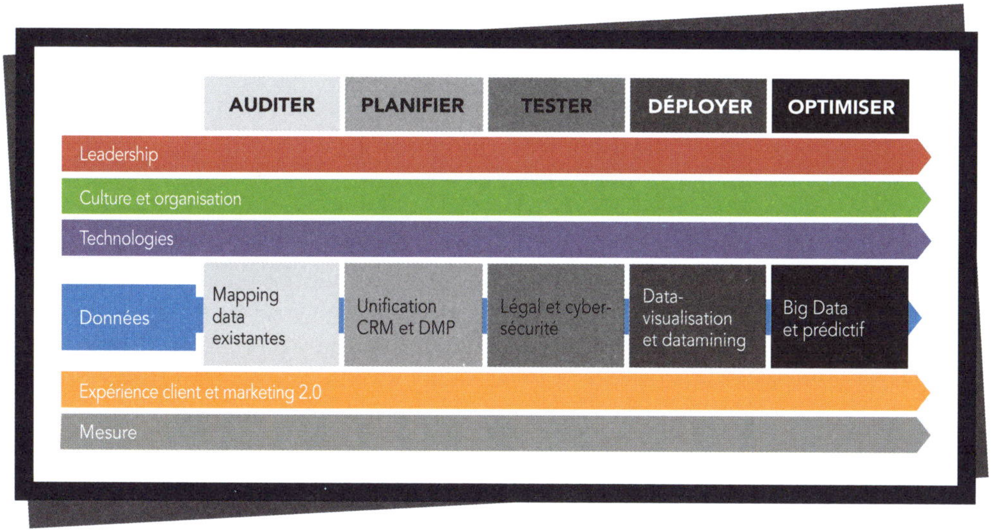

Les nouveaux leaders de l'ère numérique sont, avant tout, des petits génies de la donnée. Leur maîtrise du code, des algorithmes, de l'information ou de la segmentation clients leur permet d'être plus performants, plus rapides, de dépenser moins et mieux que leur concurrence. Bref, grâce à ce nouvel or noir, ils surperforment en termes de chiffre d'affaires ce qui se retrouve généralement dans leur valorisation boursière.

Auditer – Faire son data check-up

Avec le numérique, Internet, la fragmentation des médias et la multiplication des points de contact, celle des objets connectés, le CRM, les outils d'analytics, **le volume de données a explosé de manière exponentielle** et cette croissance continue de s'accélérer. D'après IBM, « 90 % des données au monde ont été créées dans les deux dernières années[108] » ! Et cette prédiction se révèle vraie depuis 1985, car tous les deux ans nous générons 10 fois plus de données. Les données viennent de partout et dans tous les formats : avis clients, chiffres de ventes, résultats de campagnes, usages d'objets connectés, trafic mobile, publications sur les réseaux sociaux, informations issues de capteurs...

Les entreprises sont donc confrontées à un véritable défi en ce qui concerne la captation, le stockage, mais, aussi, et surtout, le traitement et l'exploitation de ces données. En effet, qui dit « donnée » ne dit pas forcément « information ». La donnée nécessite d'être nettoyée, vérifiée, structurée et corrélée pour être génératrice de valeur.

Faute d'avoir **anticipé cette infobésité**, les systèmes d'information des entreprises sont souvent inadaptés. Les différentes briques technologiques datent souvent d'époques différentes et dépendent de logiques différentes quand elles ne sont pas tout simplement incompatibles. Certains systèmes reposent encore sur des architectures ou des langages quasiment disparus. L'armée américaine dépense ainsi 61 milliards de dollars pour maintenir d'anciennes technologies. Son armement nucléaire est encore piloté par des IBM Séries-1 utilisant... des disquettes 5'1/4[109] !

Cette situation crée non seulement des risques importants en termes de robustesse et de sécurité, mais aussi des freins importants pour une évolutivité et un pilotage modernes et agiles de la donnée. La multiplicité de formats de données (texte, image, photo, vidéo, types de fichiers) et de base de données rend leur exploitation particulièrement complexe, voire impossible. Ces données sont souvent stockées de manières séparées, parfois en double ou en triple avec des mises à jour partielles. Combien de marques possèdent des bases séparées pour leurs clients sur leur site e-commerce ou en magasins. Et pourquoi la cliente d'une marque de luxe n'est généralement plus reconnue une fois passée la frontière ?

Éviter le *« garbage in, garbage out »*

Certaines bases de données sont souvent remplies de fautes de saisies, de doublons, d'erreurs ou leur contenu est tout simplement périmé. Les Anglophones parlent de « *garbage in, garbage out* » pour rappeler qu'une collecte de mauvaises données est une des premières causes d'échec dans l'exploitation de cette donnée. À quoi bon conserver une base d'e-mails datant de plus de trois ou quatre ans si elle n'a jamais été utilisée ou nettoyée ? Dans certains cas, il serait temps de nettoyer les écuries d'Augias.

Ainsi, avant même de parler de « Big Data », la première urgence vitale au sein d'une grande majorité d'entreprises est belle et bien de reprendre la main sur l'identification, le recensement, la classification, le nettoyage et la restructuration des données existantes. Il est d'ailleurs surprenant de noter l'absence d'un DataStewardship, une personne en charge du pilotage de la donnée et de l'architecture des flux. La création de bases de données s'est faite organiquement en fonction des besoins de chaque département, du bagout d'éditeurs de logiciels, ou des préférences de la DSI.

Définir sa stratégie de données et choisir un pilote, le CDO

Il est l'heure de faire le ménage, mais aussi et surtout **de définir un plan d'ensemble de l'existant, et des objectifs souhaités** pour établir les chantiers prioritaires à mener. Il est de plus en plus courant de voir les grandes entreprises nommer un « **Chief Data Officer** » ou directeur des données pour piloter ce type d'initiative en servant d'arbitre entre les besoins du business et les contraintes et les préférences de la DSI, les obligations légales... Gartner, par exemple, estime que 90 % des grandes entreprises auront un CDO d'ici à 2019[110]. On pourra voir son existence comme un aveu de lacunes ou d'incapacité à s'entendre entre DSI et direction marketing ou comme une nécessité nouvelle devant la complexité et l'importance stratégique du sujet. Son rattachement à la direction marketing ou à la DSI peut donner lieu à une véritable guerre d'influence. En effet, qui dit nouvelle direction dit moyens budgétaires et équipes. Piloter les données, c'est aussi prendre un ascendant certain sur les enjeux clés de l'organisation. Si la donnée devient un élément clé du marketing, ce département n'est pas toujours à même d'en maîtriser tous les ressorts. Une grande partie des directions marketing actuelles possèdent une formation et une expérience passées centrées autour du branding, du positionnement produit, de la création de campagnes publicitaires TV et presse ou de la définition de plan média. Pas évident pour elles de se retrouver à parler algorithmes, mathématiques, traitement de données... Faute d'avoir abordé ces sujets comme ceux du digital à l'époque en écoles de commerce ou dans leur carrière, une génération de directeurs marketing quinquagénaires se voit malheureusement poussée vers la sortie.

La mission du Chief Data Officer sera d'aider la direction générale et les directions métiers en nourrissant les décisions stratégiques avec des informations et analyses les plus objectives, précises, et réactives possible. Dans un monde VUCA très instable et qui évolue rapidement, la prise de décision ne peut plus se faire que sur la base de l'expérience passée ou de son intuition. Ainsi, accéder à la meilleure compréhension du marché, des tendances, comprendre en détail ses forces ou ses faiblesses, les opportunités à saisir, les marchés sur lesquels se lancer devient un élément clé de succès pour les années à venir. Le Chief Data Officer doit donc mettre en place une stratégie, les outils et une équipe pour sourcer, nettoyer, organiser, interconnecter et exploiter les données de l'entreprise. Il devra aussi être capable de proposer un accès aux analyses et rapports le plus rapidement possible de la manière la plus pertinente et personnaliser à chaque échelon de l'organisation. Son équipe sera généralement composée de spécialistes de la donnée en interne comme en externe : dataminer, datascientists, etc. capables de manipuler les données, et les algorithmes de traitement.

Capitaliser sur les nouveaux outils de la donnée

Heureusement, pour faire face à ce changement, les éditeurs de solutions informatiques ont développé de multiples outils et solutions. Grâce à l'hébergement en Cloud (Amazon Web Services, Microsoft Azure...), le prix du stockage se réduit chaque année. Ces architectures agiles ou des solutions comme Hadoop permettent aussi de faire face à des pics de trafic ou de volumes de données, et d'utiliser de manière économique des puissances énormes de calcul juste pour la durée nécessaire. L'enjeu étant d'obtenir une grande « scalabilité », c'est-à-dire une capacité à pouvoir facilement monter en charge en évitant une rupture du service ou un ralentissement des performances. Un des défis est aussi celui de l'interconnexion entre plates-formes et systèmes qui est de plus en plus simplifié avec la mise en place d'API (Application Protocol Interface). Ces connecteurs informatiques permettent de donner des droits à d'autres logiciels ou à des partenaires pour s'interfacer rapidement et efficacement avec vos systèmes. Le logiciel de votre comptable pourrait ainsi facilement se connecter à votre logiciel de gestion de stock ou de facturation, par exemple.

Favoriser l'interopérabilité et l'Open Data

Certaines organisations privées ou publiques vont même jusqu'à ouvrir une partie de leurs données de manière publique, on parlera alors **d'Open Data**. Cette tendance considère l'information publique comme un bien commun (tel que défini par Elinor Ostrom), dont la diffusion est d'intérêt public et général[111].

En Europe et dans certains pays, des directives et lois imposent ainsi aux collectivités de publier certaines données publiques sous forme numérique. En France, la mission Etalab a lancé le portail data.gouv.fr/fr listant ainsi un grand nombre de données ouvertes allant des finances publiques en passant par la base d'adresses nationales, la carte des températures de 1910 à nos jours... L'idée est de permettre à des organismes, des chercheurs, des médias ou des entreprises d'accéder à cette donnée (toujours rendues anonymes) pour leur trouver de nouveaux usages. Grâce aux données du portail, un chercheur nous propose, par exemple, une représentation graphique illustrant[112] le fait que les VTC soient devenus le premier secteur de création d'entreprise dans la banlieue parisienne, département de Seine-Saint-Denis en tête. Le site http://datafrance.info nous propose d'explorer toutes les données disponibles en matière de sécurité, d'éducation, d'immobilier... pour les 36 658 communes françaises *via* une carte interactive.

Avec son initiative Datavenue Orange s'est associée à Malakoff Médéric, la RATP, Suez, la Société Générale, SEB ou Netatmo. Chaque organisation a présenté un jeu de données ouvertes en proposant à des start-up d'imaginer de nouvelles innovations autour de la maison connectée, de la santé connectée, du transport ou du shopping[113]. En facilitant l'interconnexion entre ces différentes données, ces acteurs espèrent identifier de nouvelles possibilités et opportunités de business et pourquoi pas de nouveaux partenaires avec qui s'associer.

Sans socle technologique moderne et ouvert en matière de données, les entreprises seront incapables de collaborer facilement et rapidement avec d'autres partenaires pour innover et inventer de nouvelles solutions ou chaînes de valeurs.

Planifier – Du CRM unifié à la DMP

Maîtriser d'urgence la connaissance client à 360°

Le sujet de la donnée est bien plus vaste que celui des données clients : flux logistique, ERP et facturation, suivi des ventes, simulation de tests en laboratoires... Dans ce chapitre, nous nous limiterons donc au **sujet de la connaissance client** qui, en soi, est déjà un chantier vaste et complexe et une priorité business à l'heure du numérique.

Avec l'explosion du nombre de médias (digital, social, mobile, vidéo...) et du nombre de points de contact (e-commerce, affichage digital, objets connectés...), l'audience est de plus en plus fragmentée et de moins en moins simple à identifier, à cibler et à comprendre. Pour être plus efficaces et rentables que la concurrence, les marques se doivent, pourtant, de développer de nouvelles solutions et pratiques pour comprendre les attentes et comportements de leurs clients et mesurer la performance de chaque action marketing. La donnée prospect et client devient donc un enjeu majeur.

Pourtant, l'organisation interne et les outils existants sont bien souvent inadaptés pour piloter cette donnée client de manière unifiée. Sans pilote et sans vision globale pendant des années, les bases de données se sont souvent multipliées sans cohérence. Le même client existera dans la base de données clients du département facturation, dans celle des newsletters pilotées par le marketing digital, dans une base liée au point de vente, dans une autre dépendant du site e-commerce et dans une énième au support client. Cette anarchie et cette vision en silo des flux, au-delà d'être coûteuses, sont assez catastrophiques et riment avec mauvaise expérience et inefficacité marketing. Si un client met à jour son adresse auprès d'un département, elle n'aura pas changé pour les autres entités. Il sera aussi fréquent de voir plusieurs départements ou zones géographiques envoyer différentes promotions parfois contradictoires au même client en l'espace de quelques minutes, générant un effet « spam » inefficace, voire dommageable.

Mettre en place le référentiel client unique au sein d'un CRM

Quelle que soit l'étape du parcours client, il devient indispensable de travailler à la mise en place d'un **RCU ou Référentiel Client Unique**. Oubliez les silos ! Il s'agit de construire une vison client à 360° : du moment où en tant que prospect il n'est pas encore identifié (ou seulement sous la forme d'un cookie en passant sur votre site Internet), à celui où il demande un devis, il achète, il recommande votre offre ou celui où, fidélisé, il renouvelle son achat ou achète un autre service ou produit. La mise en place d'un référentiel client unique se fait généralement au sein d'un CRM.

L'Oréal vient, par exemple, d'annoncer[114] qu'elle réinternalisait sa donnée client au sein d'une solution commune (Salesforce) à une grande partie de ses marques. Cette démarche répond à quatre enjeux : connaissance client, efficacité, sécurité et réduction des coûts. Mais c'est aussi surtout l'occasion de piloter de manière cohérente la pression publicitaire liée aux 10 millions d'e-mails envoyés chaque mois et de préparer l'intégration de données complémentaires dans le futur.

Enrichir vos données et votre marketing grâce à la DMP

Après le CRM, la **DMP (Data Management Platform)** sera l'étape suivante en permettant d'unifier tous les différents types de données autour d'un prospect/client et les actions marketing et publicitaires (et pas seulement CRM). Une DMP permet, ainsi, de connecter et de suivre les actions publicitaires (bannières publicitaires, achats de mots-clés, publicité sur les réseaux sociaux) émises vers des audiences de prospects inconnus avec celles menées vers des clients existants et déjà identifiées avec votre CRM (envoi d'e-mailing, de newsletter, d'offres promotionnelles par SMS ou courrier). Le comportement d'un visiteur sur votre site sera d'abord lié à un simple numéro de cookie. Si celui-ci s'identifie par la suite (inscription à votre newsletter ou achat sur votre site), on pourra alors associer les actions passées liées à ce cookie au profil de cet utilisateur une fois identifié. On parle alors de CRM onboarding.

Écosystème data simplifié

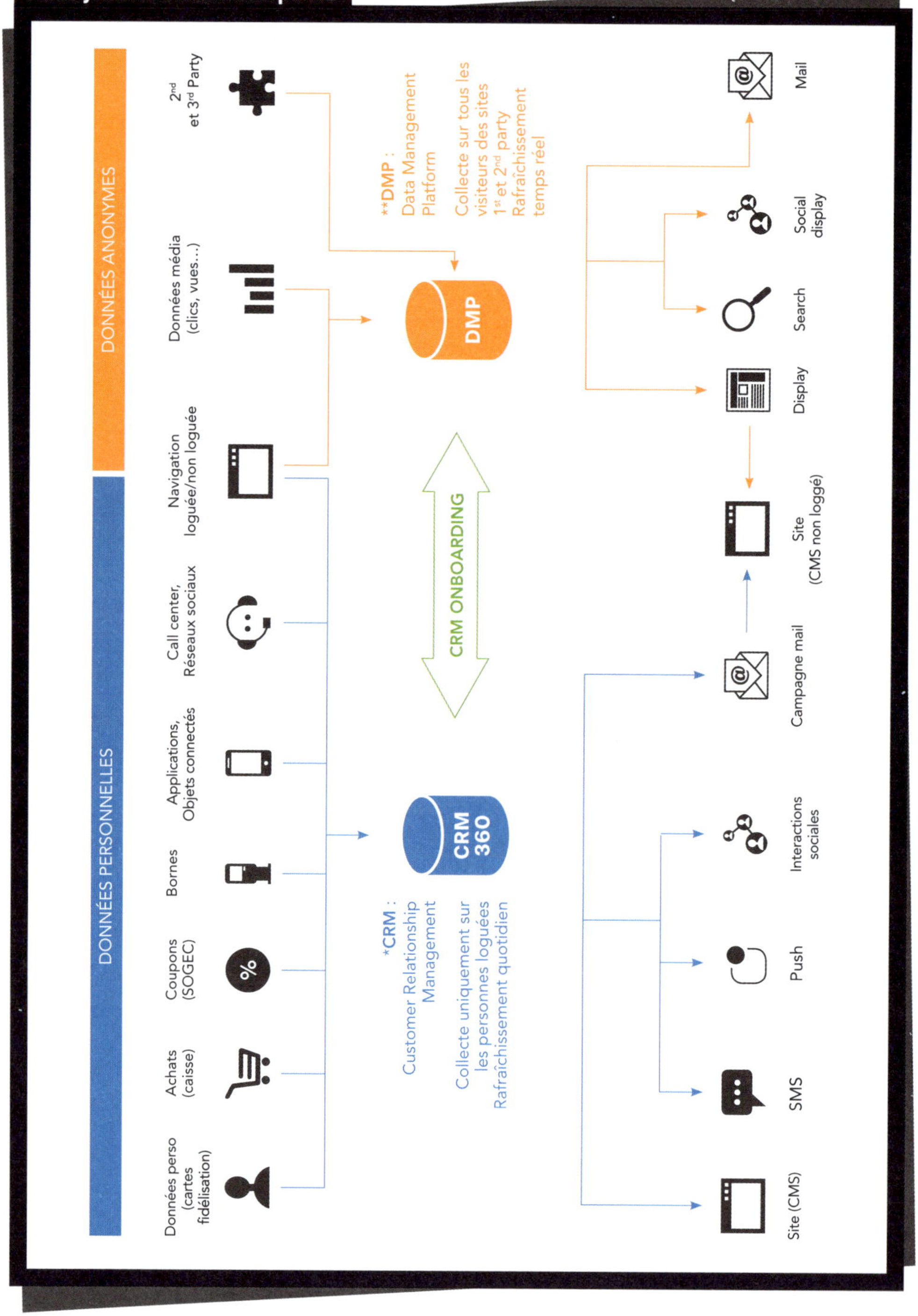

Les fonctionnalités d'une DMP[115]

Acquisition et agrégation	Les données sont captées dans la base de données, quels que soient leur source (online, offline, propriétaires ou tierces) et type (clic, page vue, interaction, etc.).
Normalisation	Les données sont normalisées afin de garantir leur bon fonctionnement et le croisement optimal avec d'autres données (tierces notamment). La normalisation de données permet une intégrité de la BDD et des requêtes optimisées.
Analyse	Les données normées sont analysées afin de qualifier les profils d'utilisateurs et leurs intentions.
Gestion	Gestion et administration des données agrégées dans la DMP.
Création de segments d'audience	Les données consolidées et analysées peuvent être segmentées en fonction de différents critères (par exemple, segment RFM : Récence, Fréquence, Montant). Ces données peuvent être enrichies avec des bases de données complémentaires afin d'obtenir une segmentation plus précise.
Étendre ses audiences par le principe des cookies jumeaux	En croisant vos données à celles de données tierces, identification de segments d'audiences composés d'individus inconnus, mais jumeaux (« look alike ») avec les caractéristiques/comportements de vos clients/contacts qualifiés existants.
Piloter et optimiser vos campagnes	Automatiser et personnaliser vos campagnes marketing en fonction des données de ciblage, de données externes (météo...). Prospecter, cibler et/ou recibler vos audiences de manière précise et sur différents terminaux et points de contact. Par exemple, envoyer un segment pour une campagne média en programmatique (si votre DMP est connectée avec votre DSP) ou exclure vos clients d'une campagne d'acquisition (*via* cookie).
Attribution et réconciliation	Évaluation et suivi des performances et de la conversion de vos campagnes par canal et segment d'audience. Recréer une vision crosscanal de chaque client.
Mesure et Reporting	Mesure et suivi des tailles, performances et évolutions des segments d'audience créés dans la DMP.

Mettre en place une DMP, c'est créer un socle solide pour utiliser la donnée client et améliorer la performance de vos actions marketing tout comme la satisfaction de vos clients. Désormais ultra connectés, vos prospects ou clients attendent des interactions ciblées, personnalisées, pertinentes, réactives au bon moment et au bon endroit. Une publicité générique et forcée sur les médias de masse n'est plus efficace quand elle n'est pas tout bonnement contre-productive. Pour passer à un marketing relationnel et multicanal, il faut se doter des bons outils et les connecter à une base de connaissance client la plus précise possible. En mettant en commun les données des points de vente et du site e-commerce, Sephora permet aux vendeuses équipées d'iPod de retrouver un profil client (grâce au numéro de carte de fidélité), de consulter ses achats passés et de pouvoir le conseiller de manière plus personnalisée. L'expérience client reste cohérente que ce soit sur le Web ou dans le point de vente. Les données récoltées, quel que soit le canal, sont centralisées. On améliore ainsi la satisfaction client, et les équipes peuvent plus facilement mener des actions d'activation (promotion, up sell, cross sell) ou de fidélisation. Il devient aussi plus simple, plus rapide et moins coûteux de mettre à jour les données clients tout en respectant mieux la législation sur la donnée privée, en évitant les doublons...

Au-delà de vos données propres, une DMP permet aussi de se connecter et d'intégrer rapidement et simplement différents types de **données externes. On parle alors de données tierces**. On peut donc différencier trois typologies de données.

Les différents types de données

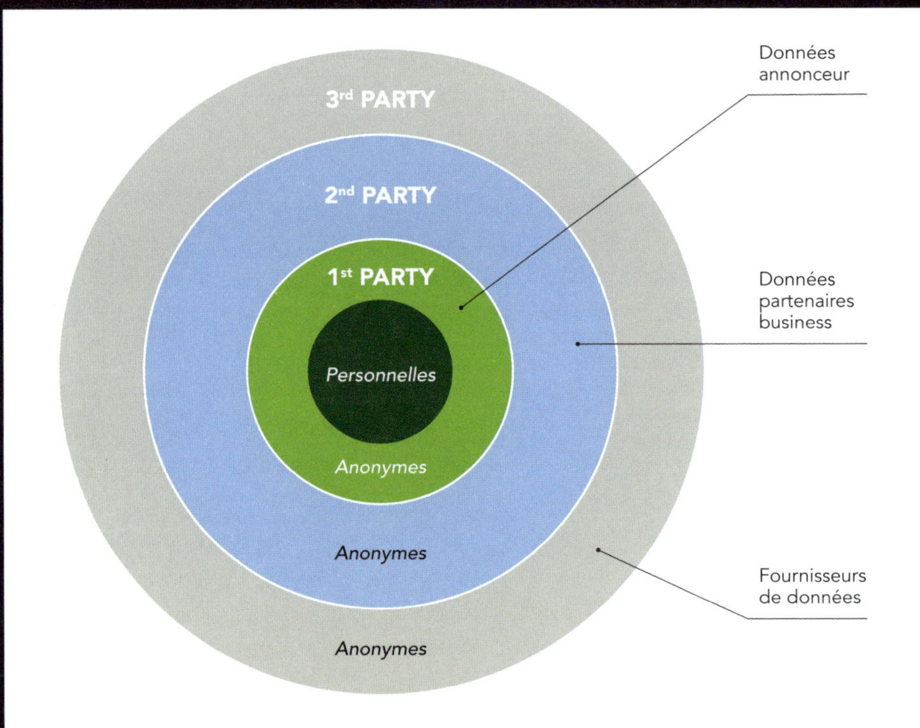

La first party data

C'est celle qui appartient à l'annonceur. Elle correspond aux données acquises gratuitement par l'annonceur sur ses propres points de contact (e-mailing, site Internet, formulaires). Ces informations sont captées par différents moyens (cookie, outils de Web analytics, e-mailing... ou les outils de suite marketing Cloud – Adobe, Oracle, Microsoft, IBM...) et seront idéalement unifiées en étant intégrées dans un RCU. Elles peuvent être anonymes, comportementales, personnelles (transactionnelles, déclaratives ou parcours de navigation après identification, liées à une fiche client), mobiles, sociales, liées à l'exposition à vos publicités ou aux recherches effectuées dans un moteur. Les données personnelles seront stockées dans le CRM et les informations non déclaratives dans la DMP. Ces données sont essentielles, car elles permettront d'optimiser les campagnes médias. Elles permettront aussi de retrouver et donc de sous-cibler ou recibler vos clients sur les sites médias comme Google, Twitter, LinkedIn ou Facebook ou, pourquoi pas, de cibler des jumeaux statistiques aux profils et comportements proches de vos clients existants. Évidemment, plus vos sites auront d'audience ou plus vous serez en contact direct avec vos clients (à l'inverse des industriels qui vendent par l'intermédiaire d'un distributeur) et plus votre « 1st party data » sera importante. Le *Financial Times* estime par exemple que 80 % de ses revenus actuels seraient en danger s'il perdait cette donnée[116].

La second party data

Ce sont les données des prospects et clients issues de partenaires externes qui acceptent de partager cette donnée pour vous permettre d'enrichir et de compléter votre « 1st party data ». Comme l'explique Artefact, une des data agency experte dans le déploiement de DMP, « des annonceurs comme Danone, Nestlé ou Mondelez qui ont peu accès au consommateur et dont le trafic sur site est limité peuvent nouer des partenariats avec des distributeurs (Carrefour, Auchan...) ou des sites de contenu (par exemple des sites de recettes de cuisine). Ils récupéreraient ainsi des données d'achat (transaction sur les sites de drive) et de comportement (recettes consultées) qui leur permettraient de mieux cibler leurs publicités[117] ». Ce partage de données est assez complexe et sera grandement facilité par l'existence d'une DMP. Cet échange de données peut donner lieu à une rémunération. Dans d'autres cas, c'est l'achat d'espace de l'annonceur sur le site média qui compense ce partage.

La third party data

Ce sont les données achetées à des fournisseurs tels que les régies publicitaires (PrismaMédias, Mondadori Publicité, Le Figaro Publicité...) ou des spécialistes de la donnée comme Acxiom & Liveramp, VisualDNA, Datalogix, Eyeota, Exelate, Experian, Nielsen, Weborama, ou même Facebook ou Twitter. Il s'agit ici de pouvoir rapprocher *via* un cookie les données très précises de ces revendeurs avec les visiteurs encore peu qualifiés de votre site ou les internautes qui ont juste été exposés à une de vos publicités. On pourra par exemple personnaliser les produits affichés sur un site e-commerce en fonction du profil d'un internaute alors que c'est la première fois qu'il visite ce site. La 3rd party data permet *a priori* plus de chasser de nouveaux clients, quand la 1st party data a plus pour objectifs de fidéliser et d'affiner la connaissance et le ciblage de contacts déjà existants. La 3rd party data est aussi beaucoup utilisée dans l'achat programmatique pour enrichir les données d'un annonceur lors d'une enchère. Mais attention au coût et à la qualité effective de cette donnée.

L'usage de ces différents types de données dépendra d'abord de vos objectifs marketing ainsi que de votre équipement technologique. Mais les possibilités et opportunités offertes sont redoutables. Les acteurs experts dans le domaine peuvent décupler la taille de leur marché cible, recentrer leurs investissements publicitaires sur les cibles les plus susceptibles de convertir et affiner en temps quasiment réel leur message et leurs offres en fonction de chaque cible. On peut enfin réellement parler de marketing one to one.

Il faut imaginer que demain le nombre de points de contact va continuer d'exploser : montres connectées, lunettes connectées, écrans dans les voitures connectées ou autonomes... Il est donc vital de mettre en place un socle solide, agile et évolutif pour piloter la donnée dans les années à venir. **Si, en plus, on connecte une DMP à son CRM et à des outils d'achat d'espace en temps réel (ce que l'on appelle le RTB, Real Time Bidding ou programmatique),** on peut créer de nouveaux scénarios marketing ultra innovants et performants.

RCU et DMP : des chantiers complexes à tous niveaux

Évidemment cette démarche est loin d'être simple politiquement, technologiquement et financièrement. Ce chantier tient presque de l'alignement des comètes et nécessite des changements structurels. Il ne sera pas évident de convaincre de multiples entités (direction générale, direction pays, marketing, DSI, support client...) qui fonctionnent chacune à leur façon avec leurs technologies et habitudes d'adopter une vision commune et d'accepter de casser l'existant pour une mise en place longue et coûteuse. Comment proposer une solution suffisamment universelle, mais qui prenne aussi en compte les spécificités de différentes régions (caractères non latins, maturités, budgets et tailles de marchés parfois très différents), divers types de distribution... ? Comment motiver des cadres en poste parfois pour moins de dix-huit à vingt-quatre mois de signer pour un chantier qui peut s'étaler sur plusieurs années ? Le soutien politique et financier du top management tout comme la connaissance des besoins et pratiques locales des entités se révéleront être des éléments déterminants pour la réussite de ce type de projet. Voici une petite liste des obstacles qui vous attendent si vous vous lancez dans la mise en place d'un RCU et d'une DMP[118] :

- **responsabilité, compétences et pilotage :** qui est le sponsor du projet, qui valide, qui décide ? Le top management a-t-il une bonne compréhension de l'intérêt et des enjeux ? Qui est impliqué pour veiller à la bonne prise en compte des différents besoins ? Avez-vous les bonnes compétences en interne pour piloter ce type de projet ?
- **contraintes de l'existant :** comment allez-vous identifier et réunir les différentes données de base disparates sans stopper les systèmes en cours de fonctionnement ?
- **choix et pérennité de la solution :** comment choisir le ou les bons outils dans un paysage technologique qui évolue chaque trimestre en fonction du contexte, des rachats ? Qui aura le dernier mot sur les choix techniques ?
- **suivi du déploiement :** qui organise le déploiement et est responsable du budget et du planning ? Les ressources humaines, techniques, financières sont-elles suffisantes pour mener à bien le projet ?
- **universalité ou simplicité :** plus une solution sera capable de tout faire, plus elle sera complexe, longue à déployer et à paramétrer ;
- **structuration commune pour le référentiel :** comment se mettre d'accord sur les différents champs d'enregistrement (sur leur nombre, leurs types, leurs formats...) pour répondre aux besoins de tous dans tous les pays tout en gardant une normalisation commune ;
- **interfaçage avec les outils et points de contact existants :** comment systématiser la captation des informations clients sur les différents points de contact ? Comment connecter des technologies très hétérogènes, souvent très différentes, parfois dépassées, de manière fiable aujourd'hui comme demain ?
- **harmonisation de l'identité d'un client quel que soit le canal du contact :** il sera peut-être connu différemment sous forme d'un e-mail, d'un numéro de téléphone, d'un numéro de carte de crédit ou d'une adresse postale. Comment rattacher les actions d'un même visiteur sur différents appareils (mobile, ordinateur...) ? Les cookies du Web laissent leur place à l'IDFA (iPhone) ou l'Android ID sur mobile, ce qui complique la reconnaissance ;

- **stockage, sécurisation et disponibilité des données collectées :** comment garantir qu'à tout moment et en toute saison (même pendant les soldes, par exemple), cette base de données clients soit bien accessible, sans baisse de performance et en toute sécurité en matière de protection de données ?
- **recrutement et pilotage de l'expertise interne :** il ne suffit pas d'acheter la licence d'un outil. Il va falloir recruter les bonnes compétences pour piloter et utiliser ce type de technologie. Attention, les salaires des experts en données (peu nombreux et très demandés) risquent de faire mal à votre budget ;
- **contraintes légales :** avez-vous l'expertise pour veiller à la conformité légale de votre DMP (respect de la vie privée...) ?

DMP : un retour sur investissement à confirmer

Les premières sociétés à avoir mis en place une DMP font encore figure de pionnières : Compagnie des Alpes (2011[119]), P & G (2012), Unilever (2013), Kellogs, MAAF et Engie (2014), Coca-Cola et Orange (2015), Société Générale, Mondelez ou La Poste (2016).

Chez Danone, le déploiement de la DMP (avec Adobe Audience Manager) dans le cadre de la refonte du programme relationnel DanOn (4 millions de membres), en mai 2015, a pris pas moins de vingt-deux mois. Cette nouvelle approche mixe site Internet, mobile, médias et CRM. Pour Guillaume Guyard, qui a piloté le projet, « les données nous permettent d'obtenir une meilleure efficacité de nos médias, quels qu'ils soient. Elles nous permettent d'être plus pertinents, plus ciblés et moins répétitifs. Demain, nous pourrions avoir des créations différenciées, connectées à nos data consommateurs et prospects[120] ». Le nouveau programme permet d'avoir une vision unifiée des prospects et des clients et de pouvoir adapter la bonne pression publicitaire que ce soit sur le social, le search, le display et le multidevice de manière intégrée[121]. Le bilan est déjà positif avec des internautes qui visitent 50 % de pages en plus (3,3 pages en moyenne), un taux d'inscription multiplié par deux pour un coût d'acquisition diminué de 43 %. L'exclusion des audiences les plus récurrentes des campagnes a permis une économie de 10 % ! Un bon exemple de passage du marketing de masse à une approche relationnelle personnalisée, une stratégie qui devrait s'avérer payante à l'heure de la multiplication des adblockers.

Le mot de l'expert

Vincent Luciani
Directeur général d'Artefact

Artefact a accompagné Danone durant les deux dernières années. « Notre accompagnement de Danone a été réalisé de bout en bout à partir de la sélection agnostique de la DMP jusqu'à l'opération quotidienne de celle-ci afin d'obtenir ces résultats. L'objectif initial était double. D'une part, il fallait obtenir des sources de trafic qualifiées supplémentaires sur le site de Danone. En effet, c'est l'une des problématiques récurrentes chez les CPG qui manquent de données qualifiées à cause des nombreux intermédiaires avec le client final. D'autre part, il était vital de démontrer rapidement des résultats quantitatifs qui prouvent la rentabilité de la solution DMP. C'est dans cette optique que nous avons lancé plusieurs cas d'usage "quick-wins" à fort ROI. »

À l'Adobe Summit de Londres en 2016, Nissan a démontré comment sa stratégie DMP permet de personnaliser de manière cohérente ses actions CRM, ses campagnes publicitaires, mais aussi de personnaliser son site Internet lors de la deuxième visite d'un internaute. Celui-ci sera ensuite reciblé par e-mail ou bannières (en fonction de la qualification de son profil) et exclu des campagnes de prospection. Une fois les profils des meilleurs prospects identifiés, Nissan achète de la 3rd party data pour construire des populations de jumeaux statistiques qualitatives à aller démarcher.

Chez SEB, la DMP est à cheval entre les médias et le CRM. Guillaume Planet, VP Digital Marketing & Médias Worldwide, explique : « Il s'agit d'optimiser les parcours consommateurs, aussi bien en amont qu'en aval de l'achat, pour maximiser la conversion ou développer le "cross-sell" et l'attachement à la marque. Nous avons déjà quelques cas de campagnes construites en mode "data-centric" : nous construisons des segments qui correspondent aux différentes populations qui nous intéressent, puis on imagine des scénarios. Cela produit des résultats clairement impressionnants, avec des progressions de deux à trois chiffres, sur tous les indicateurs[122]. » SEB s'attaque désormais à passer à la télévision programmatique pour améliorer son ciblage. Pour Pierre Fournier (associé chez Artefact) qui intervient sur le projet : « L'enjeu principal est de définir les cas d'usage en lien avec la stratégie de SEB tout en exploitant au maximum l'écosystème existant. SEB avait réalisé plusieurs initiatives aux différentes phases du funnel marketing. Ainsi, notre intervention a consisté à challenger les cas d'usage existants et à en générer de nouveaux. »

Le mot de l'expert

Marie Laloy
CDO pour Citroën du groupe PSA

La marque aux chevrons se félicite déjà de l'impact de la mise en place de sa DMP. « Nos data-scientists ont défini une quinzaine de scénarios types pour diffuser les bons contenus au bon moment à la bonne personne. En moyenne, nous avons ainsi pu personnaliser 10 % de notre audience. La DMP que nous avons mise en place nous sert enfin à personnaliser nos flux média, *via* notamment les techniques, de retargeting. Nous voulons, là aussi, aller plus loin en couplant nos données média à celles de notre CRM. Notre nombre de leads a progressé de 35 % cette année par rapport à 2014. » Des résultats dus à un mix d'actions et d'outils entre DMP, CRM, efforts sur le mobile ou AB testing[123].

Pourtant, tout n'est pas aussi rose pour les directions marketing. À l'international, une étude mondiale d'Adage[124] indique que plus de 75 % des CMO sont déçus des capacités réelles de leur DMP à s'interconnecter avec leurs différents points de contact, dont le mobile. Le marché de la DMP est en pleine structuration et il n'est pas toujours évident de choisir la bonne solution ou le bon partenaire pour intégrer et déployer l'outil sélectionné. Selon l'étude « DMP Europe 2016, stratégies/exchange wire/weborama[125] » réalisée auprès de 360 agences, annonceurs, éditeurs, trading desks et adnetworks à travers l'Europe, 90 % des répondants se disent « satisfaits ou très satisfaits » de leur DMP. Mais les avis sont moins unanimes en termes de ROI : 29 % estiment qu'il est trop tôt pour répondre, 13 % qu'ils n'en savent rien et 2 % estiment que le ROI est négatif[126]. Quand les montants concernés peuvent atteindre plusieurs centaines de milliers d'euros par an et une mobilisation humaine importante, mieux vaut bien définir sa stratégie en amont.

Tester – Les enjeux légaux, de sécurité et d'éthiques

La donnée, un enjeu majeur de souveraineté numérique

Si, au niveau micro, la maîtrise de la donnée est un enjeu concurrentiel et de performance, au niveau macro, c'est même un enjeu de souveraineté numérique pour les États. Le scandale des fuites de la NSA avec Edward Snowden est une illustration claire et frappante que les données sont au cœur des luttes de pouvoir entre États. Avec le succès mondial (si l'on excepte la Chine qui a assez bien protégé son marché) des plates-formes digitales américaines, c'est une grande partie de l'économie et des entreprises internationales qui sont totalement dépendantes des géants digitaux. Des moteurs de recherche aux réseaux sociaux en passant par la bureautique, les solutions professionnelles d'entreprises ou de messagerie, il n'y a quasiment plus aucun acteur leader européen. Si, dans quelques années, un pays européen se retrouvait en conflit avec les États-Unis, leur président n'aurait même pas à tirer un missile ou à déployer un soldat. Il lui suffirait de voter une loi interdisant à toute société américaine de travailler avec ce pays. Ce dernier se retrouverait alors renvoyé en quelques heures à l'âge de pierre ! Imaginez... Comment fonctionner en l'absence soudaine de Microsoft et des logiciels d'exploitation Apple, sans Android et iOS, sans Google, Gmail, Facebook, Amazon, Twitter, Office, Dropbox, Outlook ? Les États se livrent désormais des batailles par hackers interposés. L'objectif étant d'accumuler et d'interpréter toutes les données disponibles ou de pouvoir anéantir le fonctionnement d'une entreprise visée ou, pourquoi pas, le fonctionnement d'un État en s'en prenant à son système d'information. Aux États-Unis, les failles de sécurité en matière de données peuvent donner lieu à des pénalités très onéreuses et en Europe, la législation implique là encore des contraintes importantes à respecter. Et au-delà de la réglementation, l'accès à des données implique un pouvoir et donc des responsabilités très importantes...

Maîtriser les enjeux légaux de la donnée

À l'heure de la connaissance client, bien des articles et études nous rappellent les inquiétudes et la méfiance des consommateurs à l'égard de la protection de leurs données privées. Pourtant, malgré de nombreux scandales entre failles de sécurité ou utilisation abusives, nous n'avons pas assisté à une quelconque manifestation sur le sujet et les internautes continuent d'alimenter en masse leurs profils sur les médias sociaux. Si les consommateurs ont parfois du mal à imaginer l'usage possible de leurs données et encore plus de mal à le combattre (quel individu irait raisonnablement se lancer sans un procès international contre un géant du digital de la Silicon Valley au sujet de l'exploitation de ses données personnelles ?), les lois françaises et européennes sont là pour limiter un certain nombre d'abus et rappeler un certain nombre de règles avec des sanctions à ne pas négliger. Certes, la loi a souvent un métro de retard sur le monde et la pratique, surtout dans un contexte mondial dématérialisé où les changements technologiques se comptent parfois en jours, les philosophies juridiques (américaines, européennes ou asiatiques) sont parfois très différentes et les infractions complexes à établir et à localiser. Mais en quelques années la France et l'Union européenne ont voté de nouvelles règles et lois pour remettre un peu d'ordre dans ce nouveau monde connecté. On ne peut plus faire n'importe quoi et, à l'inverse, les entreprises ne peuvent pas « ne rien faire » sur les conseils d'un département juridique dépassé qui préfère bloquer toute initiative pour ne pas prendre de risque. Il est l'heure de bien se faire accompagner en matière de droit du numérique. Il faut à la fois connaître la loi, mais aussi les jurisprudences qui font loi, faute souvent d'avoir des règles établies à l'heure d'Internet et du digital. Vos politiques de collecte de données, de déclaration à la Cnil, de stockage, de ciblage, de marketing ou même d'accès à la modification ou à la suppression doivent être clairement encadrées. À l'heure de la mondialisation, le sujet est plus que complexe. Rien qu'au niveau européen, l'union monétaire ne rime pas encore avec union légale. Faire de l'e-commerce ou du marketing implique des règles et pratiques différentes d'un pays à l'autre, ce qui fera le bonheur des cabinets de juristes et peut représenter un budget non négligeable pour une PME.

Le mot de l'expert

Marc Antoine Hennel
CMO CDO, Philips

« Les produits de Philips sont connectés et produisent de la data. Le respect des données est fondamental. Philips s'assure et garantit que l'utilisateur final ait connaissance des données récoltées et en garde le contrôle. La gestion de cette data se fait en respect total des législations. À terme, la data apporte de nouveaux services, de nouvelles expériences clients et donc de nouveaux business models. Par exemple, les bâtiments connectés et la smart city ont donné lieu au "smart grid", le réseau intelligent d'énergie qui révolutionne notre consommation. »

La sécurité : une question de vie ou de mort

Le nombre de cas de **piratages et de failles de sécurité** explose un peu plus chaque jour dans les médias : les fuites de la NSA, Wikileaks, Sony, Luxleaks, Ashley Madison, Panama Papers... Et ce n'est que la partie émergée de l'iceberg. Bien des entreprises ne se rendent pas compte de certaines fuites ou préfèrent rester discrètes sur ces situations qui peuvent parfois s'avérer catastrophiques. L'informatique d'un grand nombre d'entreprises tient du gruyère :

systèmes antédiluviens, absence de mise à jour des patchs de sécurité ou des logiciels eux-mêmes, procédures de sauvegarde inexistantes. Que se passerait-il si l'on volait les ordinateurs de votre bureau aujourd'hui ou de votre PDG dans les transports en commun ? Plus récemment, certaines entreprises sont victimes de « ransomware », des logiciels qui bloquent tous les systèmes ou l'accès à certaines données et exigent une rançon pour se débloquer. En novembre 2014, la société américaine Sony Pictures Entertainment a été victime d'un piratage massif de ses données. Faute d'avoir payé une rançon, Sony a vu plus de 170 000 e-mails internes, 30 000 documents[127], et les données de ses salariés divulgués et quatre de ses prochains films publiés sur Internet avant leur lancement. On estime à plusieurs centaines de millions de dollars le coût de cette fuite.

Mais au-delà de l'aspect technologique, c'est souvent **même la sécurité humaine qui est le maillon faible**. Le manque de sensibilisation, d'éducation, mais aussi et surtout de vérification de l'application des procédures (avec des tests en grandeur nature) de la part des collaborateurs *et* des dirigeants entraîne une grande fragilité des entreprises. Il suffit qu'un mot de passe de soit pas changé au départ d'un stagiaire ou d'un salarié ou qu'à force d'être trop contraints par la DSI, des collaborateurs adoptent leurs propres solutions informatiques de contournement (on parle de « Shadow IT ») pour que la catastrophe se rapproche. Bien des hackers préfèrent exploiter les failles humaines... Il suffit parfois de quelques centaines d'euros pour qu'une femme de ménage sous-payée récupère les mots de passe notés sur des Post-it... ou pire d'un employé bien intentionné manipulé au téléphone et par e-mail par un petit malin pour partager un fichier. L'Olympique de Marseille ou Michelin font ainsi partie des innombrables entreprises victimes de « l'arnaque au président ». Le fabricant de pneumatiques s'est fait dérober 1,6 million d'euros *via* une escroquerie reposant sur de faux ordres de virement[128] ! Dans le cas de la NSA ou Luxleaks se sont des employés en désaccord avec les pratiques plus ou moins légales ou éthiques de leur entreprise qui sont devenus des lanceurs d'alertes en prenant le risque de partager certaines données confidentielles avec les médias ou le grand public avec des conséquences géopolitiques internationales.

Le mot de l'expert

Merav Griguer
Avocat au barreau de Paris

Pour l'auteur du *Guide de la communication sans risque,* Eyrolles, 2012, et de l'article consacré à la France dans *The Privacy, Data Protection and Cybersecurity, Law Review,* 2015 et 2016, « il est indispensable que les directions des entreprises mesurent l'étendue des risques et des enjeux liés à la donnée ». Protéger la data permet notamment de prévenir ou *a minima* de limiter les risques.

Les principaux enjeux de la data sont :

- la perte économique : la violation des données de l'entreprise ou de l'organisme est susceptible de freiner voire d'interrompre son activité et donc de porter atteinte à sa productivité et à sa compétitivité ;
- des sanctions pécuniaires jusqu'à 20 000 000 d'euros ou 4 % du chiffre d'affaires annuel mondial (voir nouveau règlement européen de la protection des données personnelles entré en vigueur le 4 mai 2016) ;
- atteinte à la réputation et à l'image de l'entreprise, de la marque ;
- perte de confiance des utilisateurs, des consommateurs, du public.

Cartographie des risques classiques de la data

Les risques de la data peuvent résulter de manquements en termes de légalité, de sécurité, d'éthique et de loyauté.

1. *Divulgation d'informations confidentielles*
   - Ce risque se produit régulièrement, que ce soit par erreur ou négligence ou encore de manière volontaire (on parle alors d'« intention de nuire »).
   - Il peut provenir de l'extérieur ou de l'intérieur.
2. *Contrefaçon*
   - La violation de données protégées au titre de la propriété intellectuelle est source de contrefaçons (brevets, marques, logiciels et programmes informatiques, bases de données, dessins et modèles, photographies, images, musiques, vidéos, œuvres numérisées, etc.).
   - Ce risque est constitué non seulement par la reproduction non autorisée, mais aussi par l'exploitation non autorisée.
3. *Détournement d'informations*
   - Il s'agit souvent de vols de données réalisés par un accès frauduleux au système d'information ou à un traitement automatisé de données.
   - Ce risque sanctionné pénalement se caractérise souvent par l'extraction ou la copie de la base de données CRM ou clients par un salarié sur le départ ou à un concurrent potentiel.
4. *Usurpation d'identité numérique*
   - L'utilisation des éléments identifiants d'une personne physique (nom, prénom, image, etc.) ou d'une entreprise (sa marque par exemple) est constitutive du délit d'usurpation d'identité numérique.

- Les marques comme leurs représentants assistent régulièrement à la création de faux profils sur les réseaux sociaux (Facebook, Twitter, Instagram, LinkedIn, etc.), que ce soit par des salariés ou des fans bienveillants ou encore par des individus ou des groupements mal intentionnés.
- Ce risque est source de confusion dans l'esprit du public et parasite la communication de l'entreprise.

5. Atteintes aux données personnelles et à la vie privée

- L'accès non autorisé, la modification, la suppression ou l'inexactitude de données permettant l'identification même de manière indirecte par recoupement d'informations figurant dans une base de données, un fichier ou un traitement, ainsi que l'exploitation ou l'utilisation de ces données à l'insu de la personne concernée sont passibles de sanctions administratives, pénales et civiles lourdes.
- La protection des données à caractère personnel fait désormais partie des risques prioritaires à gérer au sein des directions d'entreprise.

6. Cyber-attaques

- Les cyber-menaces se multiplient et recouvrent en partie les risques présentés ci-dessus. Elles touchent non seulement les organismes publics ou d'importance vitale, mais aussi les petites et moyennes entreprises.
- La cyber-sécurité est devenue l'affaire de tous et un sujet prioritaire.

La prévention et la limitation des risques passent bien entendu par le respect des législations françaises, européennes et internationales applicables, mais aussi par l'adoption de mesures et d'outils simples et efficaces (chartes et codes internes, monitoring, audit, contrôle, reporting, contrats, évaluation des risques...) dans le respect des principes fondamentaux liés à la donnée :

- loyauté et transparence ;
- légitimité et proportionnalité ;
- sécurité et confidentialité ;
- droit à l'oubli et droit au déréférencement ;
- privacy by design et privacy by default.

Avec l'arrivée de **l'ère de l'Internet des objets, le sujet de la sécurité va devenir encore plus crucial**. S'il est pénible de voir son site Internet ou sa page Facebook piratés, imaginez si demain, un hacker pouvait modifier à distance un pacemaker, faire tourner une voiture connectée subitement à 90°, à 130 km/h ou ouvrir les portes d'un bâtiment. Au-delà des sujets de réputation et de confiance déjà très impactant, une entreprise pourrait demain être responsable pénalement de conséquences humaines graves faute d'avoir suffisamment sécurisé ces produits. Si les consommateurs perdaient subitement confiance dans la sécurité d'une voiture connectée, pas certain que la marque puisse s'en remettre sans faire faillite.

Éthique : faire un choix entre le possible et l'acceptable

La richesse des données disponibles : sociodémo, comportements, géolocalisation... offrent des opportunités et des possibilités inimaginables il y a encore quelques années pour les entreprises. Avec l'expertise et les bons outils, une marque peut désormais segmenter et cibler chaque prospect ou client de manière quasiment individuelle. Une banque américaine se targuait même de pouvoir prévoir avant même qu'un individu le décide la grande probabilité de le voir divorcer en se fondant sur les schémas de données des autres clients dans cette situation. On appréciera tous un service plus personnalisé et pertinent. On se réjouira d'une publicité plus ciblée, intéressante et moins standardisée. Ou l'on retrouvera le sourire à l'idée de ne plus devoir réexpliquer notre situation et notre historique de zéro aux différents interlocuteurs du support client. Pourtant, la marge est étroite entre personnalisation et sentiment d'invasion de notre vie privée. Un harcèlement ultra ciblé aura vite des airs de *1984* avec une désagréable impression d'être espionné à notre insu. Comme dans le film de science-fiction *Minority Report*, acceptera-t-on de voir un hologramme de chez GAP nous demander notre avis sur notre dernier achat après avoir scanné nos yeux[129]? Les sensibilités culturelles face à ce respect de l'usage de la donnée peuvent aussi varier fortement d'un pays à l'autre. Marquée par l'historique de sa police politique, l'Allemagne, par exemple, refuse régulièrement certains dispositifs qui sont déployés sans encombre ailleurs. Google Street View a ainsi dû, par exemple, flouter les visages de ses photos après un tollé outre-Rhin.

La responsabilité éthique des entreprises sera donc énorme. En son absence, les abus possibles pourraient détériorer durablement la relation de confiance ou entraîner un effet de rejet de la part des consommateurs.

La gouvernance des données, une priorité

On l'a vu dans les lignes précédentes, la donnée est un sujet prioritaire à appréhender, et ce à tous les niveaux des organisations. Il est vital d'instaurer une politique et un cadre d'usage, d'accès, de partage et de protection de la donnée. À l'heure où l'agilité et l'interopérabilité avec des partenaires et plates-formes externes deviennent eux aussi clés, ce challenge est paradoxal. Il faut à la fois pouvoir ouvrir, connecter, démocratiser l'accès et l'usage de la donnée tout en sécurisant, en veillant à l'usage raisonné et à la prise de conscience de chacun sur les risques et les contraintes légales et éthiques. Pas étonnant qu'un nombre croissant d'organisations choisissent de nommer un Chief Data Officer accompagné parfois d'un Chief Privacy Officer pour incarner et piloter ces nombreux sujets au sein de toute l'organisation. Les hackers, eux, n'attendront pas.

Déployer – Une donnée utile à tous les niveaux de l'organisation

Pour Confucius, une image vaut mille mots... Dans l'entreprise, 1 500 ans plus tard, c'est la même chose. Ce qui reste théorique, impalpable, flou aux yeux du management ou des collaborateurs n'aura que peu de traction. La donnée est une nouvelle matière anxiogène pour beaucoup qui n'ont pas vraiment été formés ou amenés à la manipuler dans leur expérience. Elle rime souvent avec complexité, calculs mathématiques savants tout en étant garante de pouvoir pour celle ou celui qui sait en maîtriser l'usage. Bref, on n'est pas loin de redouter les pouvoirs proches de la magie noire des « datascientists », qui ressembleraient presque à des sorciers tout-puissants. **L'usage de la donnée doit donc s'accompagner d'un effort pédagogique pour informer, expliquer et former ainsi que d'outils simples** pour rendre la donnée utilisable et accessible par le plus grand nombre. La donnée est un sujet trop important pour qu'elle reste la mainmise de quelques experts. Il faut la libérer et faciliter sa manipulation et son exploitation (le fameux datamining) ainsi que sa consultation (data visualisation, souvent abrégée avec le terme « dataviz »).

Il n'est plus possible d'attendre des semaines un rapport sur tel ou tel chiffre qui ne pourra être généré que par un des rares experts capables d'accéder à certaines données, ou de maîtriser les ressorts complexes d'un logiciel de BI (business intelligence). Non, la valeur d'une donnée sera inversement proportionnelle à son temps d'accès et de traitement. À quoi bon savoir que l'on aurait pu optimiser les visuels ou le ciblage d'une campagne après la fin de celle-ci ? L'objectif serait au contraire de pouvoir traiter la donnée en temps réel pour opérer des actions correctives. La datavisualisation facilite une compréhension, une communication et une collaboration plus rapide, ce qui permet d'accélérer la prise de décision dans l'entreprise et donc son agilité.

Les trois fonctions clés de la datavisualisation

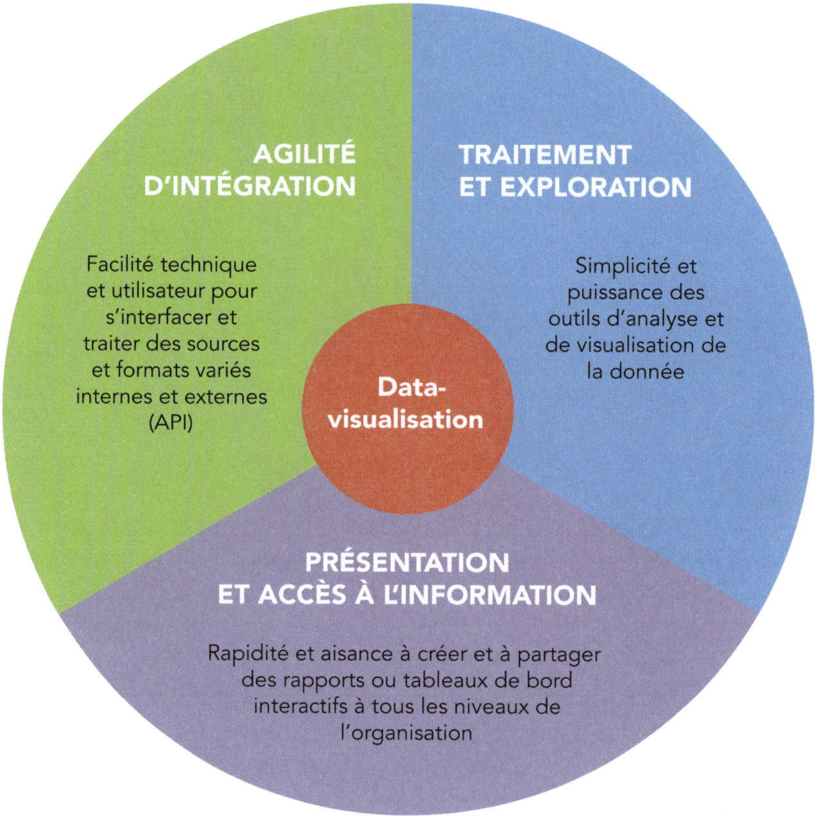

Heureusement grâce aux nouvelles technologies que sont le SAAS, le Cloud, la DMP, les API, les nouveaux outils de webanalytics ou de business intelligence (tableau, QlikView, SAS, Tibco, Bime, SAP, Microsoft…), il n'a jamais été aussi aisé et peu coûteux de manipuler rapidement d'énormes volumes de données et **de créer des tableaux de bord partagés**. L'objectif est vraiment de pouvoir mettre l'exploitation et la consultation des données pertinentes dans les mains de chaque collaborateur de l'organisation. Du PDG au manager opérationnel ou aux vendeurs, chacun doit pouvoir accéder aux indicateurs spécifiques et pertinents pour mieux comprendre son contexte et pouvoir optimiser sa performance. On observe, par exemple, une multiplication des « social rooms » chez Nestlé ou Orange pour permettre aux collaborateurs de différents départements de suivre et d'évaluer ensemble le bouche-à-oreille autour d'un lancement produit ou d'un usage. Grâce à un accès en temps quasi réel de nombreux indicateurs affichés sur des écrans, cette équipe pluridisciplinaire peut rapidement converger sur un diagnostic et imaginer ensemble des actions à lancer, tout en en suivant l'effet. Chez Oasis Orangina Schweppes, il existe un certain nombre d'indicateurs de performance sur les campagnes en cours où les performances du site Internet et des réseaux sociaux sont même affichées directement sur des écrans dans les couloirs de l'entreprise, on parle de « social wall ». Là encore, l'idée est de pouvoir diffuser l'information au plus grand nombre pour aligner le niveau de compréhension sur les enjeux du moment. BNP Paribas va encore plus loin avec socialwall.bnpparibas.com/ en mettant en place un « social wall » ouvert aussi bien au public qu'aux collaborateurs. Citroën affiche aussi un florilège des meilleures publications autour de sa marque dans son showroom des Champs-Élysées dans ce qu'il a baptisé le « Citroën Social Club ».

Quels que soient les outils ou les visualisations retenus, on ne saura que recommander de mettre en place un POC pour tester et affiner les indicateurs et représentations avant de les déployer à toute l'organisation. Au final, c'est aussi la facilité d'emploi pour l'utilisateur qui déterminera la popularité, l'usage effectif et donc le succès de la solution retenue.

Optimiser – Vers le Big Data et le prédictif

Avec la baisse du coût de stockage, la hausse des capacités de calculs et de traitement, ou de la vitesse de bande passante, avec la baisse du prix des capteurs et des processeurs et l'explosion du nombre d'objets connectés, le volume de données est en train de se multiplier de manière exponentielle. Ce phénomène complexe et majeur sera généralement résumé sous l'étiquette « Big Data », terme fourre-tout dont la popularité est souvent inversement proportionnelle à sa compréhension. En effet, 75 % des dirigeants et managers d'entreprises interrogés par Opinion Way[130] se sont en tout cas déclarés incapables de donner une définition précise du Big Data. Pire : 86 % avouent que la notion leur paraît « floue ».

Cette notion signifie en fait que l'on évoque un volume de données tellement variées et nombreuses que les outils statistiques traditionnels ne suffisent plus. Pour faire simple, on pourrait commencer à parler de Big Data quand Excel ne suffit plus. Mais pour être un peu plus précis, on qualifiera le concept de Big Data autour de cinq facteurs.

Les 5 « V » du Big Data

En 2012, Zikopoulos *et al.*[131] introduisaient dans une étude d'IBM les trois premiers « V » du Big Data.

1. Volume. Heureusement, selon la **loi de Kryder**[132], le coût de l'espace des disques durs diminue de moitié tous les vingt-quatre mois.

2. Variété. La donnée existe en de nombreux formats non structurés : vidéos, textes, images, tweets, e-mails, documents, pages Web, détails de transactions, bases clients, coordonnées GPS, données d'usages, profils… cette multiplicité nécessite de nouvelles technologies d'acquisition, d'analyse et de stockage et en rend complexe le croisement.

3. Vitesse (ou *Velocity* en anglais). Les données sont désormais générées et accessibles en temps réel. Les outils d'analyse doivent donc être capables de traiter cette donnée le plus rapidement possible. En RTB, l'achat média d'un contact doit pouvoir se décider en un dixième de seconde pendant laquelle on devra analyser son profil, son affinité, son comportement, son prix, valider ou non l'enchère et pourquoi pas générer une bannière de manière personnalisée à la volée ! Dans des domaines comme le transport, la finance, le marketing, la santé, la vitesse de traitement peut donner toute sa valeur à une donnée.

Depuis, deux autres paramètres ont été ajoutés pour qualifier ce type de données.

4. Véracité. Il ne suffit plus d'accumuler et d'empiler des données. Faut-il encore vérifier que cette donnée est exacte. Si les adresses e-mail de votre base de contacts sont incorrectes, victimes de fautes de frappe ou corrompues, tous les traitements ultérieurs se révéleront faux ou inutiles. Il faut donc veiller à l'hygiène de vos données en procédant à leur nettoyage.

5. Valeur. Toute donnée n'est pas forcément utile et elle nécessitera un traitement pour devenir une information à valeur ajoutée. Il convient donc de qualifier l'intérêt d'acquérir et de stocker une donnée. Car ce stockage et ce traitement auront un coût.

Quand les données vous indiquent quelle question poser

Dans l'analyse statistique, on essaie de mesurer et d'analyser un phénomène ou une performance en fonction d'objectif préalable. On pourra alors mettre en place les bons outils d'analyse et de reporting. Avec le Big Data, c'est la donnée elle-même qui peut nous aider à nous poser la bonne question. En recherche médicale, on lancera généralement un test sur un panel de quelques dizaines de cobayes sur plusieurs années parfois pour valider une hypothèse… Quand Sergey Brin, un des cofondateurs de Google/Alphabet, a décidé de se lancer dans la recherche génétique avec Verily (ex-Google Life Science), c'est avec une tout autre approche. Pour lui[133], c'est en comparant et en analysant des millions de données de milliers de personnes qu'un chercheur doit pouvoir identifier des corrélations inattendues *(patterns)* et des pistes d'innovations ou de médicaments. Les outils de Big Data doivent nous aider à identifier la valeur cachée au sein des données de nos entreprises. Grâce à des algorithmes sophistiqués et des capacités de calcul toujours plus puissantes, ces solutions devraient permettre de gagner en efficacité en termes de ciblage, de marketing mix ou d'efficacité marketing. Il sera néanmoins nécessaire de bien veiller aux enjeux légaux, de sécurité et au respect de la donnée privée.

Passer d'un reporting d'actions à une analyse en temps réel

Si une grande partie des organisations possèdent déjà des outils de business intelligence, il s'agit en fait souvent d'analyses partielles et passées. Le véritable enjeu désormais est de pouvoir analyser les données en temps réel, voire de manière prédictive. Savoir un mois après qu'une campagne publicitaire n'a pas été efficace sur certains médias est intéressant. Mais la même conclusion en temps réel serait bien plus utile pour pouvoir corriger et optimiser les choses avant que la situation ne soit irrémédiable.

Par le passé, la Compagnie du Mont-Blanc faisait une étude annuelle, avec des sondeurs dans ses stations de ski pour connaître la provenance de ses visiteurs, en en questionnant un échantillon limité. Cette méthode était coûteuse, longue, peu précise et toujours en retard sur la réalité. L'entreprise utilise désormais la solution FluxVision d'Orange. Grâce à l'analyse du trafic (rendu anonyme) des possesseurs de smartphones Orange (ou des étrangers se connectant à une de leurs antennes), la société peut désormais avoir une vision beaucoup plus exhaustive, et ce toutes les trente minutes, de la situation. En cas de grèves, d'absence de neige... l'entreprise pourra adapter au mieux ses actions marketing.

Le retailer Macy's est désormais capable de changer plusieurs fois par jour ses prix en faisant plus de 270 millions de calculs de prix en se fondant sur ceux de la concurrence et ses ventes. Ce calcul est passé de trente heures à seulement deux grâce à des outils de Big Data.

Évidemment, faut-il encore avoir l'expertise pour pouvoir mettre en place ou piloter ce type de projets. Les profils d'experts de la donnée se recrutent désormais à prix d'or. Jacques Froissant, chasseurs de têtes à Paris chez Altaïde, constate même qu'il « y a 7 fois plus de propositions qu'il y a trois ans dans le secteur du Big Data et les postes sont souvent bien difficiles à pourvoir[134] ».

Vers le prédictif ?

Avec le machine learning et l'intelligence artificielle, les outils d'analyse Big Data devraient même progresser par eux-mêmes et donner des mesures de plus en plus précises. L'enjeu est de dépasser le temps réel pour arriver à des analyses prédictives. Les entreprises qui sauront passer ce cap auront un énorme avantage concurrentiel sur les autres. Mais cela implique un certain encadrement juridique et éthique. Que se passerait-il si une assurance pouvait estimer avec précision notre espérance de vie ? Accepterait-elle encore d'assurer certaines personnes avec une espérance réduite ? Si un algorithme décide pour nous de la bonne information, du bon look ou de l'offre à nous faire, *quid* de notre liberté de choix, de notre libre arbitre ?

Et si l'on se projette un peu plus loin, l'intelligence artificielle pourrait pourquoi pas dépasser l'intelligence du cerveau humain, comme le prédit Kurzweil. Pour lui, on entrera alors dans l'ère de la singularité. À moins que ce ne soit l'humanité qui fusionne avec la machine pour devenir un cyborg ou un humain augmenté, comme le professent les transhumanistes. Bienvenue dans l'ère de Matrix, où nous serions tous connectés entre nous et à l'intelligence mondiale.

Le Big Data est un terme très à la mode et à raison, car les enjeux à long terme sont énormes. Mais attention à prendre les sujets dans l'ordre. Avant d'inventer un algorithme prédictif, les entreprises doivent commencer par le commencement. La data nécessite de nouveaux outils, mais aussi et surtout de nouvelles expertises et une nouvelle culture de la mesure et de l'analyse. Et il y a souvent beaucoup à faire en matière de « Small Data » : analyse de l'audience de votre site Internet ou de votre application, intégration d'un CRM à 360° et mise en place d'une DMP. Adoption d'un socle technologique permettant de s'interfacer aisément avec des sources de données diverses et externes. On peut aussi noter l'indispensable optimisation du ciblage, de la mesure de performance de votre business ou de vos actions marketing. Il faudra enfin réussir à partager l'analyse de cette donnée le plus rapidement possible de manière intelligible avec le plus grand nombre.

Les 5 choses à retenir selon le HUB Institute

1. La donnée est souvent le nouvel or noir de l'ère numérique. Toutes les entreprises sont en train de devenir des organisations reposant en partie sur des logiciels, des données et des algorithmes. Elles sont donc en concurrence pour attirer les meilleurs profils autour de ces sujets ; une partie grandissante de leur compétitivité reposera sur leur maîtrise de la donnée.

2. Pour stocker, piloter et exploiter efficacement les nombreuses données, les entreprises doivent de toute urgence identifier, nettoyer, unifier et intégrer les différents types de données grâce à une remise à jour complète des systèmes existants souvent hétérogènes, dépassés. Sans socle solide, les entreprises ne pourront pas gérer les défis à venir et s'interfacer avec les outils et partenaires externes.
3. Un des enjeux clés de la donnée est celui de la relation client. Avec les bons outils CRM et DMP, une marque va pouvoir cibler de manière beaucoup plus personnalisée et efficace ses prospects et ses clients. Cela nécessite néanmoins d'avoir une stratégie claire et de faire les investissements importants nécessaires. Cela signifie aussi aligner les intérêts des différents départements de l'entreprise et réorganiser au besoin les équipes, les former à de nouveaux métiers et de nouvelles façons de faire.
4. Développer son activité autour de la donnée implique de bien maîtriser les enjeux légaux et éthique. La régulation et la culture sont des notions qui évoluent fortement d'un pays à l'autre. Les entreprises doivent veiller à se mettre en conformité avec les législations locales et respecter ce qui est acceptable pour leurs consommateurs. Enfin la sécurité va devenir un sujet crucial en termes de réputation, mais aussi de pérennité pour votre activité.
5. Le terme « Big Data », malgré sa popularité, sera souvent un aboutissement et non pas une première étape dans vos chantiers en matière de donnée. Avant d'imaginer travailler sur des notions prédictives, il y a souvent un vrai socle à créer et un grand nombre de « Small Data » à maîtriser.

Les 5 questions à vous poser

1. Avez-vous un « Chief Data Officer » ? Sinon, qui pilote et est responsable des sujets liés à la donnée ?
2. Votre entreprise est-elle en conformité en matière de législation sur les données ?

3. Avez-vous sensibilisé et formé vos collaborateurs ET dirigeants aux enjeux de sécurité ? Faites-vous des vérifications régulières pour vous assurer de la bonne application des procédures ?
4. Votre système d'information est-il à même de s'interfacer et d'être interopérable, rapidement et simplement de manière fiable avec des outils externes (*via* des API) ?
5. La direction marketing a-t-elle été formée à la donnée, au CRM, à la DMP ?

Cinquième chantier : marketing et expérience client

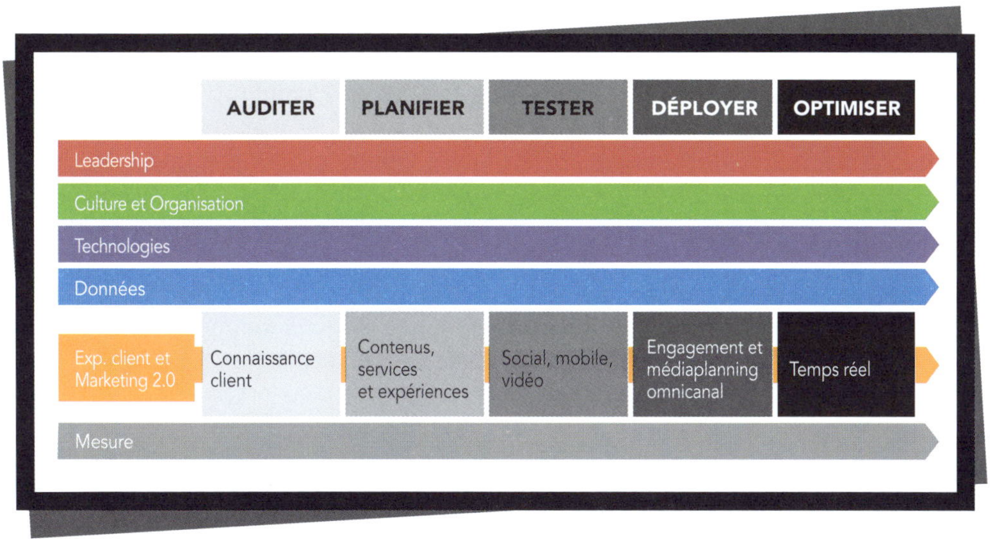

Auditer – Réapprendre à écouter votre client

L'ère numérique rime avec interactivité et données. Là où il fallait avant avoir l'intuition d'un créatif ou d'un « planneur » publicitaire, ou une validation par essence limitée et approximative d'un panel consommateur, il existe désormais de multiples nouveaux outils et techniques pour suivre et comprendre le consommateur, et ce en temps quasi réel.

Le « social listening » : l'art de piloter son e-réputation

Avec les médias sociaux et les fonctionnalités de publication des avis consommateurs, les entreprises ont depuis quelques années à leur portée un énorme volume de données qu'elles peuvent transformer en information. Encore faut-il se doter des bons outils et des bonnes expertises. Des plates-formes de « social listening » ou « buzzmonitoring » comme Brandwatch, CrimsonHexagon, Radarly de Linkfluence, Radian6 de Salesforce, Synthesio ou Talkwalker scannent, stockent et analysent les conversations et opinions publiques partagées sur les sites, les blogs, les forums, les sites de médias et les réseaux sociaux. Vers les années 2000, les premières versions de ces outils étaient d'abord utilisées pour surveiller l'« e-réputation » des marques dans une posture défensive, prolongement de la communication de crise traditionnelle. Il s'agissait alors de détecter les sujets de mécontentement avant qu'ils ne se transforment éventuellement en « bad buzz », d'identifier les communautés de fans ou de détracteurs, ou de suivre les évolutions du bouche-à-oreille et de l'opinion. L'analyse quantitative permettait d'évaluer la popularité d'un mot ou d'une expression et de comparer la part de voix d'une marque ou d'un produit par rapport à un autre. Mais malgré leur intelligence croissante, ces solutions montrent certaines limites en matière d'analyse qualitative et sémantique. En effet, difficile de prendre en compte intelligemment les fautes de frappe, le langage SMS, la complexité du multilinguisme ou la simple ironie sans un examen final par un expert humain. En matière de « social listening », les marques se trouvent aussi dans des situations très différentes. Là où une marque comme Reebok doit traiter 3 000 mentions mensuelles en France, une autre comme PlayStation peut avoir à gérer plus de 200 000 citations. Le volume et la fréquence de mentions sur certaines marques ou sujets impliquent des organisations mais aussi des outils différents.

Mise en place d'une « social room » et suivi des insights clients

Les outils et équipes en charge de cette écoute sont parfois réunis dans une salle dédiée. Nestlé a été une des premières marques à se doter d'un « command center » avec sa « Digital Acceleration Team[135] » à Vevey en Suisse. Cette initiative fait partie d'une réorganisation profonde pour gérer la présence des marques du groupe sur les médias sociaux à la suite d'une crise de communication importante en 2010 sur la marque Kitkat avec Greenpeace[136].

Le mot de l'expert

Lionel Fumado
Digital and Social Hub Manager, Orange

« Le Social Hub c'est une social room, c'est un espace connecté avec 18 écrans et 6 personnes en permanence qui sont au service des équipes de la direction de la communication mais qui travaillent également en coopération avec les autres équipes. » Pour Lionel Fumado, cette veille doit permettre « d'alimenter toutes les équipes qui travaillent avec nous à savoir les chargés de relations publiques, les attachés de presse, les équipes sponsoring, etc. Quotidiennement, on les alimente avec notre veille pour qu'ils puissent être au plus près de l'actualité et des préoccupations de nos influenceurs ». Ces salles d'écoute vont être complétées par deux nouvelles cellules. Une salle dédiée à la relation client et l'autre aux études. Elles seront aussi déployées sur d'autres pays dont les équipes viennent se former à Paris.

La majorité des grandes marques en France et dans le monde possède désormais ce type de plates-formes d'écoute avec une équipe interne ou externe d'analystes pour obtenir une météo régulière de son écho social. Des fonctionnalités de seuil d'alerte permettent même d'être averti par e-mail ou SMS en cas de pic soudain de mentions (signe probable d'un « bad buzz »). Chez Ogilvy, le DG passe tous les matins par la social room pour aller à son bureau. Les agences comme Publicis ou Mavas possèdent des social room pour penser des campagnes en temps réel pour leurs clients.

Mais au-delà de l'analyse défensive menée par les départements de relations publiques, de services client ou de communication de crise, le marketing et les études aussi peuvent bénéficier de cette approche. En effet, si dans votre industrie le volume de mentions est suffisant, le bouche-à-oreille numérique peut se transformer en panel consommateurs très riche, réactif et quasi permanent. Cette analyse constante des insights clients est indispensable. Vivek Badrinath, CDO chez AccorHotels, confirme : « Je ne peux pas vous dire à quoi ressemblera un hôtel dans vingt ans, mais il y a des évolutions de comportements que nous devons anticiper[137]. » Vous souhaitez connaître les avis de vos prospects avant, pendant et après le lancement d'un produit ou sur un usage particulier ? Comprendre les forces et les faiblesses de votre offre face à la concurrence ? Examiner la popularité de certains produits auprès de certaines communautés ? Si elle est régulière, cette écoute sera bien moins onéreuse qu'avec les sondages ou instituts traditionnels. Il faudra cependant noter que certains produits (B2B, industrie lourde, produits basiques...) ne génèrent parfois pas toujours un volume suffisant. En effet, le public a tendance à échanger sur les produits complexes (logiciels, électronique...), coûteux (voitures, voyages...), ou impliquant (exemple : une crème à mettre sur son visage). Il cherche alors à réduire son risque par une validation auprès d'autres experts ou consommateurs en ligne. Il y a ainsi peu de chance de trouver des publications de blogs ou des tweets à propos d'une simple boîte de conserve de haricots verts. Pourquoi perdre son temps à échanger sur un produit simple, connu et peu coûteux ?

Gérer l'interaction avec le consommateur connecté

Au-delà de l'écoute et de l'analyse, il faut aussi **se mettre en posture de répondre**. Plus facile à dire qu'à faire pour certaines entreprises internationales qui peuvent se retrouver devant un déluge multilinguistique de questions, critiques ou suggestions. Que ce soit sur vos pages officielles sur Facebook, Twitter, Instagram, YouTube, LinkedIn... il est important de définir **qui va devoir répondre** au nom de la marque. Le recrutement ou la formation d'experts seront nécessaires. Il faudra aussi savoir rediriger les différentes conversations vers les bons départements (support client, marketing, communication de crise...) et veiller à un traitement efficace et rapide de ces demandes. L'idée étant aussi d'éviter de voir le compte Twitter officiel de votre marque devenir un aspirateur à réclamations qui risque de ne pas lui donner une belle image. Autant re-router au plus vite ces demandes spécifiques vers un compte dédié. Orange possède ainsi de multiples comptes sur Twitter dont @orange_conseil[138] uniquement dédié au support client.

Informer et former vos experts mais aussi tous vos employés

Une charte des médias sociaux (appelée « social media policy » en anglais) sera un élément indispensable pour rappeler aux simples employés comme à ceux en charge d'animer la présence de votre marque sur les médias sociaux, les droits, devoirs et bonnes pratiques à mettre en place. On assiste encore trop régulièrement à des « bad buzz » causés par des employés mal sensibilisés et maladroits sur les médias sociaux. Une situation bien plus courante que celle de collaborateurs véritablement mal intentionnés.

Une grille de qualification permettra de définir l'urgence et l'importance d'une mention et donc de savoir quel employé ou responsable peut la traiter ou s'il doit avertir un échelon supérieur de l'organisation. Dans 90 % des cas, un simple « community manager » pourra certainement traiter seul la situation, mais en cas d'urgence il est vital qu'il sache qui et comment l'avertir *via* un contact direct et simple (numéro d'urgence). En cas d'urgence ultime (alerte sur une blessure d'un employé ou accident mortel d'un client, par exemple), ce contact doit évidemment pouvoir être joint la nuit, le week-end ou pendant les vacances. En effet, les situations amenant à une crise surviennent rarement en plein milieu de semaine aux heures d'ouverture quand toute l'entreprise est disponible.

Pendant les week-ends et en dehors des heures d'ouverture, une permanence pourra être mise en place. Certains prestataires externes comme Netino[139] proposent d'ailleurs aux marques de gérer la veille et la modération en dehors des horaires des équipes. Dans ce cas, ce prestataire examinera les mentions qui pour une grande majorité pourront attendre le lendemain. Mais en cas de sujet critique, il pourra faire gagner quelques précieuses heures en alertant le bon interlocuteur avec réactivité.

Enfin, un **arbre de décision** permettra aussi de définir en amont avec les différentes parties (juridique, marque, marketing...) le type de réaction à prendre pour chaque situation. Ce document est clé pour permettre au « community manager » de pouvoir réagir très rapidement (sans validation car la situation a déjà été analysée et prévue) avec un comportement aligné sur la volonté de l'entreprise. Des solutions comme Sprinklr, SocialBakers, Hootsuite ou Agorapulse facilitent ce pilotage.

Exemple de grille d'évaluation du risque et de réaction en matière d'e-réputation

SITUATION	SITUATION	INFLUENCE DE LA SOURCE	NIVEAU DE RISQUE	RÉACTION	PERSONNE(S) EN CHARGE
Situation mineure : erreur de frappe dans un post, commentaire modérément critique ou négatif, mention d'un petit bug par les internautes.	Un internaute ou un client	Moins de 200 amis, followers. Un avis peu commenté ou « liké ». Moins de 10 000 vues en 1 journée.	Faible avec peu d'impact (85 % des cas)	Correction ou réponse si cela est possible et encore pertinent.	Action du community manager. Prévenir le responsable digital.
Erreur factuelle ou une faute de la marque mentionnée ou critiquée par un internaute influent ou reprise plusieurs fois par différents internautes.	Une critique, mention d'un influenceur, d'un média ou d'une ONG	Plus de 1 000 amis ou followers, un blog, une page YouTube ou un site influent. Moins de 50 000 vues en 1 journée.	Moyen avec un faible impact en ligne uniquement (10 % des cas)	Le community manager réagit en application des guidelines définies au préalable avec les directions juridiques… Il informe son manager.	Prévenir le responsable digital et marketing.
Le ou les articles publiés sont massivement commentés et partagés. De nombreux commentaires négatifs apparaissent sur la page Facebook de la marque. Certains médias ou personnes reprennent l'information à l'étranger.	Une accusation grave par un média reconnu	Un média online ou un influenceur important avec plusieurs milliers de lecteurs ou followers. Plus de 50 000 vues en 3 heures ou plus de 100 retweets.	Élevé (4 % des cas) avec un impact significatif	Les directions marketing/ communication et digitale locale doivent penser le dispositif de réponse. La direction est informée.	Alerter le responsable digital, marketing, la direction ainsi que les responsables juridiques et de la communication.
Des articles et des posts sur les différents médias et réseaux sociaux online et offline. Plus de 200 000 vues en 3 heures. La page Facebook de la marque est noyée sous les commentaires négatifs.	Une attaque établie massivement reprise par les médias et les influenceurs	Des sites médias avec des audiences importantes reprenant l'information online et offline.	Grave (1 % des cas). Situation de crise.	L'entreprise doit penser un dispositif de communication globale pour répondre, expliquer les actions menées et les remèdes apportés.	Réunion de la cellule de crise, alerte de la direction par téléphone, SMS, e-mail même pendant le week-end.

NB : ceci est un exemple. Les ratios en termes de vues, « likes », partages sont à adapter en fonction de la popularité d'une marque et de sa thématique

Exemple d'un arbre de décisions en matière d'e-réputation

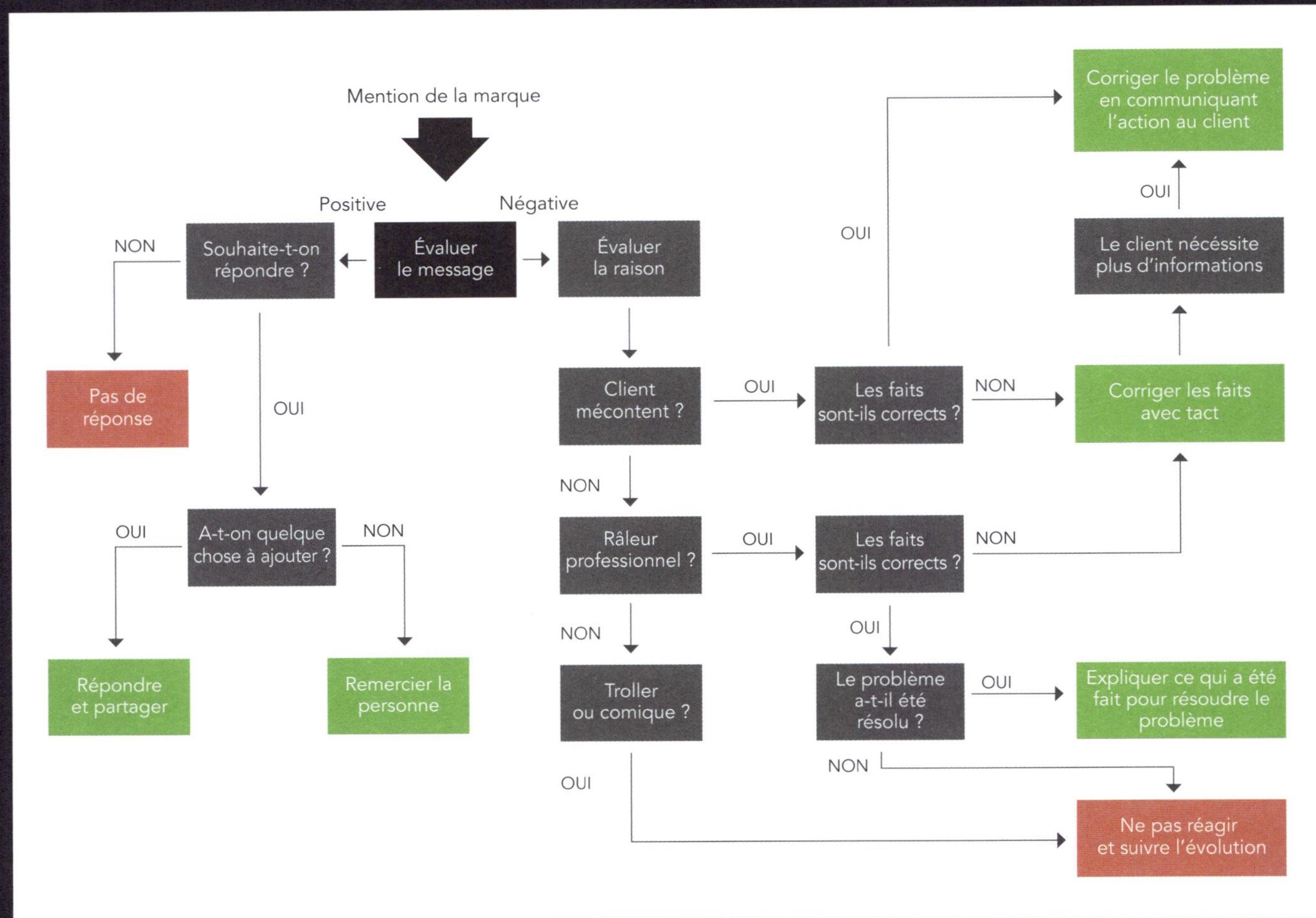

Planifier – Revoir contenus, services et expérience client

À l'heure du numérique, c'est toute son approche et son organisation marketing qu'il faut repenser. Un consommateur connecté et ultra informé n'a plus les mêmes besoins, attentes et pratiques que les générations passées. Il a muté et le marketing doit lui aussi évoluer pour répondre à ces nouvelles exigences.

1re révolution : faire évoluer la production de contenus

Pour les entreprises leaders, elle est loin l'époque où l'on concevait une grande campagne de marketing traditionnel 1 ou 2 fois par an. On parle désormais de **marketing 365**. Il s'agit maintenant de penser et de créer chaque jour de l'année la prise de parole d'une marque sur une multitude de canaux et dans un nombre croissant de formats. Ce nouveau paradigme implique une refonte structurelle de la fonction marketing. On ne pourra plus passer des mois avec une cohorte d'agences publicitaires, d'agences média, d'agences digitales... à imaginer et à tourner le prochain spot. Il faut mettre en place une « usine à contenus » ultra agile et réactive pilotée par un rédacteur en chef capable de mener une vraie ligne éditoriale. Créer de meilleurs contenus plus régulièrement et plus contagieux (avec un potentiel de partage sur les médias sociaux) permettra de réduire l'investissement en achat médias payant.

Le cas d'école est évidemment Red Bull qui ne se qualifie pas comme une marque de boisson énergisante, mais comme un média qui se finance en commercialisant des cannettes ! En effet, l'entreprise autrichienne est devenue une marque médias à part entière tellement sa production de contenus est importante en volume comme en impact. Red Bull produit pas moins de 400 événements par an dont elle assure la captation vidéo avec Red Bull Média House, son usine interne à contenus, et ce sans compter la couverture vidéo de leurs très nombreux sportifs sponsorisés. Contenus qui sont publiés sur ses propres médias et chaînes ou dont les droits sont ensuite commercialisés avec succès sur d'autres (TV, presse...). Interrogé lors de la conférence Adobe Summit de Londres, Andi Gall, le DSI de la structure, nous confiait posséder pas moins de 3 000 appareils vidéo différents pour assurer une captation optimale dans chaque situation. Il en profitait pour nous faire la démonstration de leur dernière innovation, une caméra à placer... sur la tête d'un aigle ! Red Bull édite aussi *Red Bulletin*[140], son magazine papier tiré à plus de 2 millions d'exemplaires en 5 langues.

Le budget et la stratégie de Red Bull font bien des envieux, mais cela ne doit pas être une excuse pour ne pas adopter le même type de stratégie, avec un niveau d'ambition plus limité.

Burger King cartonne en France sur Facebook grâce à l'agence Buzzman avec une complicité quotidienne avec ses fans. Loin de demander des sommes astronomiques, les publications utilisent humour et complicité potache avec les consommateurs. Ses posts capitalisent, par exemple, sur la création de bâches humoristiques sur les nouveaux magasins en court d'ouverture répondant à certains tweets de fans publiés par le passé[141].

Michel et Augustin s'impose aussi comme un autre exemple de bonne pratique en matière de marque conversationnelle. Impertinente et bienveillante, l'entreprise implique au maximum ses clients avec une création régulière de contenus et de vidéos décalés en donnant au passage une certaine transparence à leur activité. Que ce soit une vidéo de la DRH allant recruter dans le métro[142] ou celles des péripéties de leur voyage au siège mondial de Starbucks[143], cette communication originale et régulière mais complémentaire à la publicité traditionnelle suscite un énorme engagement de ses clients qui forment désormais une communauté.

Adopter ce types d'approches nécessite de repenser son organisation marketing. Il faut devenir plus agile avec des équipes et des agences réactives et multidisciplinaires. Il n'est plus possible de nécessiter une dizaine d'interlocuteurs et d'allers-retours pour valider la promotion d'une publication sur Facebook. Et même en matière de moyens et de coûts de production, il faut changer de méthode, pour produire plus et plus rapidement à moindre coût. En tournant la nuit dans ses magasins avec une équipe réduite, Ikea[144] a ainsi réussi à réaliser une série de pas moins de 365 spots publicitaires pour que les campagnes TV ou les visites sur leur site soient tous les jours différentes et impactantes tout en restant cohérentes entre elles. Il faudra aussi intégrer l'adaptation et la localisation rapide et subtile de vos contenus selon les langues, les pays et les cultures. Des acteurs comme Datawords emploient des équipes d'un grand nombre de nationalités pour accompagner les grandes marques du luxe, en la matière.

2e révolution : passer du marketing au serviciel

Avec l'interactivité caractéristique du digital, les marques vont devoir passer de la promesse à la démonstration. Agir au lieu de proclamer. Au lieu de vouloir bombarder toujours plus, plus fort et plus souvent, il serait peut-être plus intelligent de prendre du recul et de proposer des services utiles. Que ce soit une application mobile qui se transforme en niveau pour votre prochaine séance bricolage avec Castorama, un coach sportif qui enregistre vos performances et vous encourage avec Nike+ ou la mise à disposition d'un chargeur de smartphone dans leur boutique de New York chez la marque de sportswear Under Armour, les petits gestes font parfois bien plus que les grandes déclarations. Comme en amour, une relation se construit jour après jour et c'est souvent le geste qui compte... Utiliser le mobile comme une simple plate-forme de publication pour votre site « plaquette » ignore une grande partie des possibilités offertes en matière de service. Avec l'avènement de l'ère des objets connectés, penser « serviciel » va devenir une évidence. Le service nourrira la préférence pour votre marque en fidélisant votre client devenu utilisateur. Un service pourra être en partie gratuit et proposer des options payantes, synonymes de revenus additionnels. Un service permettra de récupérer de la donnée pour mieux comprendre le profil de vos clients, leurs usages, leurs pratiques et gagner en compréhension, en vitesse et en pertinence face à la concurrence.

Under Armour a bien compris cette logique. La marque propose désormais un bracelet, une balance et un capteur cardiaque, tous les trois connectés avec l'application mobile. De vendeur de vêtements sportifs, la marque se transforme en véritable coach personnel avec un équipement de suivi digne des sportifs professionnels il y a encore quelques années. Mais la marque va encore plus loin. Lors de notre prochaine visite au magasin, des balises beacons permettront d'envoyer des promotions personnalisées sur certains produits en fonction de votre sport et de votre niveau de pratique. En partageant vos performances stockées dans votre application, les vendeurs pourront aussi vous donner des conseils plus pertinents.

Chaque frustration, irritation dans la vie de vos clients pourrait être la source d'une application, d'un logiciel ou d'un service pour simplifier leur vie, résoudre ce problème. Lancez-le et héritez des lauriers. Passez votre tour et laissez une start-up mettre le pied dans la porte. Dans quelques années, ce nouvel entrant aura peut-être remonté la chaîne de valeurs pour devenir une menace.

Et cette offre servicielle va être de plus en plus personnalisée et intelligente. Après Kik, Facebook vient d'annoncer le lancement d'agents virtuels sur son outil de messagerie. Plus de 10 000 « chatbots » sont en développement pour que les marques puissent bientôt proposer aux 800 millions d'utilisateurs de Facebook Messenger de commander un taxi, un billet d'avion ou répondre à une question de service client. Facebook pourrait ainsi devenir une des plus grandes plates-formes d'e-commerce et de support client au monde. Il vous suffit de chatter et d'échanger comme avec un être humain pour obtenir une information personnalisée et rapide.

Dans la même veine qu'Apple et son assistant Siri, Microsoft avec Cortana ou Google Assistant, Amazon, propose une alternative qui ne nécessite même plus d'utiliser un clavier. Avec son enceinte connectée Amazon Echo, il vous suffit de parler pour commander un produit sur Amazon, demander une recette, la météo ou un morceau de musique. Vous pouvez même utiliser Amazon Echo pour commander un Uber ou allumer vos lampes connectées Philips qui proposent des API compatibles avec le système. Tels Iron Man et son assistant virtuel Jarvis, ou Hal, l'ordinateur de bord du film *2001 Odyssée de l'espace*, une entité virtuelle sera bientôt capable de répondre, voire d'anticiper vos envies et besoins. Attention à ne pas en tomber amoureux comme l'acteur principal dans le film *HER*.

Au final, c'est le meilleur service ou la meilleure application qui remportera la mise. Et si vous ne suivez pas le niveau de services offerts même dans les autres secteurs, vous ne saurez pas à quoi vos clients seront à même de vous comparer.

3e révolution : développer le microciblage multiple

Au préalable les annonceurs étaient contraints de cibler très large comme avec un bazooka. Grâce aux médias de masse, on pouvait toucher rapidement une grande partie de la population avec son message, mais pour un coût très important. Mais avec le temps le nombre de canaux s'est multiplié, l'audience s'est fragmentée, les budgets marketing ont fondu et l'efficacité publicitaire a diminué. Grâce aux nouvelles possibilités de ciblage ultra précises du digital (comportemental, historique, par profil, centres d'intérêt, géolocalisation…), on passe d'une grande campagne sur des médias de masse à des milliers de microcampagnes ultra ciblées vers des microsegments de population. Sur Facebook, vous pouvez en quelques clics promouvoir une variation différente de votre publicité pour les Lillois ou les Marseillais, les célibataires ou les parents, les possesseurs de tablette ou de mobile… Il est l'heure de faire évoluer notre idée de la segmentation client. R. Ray Wang, analyste chez Constellation Research, pense, par exemple, qu'il faut cibler les consommateurs non plus selon leur âge, mais selon cinq niveaux de maturité digitale : les natifs digitaux, les migrants digitaux, les voyeurs digitaux, les réticents et les désengagés[145].

Cela n'est possible que si l'on s'est doté des bons outils, mais aussi de la bonne organisation pour pouvoir concevoir, tester et valider rapidement des cibles, des budgets et des messages de manière ultra réactive.

4e révolution : fusionner données et créativité

Dans certains cas, la mesure en temps réel permettra même de tester des centaines d'alternatives de visuels ou d'accroches pour une optimisation très rapide. Ainsi, les neuf parcs d'attraction de la Compagnie des Alpes (musée Grévin, parc Astérix, Futuroscope, la Mer de sable, France Miniature, Walibi...) ont mis en place une plate-forme de publicité en temps réel grâce à une collaboration entre le pôle Data de Performics, Adventori, RadiumOne puis Rocketfuel, Free-lance's l'agence, et les outils de CRM et de DMP de l'entreprise. Le but est simple : déployer un marketing ciblant leurs prospects de manière automatisée mais sur mesure. Cette solution innovante et sophistiquée permet d'individualiser et de scénariser les messages publicitaires. Elle décide si l'entreprise achète ou non une impression en programmatique ou un mot-clé en « search » selon un score. Celui-ci est calculé instantanément pour chaque contact d'après 15 critères déterminants dans la décision d'achat comme la distance d'un parc, la météo, son profil reconnu ou non dans le CRM et la DMP, son comportement en ligne, son profil... Cette solution permet aussi de générer en temps réel une bannière sur mesure (plus de 3 200 combinaisons possibles) avec le visuel et les messages (dont l'offre) les plus pertinents. Pour Marilyne Lacaze, la CDO derrière ce projet, « le bilan est clair, nous avons pu augmenter notre chiffre d'affaires de 21 % à budget marketing constant entre 2015 et 2014 tout en améliorant notre connaissance client. C'est un exemple parmi de nombreuses initiatives d'open innovation qui nous permettent constamment de faire évoluer aussi bien l'expérience client que la valeur business ».

La donnée ne doit plus rester la chasse gardée de quelques experts, mais irriguer et nourrir de manière ultra réactive la réflexion des équipes métiers. Analyse des insights, des tendances, des opinions, mesure et optimisation des créations en temps quasi réel et analyse de la performance pour arriver jusqu'à des stratégies prédictives. La plate-forme marketing Cloud d'Adobe propose ainsi un module pour anticiper l'efficacité d'une publication Facebook. En effet après une analyse des neuf derniers mois de publications, l'outil est capable d'estimer le nombre de « likes », de partages ou de commentaires de votre prochain post ! La créativité doit passer du domaine pur de l'intuition à celui d'un subtil mix entre inventivité et rigueur statistique. Pour y arriver, il faut aussi réussir à faire travailler et se comprendre les différentes équipes métiers de l'organisation (marketing, exploitation, ventes, IT) et les partenaires technologiques. C'est leur collaboration qui permettra d'appréhender et d'exploiter efficacement la connaissance client sous toutes ces facettes.

5e révolution : passer du marketing à l'expérience client

Au-delà de la créativité publicitaire et des contenus, c'est finalement l'expérience client (CX ou « customer experience » en anglais) qui devient un élément clé du marketing. « Il ne s'agit plus de vendre un service ou un produit mais d'assurer la promesse de la marque[146] », précise R. Ray Wang. La simplicité, l'intuitivité, le plaisir à utiliser un service, une application ou un produit deviennent des facteurs clés de succès. Les start-up américaines mettent un soin tout particulier à associer design, contenu et technologie pour créer une expérience dépassant les attentes des clients. Le renouveau d'Apple a démontré l'importance du design, que ce soit dans les produits physiques, le point de vente ou les interfaces numériques. Dans le monde logiciel, où l'on peut aisément tester un service en « freemium », dans un monde digital, où le bouche-à-oreille se propage comme une traînée de poudre, gare au produit défectueux, au service inutilement complexe, source de frustration et de critiques. Un des succès de l'application de VTC (voiture de tourisme avec chauffeur) Uber est certainement d'avoir résolu une bonne partie des frustrations des utilisateurs de taxis grâce à une expérience utilisateur réinventée et bien supérieure. Si Taxis G7 et Uber font bel et bien le même métier (centrale de réservation), c'est l'expérience client la meilleure qui l'emporte. Uber n'a pas eu beaucoup de publicité à faire pour convaincre de nouveaux utilisateurs d'adopter le service, mais aussi et surtout de recommander et de parrainer leurs amis. Dans la musique aussi, c'est la simplicité qui prime. Le morceau de musique est bien le même sur votre CD, sur iTunes, Deezer ou Spotify. Mais iTunes a permis une interface plus simple pour télécharger en quelques minutes un seul morceau sur votre iPhone. Spotify et Deezer ont encore simplifié les choses en supprimant le besoin d'acheter ou de télécharger et en proposant un prix mensuel pour accéder à tout leur catalogue en streaming (diffusion en direct à la demande par Internet). Et pour concevoir cette expérience, votre écoute et votre compréhension des attentes, usages, comportements clients seront clés. Le philosophe West Churman nous rappelait, dès 1968, que la conception d'un système « débute quand vous êtes d'abord capable de voir le monde à travers les yeux d'un autre[147] ».

Pour résumer, que ce soit un contenu, un événement ou un service, les organisations doivent devenir capables de concevoir des expériences contagieuses. Cela signifie créer des contenus ou services pertinents, engageants et surprenants :

Les trois facteurs clés pour créer des expériences à succès (contenus, événements ou services) et susciter l'attention, le désir et la préférence

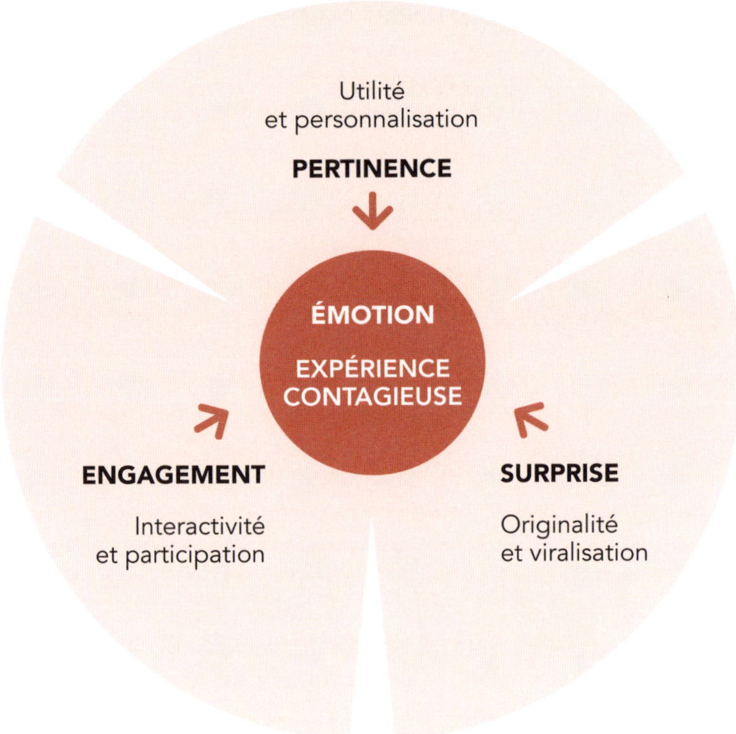

Les entreprises ayant opéré cette mutation pourront lancer plus de campagnes tout en dépensant moins et mieux pour un meilleur retour sur investissement. Dans cette course aux armements, dépenser plus mais sans intelligence ne pourra pas faire le poids bien longtemps. Demandez donc à l'ex-URSS ce qu'elle en pense ?

Le mot de l'expert

Jean-Noël Penichon
Vice-président, Information Technology, McDonald's France

« Après le WiFi illimité, les bornes de commande physique et la commande en ligne, nous avons ouvert le chantier de la personnalisation de l'expérience client depuis un an et demi. En nous appuyant sur les multiples sources de données à notre disposition, nous voulons faciliter et fluidifier le parcours client pour lui offrir la meilleure expérience possible : retrouver sur les kiosques leurs produits préférés, développer le service à table *via* la borne en ligne pour les clients qui le souhaitent, appeler le client par son prénom et non plus son bon de commande, etc. Le digital dépasse là sa fonction initiale technologique et s'envisage comme un levier marketing qui permet d'humaniser la relation client en offrant un service adapté au besoin de chacun au-delà du produit. »

Tester – Les nouveaux formats : social, mobile et vidéo

Dans la course à l'attention et à l'engagement, nous tenions à nous arrêter sur trois types de formats de plus en plus populaires mais nécessitant aussi une approche nouvelle et spécifique pour être efficace.

S'adapter pour capitaliser sur le succès des médias sociaux

En 2015, Facebook connecte désormais plus d'un humain sur sept sur la planète[148], et cette croissance devrait encore progresser. L'entreprise Facebook investit d'ailleurs d'autres plates-formes sociales comme Messenger, WhatsApp ou Instagram, qui comptent elles aussi plusieurs centaines de millions de personnes dans le monde. Et c'est sans compter la concurrence des grandes plates-formes mondiales (YouTube, Twitter, Snapchat, LinkedIn, Dailymotion...), asiatiques (WeChat, SinaWeibo, Line, KakaoTalk...) ou locales (Vkontakt en Russie...).

Bref, si la popularité des plates-formes peut aller et venir, l'animal social que nous sommes est plus que jamais connecté et informé. Ce nouveau terrain de jeu doit devenir une des priorités marketing des grandes marques sous peine de ne plus communiquer là où est l'audience. Comment ignorer une population gigantesque et croissante de clients potentiels que ce soit en

B2B ou B2C ? Mais c'est aussi un vrai défi de par l'instabilité des évolutions et des règles d'usage qui ne cessent de changer. Une stratégie adoptée l'an passé avec un format d'engagement spécifique ne sera plus forcément possible cette année. Comment concevoir du contenu chaque jour ? Comment modérer et animer sa communauté de fans ou de followers sans faire de faux pas face à des utilisateurs expérimentés, exigeants et de cultures parfois très différentes ?

Le mobile, média mondial numéro un

Estimé à plus de 7,3 milliards, le nombre de mobiles (dont 50 % de smartphones) surpasse de loin le nombre d'utilisateurs d'ordinateur personnel ou même de membres de réseaux sociaux. Le smartphone s'est imposé comme la télécommande de notre vie ; l'idée même de nous séparer plus de quelques minutes de ce précieux hochet numérique en panique plus d'un. Le mobile est devenu le lien qui nous connecte à notre famille, à nos amis, mais aussi à notre travail, nos e-mails, notre information, notre divertissement... Notre smartphone nous permet aussi de contrôler la plupart de nos objets connectés, de nos enceintes en passant par notre voiture ou notre alarme. Si la dernière guerre technologique s'est déroulée autour du contrôle de notre ordinateur personnel avec des compétiteurs comme Apple, IBM ou Microsoft, c'est le mobile qui aiguise tous les appétits avec un usage en pleine explosion. Nous regardons ainsi notre précieux téléphone mobile plus de 150 fois en moyenne par jour et bien plus en ce qui concerne la jeune génération.

Google et Apple leaders de l'écosystème mobile

Après une guerre des constructeurs dans les années 2000 comme Nokia, BlackBerry, Sony Ericsson, Palm Pilot, Alcatel rejoints depuis peu par HTC, Samsung, Apple ou Huawei, Xiaomi, Wiko plus récemment, ce sont finalement ceux qui opèrent le système d'exploitation (OS pour « Operating System » en anglais) qui semblent avoir remporté la dernière bataille. Même les opérateurs comme en France Orange, Bouygues Telecom, SFR et Free semblent avoir du mal à faire le poids face à Google et Android ou Apple et IOS. Microsoft essaie de rester dans la course avec le rachat de Nokia, mais sa part de marché reste bien faible. En contrôlant l'intelligence au cœur des smartphones Apple et Google imposent leurs règles en matière de conception, distribution, promotion et monétisation des applications. Si l'on peut accéder à n'importe quel site optimisé pour mobile (ce que l'on nomme « responsive »), l'accès à une application conçue par une marque est bien plus pratique et populaire.

Mais il dépend du bon vouloir des App stores de Google (64 % du marché) et d'Apple (28 % du marché)[149]. Rien de plus simple pour eux que de bannir soudainement une application qui ne correspondrait plus à leurs conditions générales ou qui ferait tout simplement trop d'ombre à leurs propres services. En 2013, Apple a ainsi retiré de son App store AppGratis, créée par le Français Simon Dawlat et utilisée par 12 millions de personnes ! Autant dire que c'est comme si votre produit perdait l'accès à toute la grande distribution et se retrouvait à être distribué uniquement sur les marchés dominicaux.

Le mobile, un défi urgent et sous-estimé par les marques

Face à cet engouement, les marques se doivent de réagir. Devant la concurrence mobile (Instagram, Kik, Viber...), Mark Zuckerberg, le PDG de Facebook, a dû taper du poing sur la table et imposer le mobile comme priorité de toute l'entreprise. En quelques années, les équipes ont repensé toute l'offre de l'entreprise pour devenir « mobile first ». Rachat d'Instagram (1 milliard de dollars), de WhatsApp (environ 17 milliards), redéveloppement des applications Facebook et Messenger... Ce pivot a porté ses fruits. Les revenus publicitaires sur mobile de l'entreprise sont passés d'inexistants en 2010 à 82 % du chiffre d'affaires (17,63 milliards de dollars en 2015[150]).

On ne peut pas en dire autant de la majorité des grandes entreprises qui sont souvent encore très en retard sur le sujet mobile. Leur stratégie repose souvent sur la déclinaison mobile d'un site « plaquette » en application qui ne sera que très peu consultée. Il faut dire que le défi est énorme. Les contraintes techniques des différents OS, des différentes tailles de smartphones et de tablettes, les mises à jour incessantes, la taille réduite de l'écran... imposent de repenser entièrement son expérience utilisateur et son marketing pour réussir sur le mobile.

Si les tendances actuelles se confirment, **le smartphone va devenir le point de contact principal des marques avec leurs prospects et leurs clients**. En 2016, un achat en ligne sur quatre se fera sur un smartphone[151] dans le monde et 1 Français sur 10 a acheté sur son mobile[152]. Ainsi, 84 % des Anglais regardent leur téléphone dès leur réveil[153]! Le mobile doit donc s'imposer comme une top priorité au sein des marques. Quel service proposer ? Quelle interface ? Quels formats ? Si vous n'avez pas le courage de vous y coller, une start-up s'en chargera pour vous en réinventant une solution qui séduira vos clients actuels. Les secteurs de la mode et du luxe ont longtemps résisté pour ne pas vendre sur le Web ou le mobile jugés trop limités, froids... Après des années d'efforts et d'expérimentations Vente Privée en a profité pour s'imposer comme un des acteurs leaders de l'industrie. Le site e-commerce réalise désormais 2 milliards d'euros de chiffre d'affaires dont 50 % sur le mobile[154]. Le mobile qui représente aussi 75 % du trafic du site ! Les banques et assurances sont aussi en train de se réveiller en espérant éviter d'être « ubérisées ». Avec Tarifs Express, Allianz France s'engage à donner un tarif en moins d'une minute et cinq questions pour une assurance auto ou habitation pour les particuliers. Ainsi, 33 % du trafic vient déjà du mobile... Mais ces exemples sont encore minoritaires. D'après Forrester, seulement 25 % des marques ont un site adapté au mobile ! Ce manque de préparation va coûter de plus en cher, à l'heure où Google pénalise depuis le 21 avril 2015 les sites qui ne sont pas « mobile friendly ». Faites donc le test sur le site de votre marque avec l'outil dédié google.com/webmasters/tools/mobile-friendly/.

On notera aussi l'importance d'avoir une stratégie mobile jusque dans le point de vente. Les technologies Bluetooth, BLE (Bluetooth Low Energy), RFID, NFC, les QR codes (qui fonctionnent en Asie mais peu en Europe), l'ultrason, le WiFi ou la reconnaissance d'images... vont permettre de réinventer le marketing et l'interactivité en magasin grâce au mobile. Du paiement sans contact en passant par des promotions individualisées ou géolocalisées autour ou dans un rayon, il faudra beaucoup expérimenter pour trouver le juste milieu entre service à valeur ajoutée, gadget inutile et harcèlement publicitaire.

Il suffit de regarder en Asie pour voir l'énorme succès du mobile et la richesse des services proposés présents et à venir. Avec WeChat, vous pouvez payer vos factures, faire du mobile commerce, souscrire à une assurance, transférer de l'argent à un ami... Facebook annonce « M », la future version de son application de messagerie qui sera connectée à une intelligence artificielle. Vous pourrez alors vous faire conseiller et acheter en quelques échanges depuis votre mobile une robe, une place de cinéma...

Plus les marques tarderont et plus le virage mobile sera dur. En effet, ce n'est qu'à force d'expérimentations et d'itérations que les consommateurs leur signifieront les interfaces et services gagnants. Faire émerger une application est loin d'être une sinécure mais semble être vital. Ainsi, 90 % du temps passé sur le mobile se fait sur les applications et 10 % sur le Web mobile[155], mais un site mobile sera bien plus efficace pour le référencement dans les moteurs de recherche. Noyée dans une offre dépassant plus de 1,2 million d'applications disponibles[156], la course à l'attention ne sera pas aisée ni gratuite. Le mobile devient aussi un support publicitaire à ne pas négliger. De 22,15 % en 2015, la part de la publicité mobile par rapport aux dépenses publicitaires digitales en France pourrait dépasser les 40 % d'ici à 2018[157]. Que vous cherchiez à améliorer votre notoriété, à générer du trafic ou à convertir, il existe de multiples formats publicitaires sur mobile : interstitiels, bannières, notifications en push, liens sponsorisés, reciblage, vidéos et preroll, native advertising...

Et si persuader un utilisateur d'installer votre application est déjà un défi, cela ne garantit en rien son utilisation ultérieure ou qu'elle ne sera pas désinstallée par la suite. Et si vous comptiez sur vos bannières mobiles pour recruter, sachez que l'équipement en « adblockers » (logiciels pour bloquer l'affichage de la publicité) explose et devient désormais intégré directement dans les navigateurs. Si le sujet mobile vous intéresse, nous vous conseillons de consulter le site et les publications de la Mobile Marketing Association sur mmaf.fr.

La vidéo boostée par la vitesse de connexion

Qui se rappelle encore dans les années 2000 les CD distribués dans nos boîtes aux lettres par AOL ou Club Internet ? Ils offraient un accès payant à Internet pour quelques heures seulement et avec un débit famélique. Et la ligne fixe était occupée. Une époque bien lointaine désormais où, grâce à la popularité de l'ADSL, de la fibre, mais aussi et surtout de la 4G mobile (la 5G est annoncée à partir de 2020), le nombre d'internautes a explosé pour atteindre plus de 3 milliards et où les usages se sont enrichis. Avec des débits rapides, des écrans de plus en plus haute définition, le format vidéo est devenu un des plus populaires du Web. Côté création, les technologies et moyens de captation et de montage se sont simplifiés, leur prix a chuté. Un smartphone permet désormais de filmer en 4K, de créer des ralentis et de retoucher ou de monter vos vidéos. La popularité des drones offre la possibilité au moindre enfant de créer un plan aérien digne d'un tournage d'Hollywood en hélicoptère pour quelques centaines d'euros seulement.

Après Dailymotion et YouTube, la vidéo est partout. Les chaînes de télévision proposent désormais le « replay » d'une émission à la demande pendant huit jours ou plus. Netflix diffuse ses séries et films auprès de 70 millions d'abonnés dans plus de 190 pays[158]. Vimeo ou YouTube permettent de diffuser une vidéo en haute définition jusqu'en 4K. Snapchat propose à plus de 100 millions d'adolescents de devenir le réalisateur de leur vie en créant des « stories », successions de mini-clips vidéos et de photos ou de selfies à partager avec son cercle d'amis. Instagram, depuis son rachat par Facebook, supporte aussi les vidéos. L'intérêt de Facebook est d'ailleurs devenu énorme pour ce format plein de promesses. Le réseau social leader livre une course à l'attention, que ce soit en permettant aux utilisateurs de partager leurs vidéos ou en aidant les marques à diffuser leur publicité en vidéo. Facebook et YouTube intègrent de plus en plus de formats de la vidéo à 360° en passant par la diffusion en live. En effet, devant le succès des applications mobiles vidéos de « livestreaming » comme Periscope (racheté depuis par Twitter), les plates-formes doivent constamment s'adapter aux attentes des utilisateurs et aux fonctionnalités de la concurrence. YouTube a engendré une génération entière de youtubers de tous les âges et dans tous les domaines. Des conseils beauté en vidéo appelés « tutos make-up » de Michelle Phan ou Enjoy Phoenix, en passant par l'humour de Norman, Cyprien, ou des collectifs StudioBagel et Golden Moustache, ou même les conseils littéraires (on parle de « booktubers »), certaines vidéos atteignent les dizaines de millions de vues ! Plus de 1 milliard d'internautes suivent désormais en ligne les conseils en photographie, les potins people, les leçons de danse, de musique, de cuisine ou les parties de jeux vidéo d'autres inconnus qui deviennent à leur tour des stars.

Les marques maladroites sur la vidéo

Face à ce nouveau terrain de jeu, les marques sont encore timides et maladroites. Là où un youtuber publie une vidéo chaque semaine, une marque va passer des mois à produire une vidéo qu'elle espère virale (et qui souvent ne le sera pas). La courbe d'apprentissage du premier sera bien plus rapide. À la fin de l'année, le youtuber aura testé ses idées et réalisations 42 fois quand une marque aura accumulé une expérience très limitée avec une ou deux tentatives. Comme en sport, les marques cherchent des raccourcis illusoires. Au lieu de s'entraîner régulièrement en faisant des efforts, en essuyant les contre-performances et les déconvenues parfois et les améliorations et les succès de temps en temps, elles cherchent une pilule ou une solution magique pour tenter d'avoir une médaille d'or dès le premier tour de piste. Désolé, mais dépenser beaucoup dans une égérie, une agence ultra créative, un réalisateur célèbre et un *Blitzkrieg* d'achat média ne remplacera pas l'expérience, le savoir et la connivence avec une audience créée vidéo après vidéo. Un budget important sera toujours un plus, mais s'avérera souvent insuffisant. L'internaute vidéo vous comparera soit aux dernières vidéos d'Hollywood ou de Red Bull (avec des budgets en centaines de milliers d'euros) ou à celles de leurs amis. Et vous ne pourrez souvent jamais rivaliser avec l'authenticité et la réactivité de ces dernières. Les marques essaient donc de trouver leur chemin avec de nouvelles approches. L'Oréal tente par exemple de former la nouvelle génération de youtubeuses beauté avec BeautyTube. Son académie de la beauté, véritable formation diplômante, est un « programme de formation tout à fait unique pour accompagner les nouveaux talents dans l'expression de leur vision de la beauté et innover dans la qualité des contenus disponibles sur YouTube[159] », indique Delphine Buchotte, directrice communication et digital chez L'Oréal Paris France.

Le format vidéo sur le Web possède un impact, mais nécessite de repenser les modes de production traditionnelles. Il n'est plus possible de dépenser autant et d'être aussi lent à créer un film. La valeur d'une vidéo tient souvent plus à sa fraîcheur qu'à sa perfection. Un reportage en direct vidéo d'un salon sur Facebook live sera souvent plus performant qu'une vidéo léchée deux semaines après l'événement. *Idem* pour les coulisses de la Fashion Week ou en backstage d'un concert.

L'enjeux n'est pas de faire une vidéo virale une fois dans l'année ou de copier-coller votre spot TV dans une bannière vidéo, mais bien de définir une vraie stratégie pour le média vidéo. Souhaitez-vous attirer l'attention sur le lancement d'un produit ? Convaincre un prospect B2B avec une démonstration en ligne ou un témoignage client ? Acquérir des contacts de prospects en échange de contenus à valeur ajoutée (tutoriaux, formations, trucs et astuces) en pratiquant l'inbound marketing ? Stimuler la recommandation de la part de vos clients existants en leur proposant des contenus à partager ? Des médias comme *L'Équipe* ou *Le Parisien* expérimentent déjà régulièrement le format Snapchat... et vous ?

Le format vidéo va continuer d'évoluer en qualité et en format à mesure que les outils de captation se démocratisent, et que le parc de diffusion grandit. Après le succès avorté de la vidéo 3D sur le téléviseur, la réalité augmentée et la réalité virtuelle seront des formats à suivre de près. Il faudra certainement plus de temps qu'espéré pour voir leur adoption exploser, le temps qu'un parc suffisant de casques ou de lunettes connectées se soit créé et que des studios maîtrisent les nouveaux modes de réalisations et de storytelling. Mais l'expérience proposée devrait faire pétiller les yeux des responsables marketing. Imaginez un univers immersif, interactif et en relief ? Qui sait, le prochain marketer sera peut-être un concepteur de jeux vidéo.

Définir une stratégie de contenus et d'expérience client

Quels que soient les usages et plates-formes passés, présents ou à venir, il est vital de définir une stratégie claire et précise avant de se lancer. Coca-Cola est une des seules marques à avoir clairement défini et communiqué en interne comme en externe sa stratégie de marque et de communication sur le digital. Dans une vidéo de dix-sept minutes appelée « Coca-Cola Content 2020 Initiative Strategy[160] », la marque présente de manière simple et illustrée les principes concrets et spécifiques à respecter pour passer d'une excellence créative à une excellence du contenu. L'objectif de Coca-Cola est de créer des idées liquides, c'est-à-dire tellement contagieuses qu'elles ne peuvent pas être contrôlées. Mais ces idées ne doivent pas pousser hors sol. Elles doivent être aussi liées aux objectifs business, à la marque et aux centres d'intérêt des consommateurs. Ces idées doivent permettre de générer des conversations et de capter une part plus importante de la culture populaire. Pour ce faire, la marque se doit d'agir et de réagir 365 jours par an en intégrant la technologie au cœur d'un nouveau « storytelling » multiformat.

Voici donc le modèle TOMSTER que nous avons développé et déployé chez de multiples grands groupes ces dernières années.

TOMSTER : 7 étapes pour définir sa stratégie digitale

Avec le numérique et la multiplication des outils, les marques ne doivent pas perdre le nord. Se lancer sur Twitter ou Facebook, créer une vidéo virale... ne sont pas des objectifs en soi, mais bel et bien des moyens d'atteindre un objectif marketing plus global. Voici donc une approche simple et concrète pour vous aider à vous poser les 7 questions essentielles pour concevoir votre stratégie digitale ou rédiger le brief de votre prochaine campagne :

1. **Target(s).** Préciser quels sont votre cible et ses usages digitaux. Contrairement aux médias de masse, le digital est plus précis. Il faut donc définir et quantifier plus précisément votre ou vos cibles.
2. **Objectifs.** Quel est votre objectif principal pour cette campagne ou ce dispositif ? Il est indispensable de quantifier avec une fourchette chiffrée cet objectif.
3. **Message.** Quelle est la grande idée à faire passer, la raison d'être du produit-service ? Est-ce que celle-ci est cohérente avec l'ADN de votre marque ?
4. **Stratégie.** Quelle est l'expérience contagieuse (utile, interactive, différenciante) qui incarnera ce message : un événement ? une application mobile ? un contenu ?
5. **Technologies et points de contact.** Quels outils, technologies et points de contact comptez-vous utiliser ? Comment seront-ils intégrés, coordonnés ? Online et offline ?
6. **Évaluation.** Quels seront vos indicateurs clés de performances ? Avec quels outils allez-vous les mesurer ? Sont-ils bien en lien avec vos objectifs ?
7. **Ressources et contraintes.** Quelles sont vos capacités et contraintes pour piloter et déployer votre stratégie ? Quel est le budget estimé (mise en place, fonctionnement, activation) ? Quel est le timing ? Votre stratégie est-elle compatible avec ce calendrier ? Avez-vous besoin de compétences externes ? Votre stratégie est-elle compatible avec votre organisation et vos process internes ?

Déployer – Revoir son médiaplanning de manière omnicanale

Avec la technologie, le nombre des points de contact s'est multiplié. Du spot télévision à l'affichage en passant par les bannières sur Internet, le référencement dans les moteurs de recherche, les médias sociaux ou la publicité dans les jeux vidéo... la boîte à outils a explosé. Et paradoxalement plus le nombre de tactiques est grand et plus il est compliqué de toucher la même audience qu'autrefois. Quand il suffisait auparavant de lancer une campagne sur deux ou trois médias de masse comme la radio, la presse, la télévision ou l'affichage, il faut désormais articuler des plans média complexes et sophistiqués pour atteindre ces différents objectifs marketing. Au lieu de cibler en choisissant des médias par puissance et affinité, on peut désormais viser les sous-audiences précises qui nous intéressent vraiment sur le digital. Vous voulez diffuser une vidéo uniquement aux femmes de 23 à 25 ans dans la région de Marseille sans enfants, parlant anglais et possédant un iPad... C'est désormais possible avec un média comme Facebook qui vous permet de cibler ce type de segment en quelques clics. Une belle révolution quand on voit encore comment l'achat d'espace traditionnel nécessite un nombre d'intermédiaires, d'échanges et des délais importants.

Beaucoup d'entreprises sont encore très en retard face à cette nouvelle réalité. Elles sont encore nombreuses à surinvestir dans les médias traditionnels par habitude et par manque d'expertise, d'outils, d'expérience sur les médias digitaux. L'audience Internet, mobile ou des médias sociaux continue pourtant de progresser. Le bilan est clair... Si les marques ne repensent pas leur achat média, elles finiront par dépenser des millions pour annoncer là où l'audience n'est plus et laisseront les annonceurs les plus innovants occuper les nouveaux terrains de l'attention. Pour cela, les annonceurs doivent se remettre en cause à plusieurs niveaux.

Passer du médiaplanning à l'audience planning

Vous n'êtes pas votre cible ! Et si vous l'avez été, ses comportements, attentes, envies ont certainement fortement évolué par rapport à votre époque. Combien de marques ciblant les jeunes ne connaissent rien à l'e-sport, qui réunit des dizaines de millions de fans aux jeux vidéo dont l'adepte moyen a plus de 32 ans ? Sans compréhension client réellement à jour, vos messages seront à coup sûr à côté de la plaque et sur les mauvais canaux. Quand est-ce que vous avez passé une ou deux journées avec vos clients pour la dernière fois ? Connaissez-vous les 10 applications mobiles les plus populaires sur votre téléphone ? Savez-vous quels réseaux sociaux, blogs, forums ils utilisent ? Les pratiques et usages évoluent constamment et de plus en plus rapidement, il sera donc nécessaire de suivre régulièrement ces changements. De nouvelles solutions permettent désormais de ne plus juste cibler un média mais un sous-segment d'audience bien plus précis. On peut alors s'adresser à des audiences spécifiques et non plus juste à des médias avec des audiences plus ou moins en affinité.

L'apprentissage de nouvelles expertises

La plupart des décideurs marketing en agences ou chez les annonceurs n'ont pas été formés sur les sujets de base de données, de digital ou de mobile. Leur position de manager leur impose de décider sur des sujets qu'ils maîtrisent et/ou pratiquent peu ou pas. Et il leur est très difficile de dire : « Je ne sais pas. » Il est donc indispensable que même le management se forme sur les grands principes, outils, et tactiques nouvelles en matière de digital. S'ils ne le font pas, il ne faudra pas qu'ils s'étonnent de se voir éjecter dans les prochaines années par de nouveaux profils capables d'avoir une réflexion à 360°.

L'adoption de nouveaux outils

RTB (Real Time Bidding) et programmatique, DMP, Adexchange, Trading Desk, outils d'analyse de la donnée, de la performance ou de datavisualisation... Le marché publicitaire fourmille de solutions plus attractives et prometteuses les unes que les autres. On ne peut que se réjouir de voir de nombreuses innovations aider les marques à mieux cibler, optimiser ou mesurer. Mais attention aussi aux surpromesses. Ces outils sont souvent complexes, récents, pas toujours éprouvés et leur combinaison peut vite se révéler un vrai casse-tête chinois. Certains déploiements se transforment parfois en gouffres financiers ou en mécaniques tellement complexes qu'elles en deviennent inexploitables. Un minimum de prise de recul, de sagesse et un bon accompagnement seront des atouts indéniables pour se lancer dans ce type de projets.

Choisir de nouveaux partenaires

Les marques ont eu tendance à mettre une très forte pression sur la rémunération de leur agence et elles en paient parfois le prix aujourd'hui. La pression financière engendre des formats publicitaires peu créatifs qui suscitent le désintérêt des internautes (très faible taux de clics). On assiste même à un rejet grandissant de cette publicité bas de gamme envahissante avec **l'adoption croissante d'adblockers** (logiciels bloquant les publicités installées par les internautes protestant contre l'invasion publicitaire). Le niveau de conseil des agences (peu rémunérées) est devenu assez faible et mène parfois à certaines pratiques désespérées autour de la donnée pour booster artificiellement les performances. Pierre-Louis Fontaine (Head of Digital Médias/ Data chez Ford) constatait que dans certains de ses tests, la performance de ses campagnes a même été dégradée par l'ajout de données tierces... L'extension d'audience lui pose aussi problème : « Certains m'en vendent sans m'en dire. Du coup je ne contrôle plus la répétition, et sur certains internautes, on est à 20-25. Les gens viennent nous voir sur notre page Facebook pour nous insulter[161]. » En parallèle, certains éditeurs de solutions de DMP ou de plates-formes publicitaires en programmatique vendent la lune aux marques qui une fois équipées déchantent devant la complexité et le manque d'accompagnement. Ces défis profitent à un nouveau type d'agences comme Captain Dash, Fifty Five, Artefact, MFG Labs, Claravista... qui savent à la fois connecter la plomberie des différents outils, mais aussi concevoir les bons scénarios marketing pour transformer la donnée en vrai retour sur investissement. Bref, il est temps de repenser le pilotage de son achat d'espace avec des agences média maîtrisant réellement les nouvelles pratiques de manière agnostique et des équipes internes à même de les piloter avec efficacité.

Une nouvelle organisation et de nouvelles pratiques

L'achat média a connu de nombreuses évolutions que ce soit avec la loi Sapin ou l'arrivée du digital, le retargeting, les formats vidéo, le succès récent et croissant du programmatique (des places de marché pour automatiser l'achat d'espace entre annonceurs, agences et régies média)... Ces innovations nécessitent de revoir son pilotage. Aujourd'hui, on n'aura que quelques heures pour décider de booster une publication sur Facebook populaire. Pas évident quand le community management, l'achat média et la création de contenus sont gérés par deux départements internes et trois agences différentes ! Il faut remettre à plat les procédures pour gagner en rapidité mais aussi en efficacité. Les grandes plates-formes comme Google, Facebook ou Twitter permettent simplement de configurer *via* une interface de multiples campagnes et de suivre leur performance en temps réel. De nouvelles plates-formes technologiques comme les DMP (Data Management Platform) permettent de piloter de multiples campagnes avec un ciblage et une performance, et ce même à grande échelle. Dans certains cas (généralement au-dessus de 1 million d'euros dépensés), les marques réinternalisent même leur achat d'espace comme P&G ou Air France[162]. Le pôle d'expertise Acquisition digitale au sein d'Air France remonte ainsi à 2011 et orchestre les campagnes sur plus de 170 pays avec la technologie AppNexus ! Pour ce faire, il a fallu trouver et former des gens compétents capables d'opérer ce type de campagnes. Le géant Danone a lui aussi déployé sa DMP en 2015.

Pour mettre en place de vrais plans média agnostiques, la route sera encore longue. Mais on peut en tout cas parier que l'élément clé sera le parcours client. Comprendre quels points de contact privilégier pour atteindre vos différents objectifs tout au long de la vie d'un prospect ou d'un client fera une grosse différence dans le futur. On peut aussi rassembler les différents points de contact en trois grandes typologies :

- **l'achat média payant *(paid media)* :** la publicité payante permet de garantir une diffusion sur des espaces et une temporalité assez bien contrôlées. Cet investissement onéreux permet généralement de toucher une masse critique d'audience de manière assez rapide. Mais une fois le budget épuisé, la visibilité redevient nulle. Une occasion de voir (une affiche ou la diffusion d'un spot TV) n'est pas forcément la garantie d'une vue effective et encore moins d'un impact positif sur les ventes (si une publicité n'est pas comprise ou appréciée) ;

- **le média propre** ***(own media)*** **:** les marques l'oublient, mais elles possèdent un certain nombre de points de contact. De l'emballage du produit en passant par la vitrine de leurs magasins, leur base d'e-mails ou leur page Facebook, elles peuvent activer ces supports à peu de frais ;
- **le média obtenu** ***(earned media)*** **:** véritable Graal du marketing digital, la viralité sur les médias sociaux permet de démultiplier un message à moindre coûts. Si, et seulement si, les internautes décident de recommander votre produit ou de faire suivre votre communication, vous pourrez bénéficier d'un effet « boule de neige » du bouche-à-oreille.

Si l'on prend une illustration avec la marque Fanta, celle-ci combinera à la fois :

- un spot TV officiel[163] en *paid media* ;
- une vidéo virale (Fanta Drink « Big Bounce ») fondée sur un dispositif de guerilla marketing centré autour d'une énorme balle lancée sur une place populaire de Rio[164], promu *via* la chaîne YouTube de la marque *(own media)* ;
- et la diffusion d'une vidéo virale parodique[165], du spot TV par un youtubeur connu, partagée sur les médias sociaux *(earn media).*

Au final, l'enjeu sera de chercher à **réduire l'investissement en médias payants** en ciblant mieux, avec des créations et des formats plus pertinents. Mais aussi de mieux capitaliser sur les nombreux points de contact appartenant à une marque : son site Web, le packaging de ses produits, ses bases d'e-mails, sa page Facebook... et **de générer un maximum de partages et de viralité** de ses contenus par les influenceurs et les consommateurs eux-mêmes avec Internet et les médias sociaux. Les gagnants seront ceux qui dépensent mieux et pas forcément le plus. Et pour cela, **habituez-vous à challenger l'existant**. Comme Coca-Cola et sa règle des 70/20/10, il faudra assurer l'existant avec des dispositifs maîtrisés (à 70 %), mais aussi tester de bonnes pratiques extérieures à l'entreprise (20 %) et enfin accepter d'expérimenter régulièrement pour identifier de nouvelles approches innovantes à succès (avec une prise de risques limitée à 10 % de votre budget).

Optimiser – Vers le marketing en temps réel

Si l'on se projette un peu dans le futur, l'objectif sera bien pour les marques de proposer les expériences, les contenus et les services les plus pertinents en fonction de chaque personne et de son contexte. Cela signifie donc être capable de personnaliser de manière individuelle et non plus seulement par segment d'audience. Mais cela nécessite aussi d'être capable de combiner de multiples données : le profil sociodémographique et les comportements passés de vos clients, des données exogènes comme la météo, le prix de la concurrence ainsi que vos chiffres de ventes... pour adapter en temps réel vos actions marketing, vos messages pour gagner en performance. Aux États-Unis, Uber a ainsi testé une campagne de publicité innovante *via* des panneaux d'affichages digitaux[166] en 4x3 dans la rue avec ClearChannel. Grâce à l'API vers l'application Uber et vers un service météo, le panneau était capable d'indiquer en temps réel aux passants lorsqu'il pleut le temps d'approche du chauffeur Uber le plus proche. En intégrant le contexte, la publicité devient alors plus pertinente et plus percutante pour l'audience exposée.

On parlera alors de « realtime marketing » ou parfois de « newshacking ».

Savoir rebondir rapidement sur l'actualité

Pour l'agence Fred et Farid en Chine, le nombre d'internautes est si important qu'il faudrait des budgets énormes pour amorcer un buzz. Ils préfèrent au contraire détecter une news ou un buzz existant et réagir très rapidement pour détourner ou surfer sur ce buzz pour une marque. Comme une vague à surfer, si l'on sait la prendre au bon moment, on va profiter de toute sa force pour se faire propulser avec peu d'efforts. À Paris, l'agence Marcel a transformé la page Facebook de la marque Oasis en un énorme succès en termes d'engagement. Une équipe de créatifs dédiés détourne presque tous les jours le sujet d'actualité à la mode des petits fruits, mascottes de la boisson. Au lieu de parler uniquement d'elle-même, la marque surfe sur la « pop culture » et rebondit avec humour et bienveillance, s'assurant un écho renouvelé et important sur la Toile. Pour l'élection du dernier pape, une illustration s'amusait autour d'Abemus Papaye[167], chaque émission de télévision ou lancement de film de cinéma est détourné : de « Pomme Chef » à « Captain Ananamerica Civil Poire » en passant par « Le Litchivre de la Jungle, le fruilm », un vrai festival de créativité rebondissant sur l'actualité sur facebook.com/oasisbefruit.

Évidemment, cela demande à la marque comme à son agence de se réorganiser pour pouvoir créer et valider des prises de parole et l'achat média associé de manière ultra réactive.

Imaginez le chemin à parcourir en termes d'outils et de pratiques...

Du directeur marketing à Madame Irma ?

Avec l'arrivée de nouveaux algorithmes, et de l'intelligence artificielle, ce n'est qu'un début. On devrait pouvoir arriver d'ici quelques années à du **marketing**

prédictif. Aux États-Unis, la police de nombreuses villes fait appel au logiciel Predpol[168], capable d'anticiper les lieux où patrouiller. Le logiciel délimite un quartier et/ou une rue et estime qu'à une certaine heure, un certain type de crime devrait être commis !

On se rapproche des scénarios de science-fiction du film *Minority Report*. Si l'on applique le même type d'approche au marketing, le Big Data et la puissance de calcul devraient nous aider, à terme, à bien mieux anticiper et maximiser les effets de nos campagnes.

Les 5 choses à retenir selon le HUB Institute

1. Nous vivons à une époque où les changements sociétaux, économiques, culturels, technologiques sont nombreux, rapides et continus. Les attentes, les comportements, les usages des consommateurs évoluent et sont plus variés que jamais. Il est indispensable d'adopter de nouvelles approches comme le « social listening » pour suivre, comprendre et interagir le plus fréquemment possible avec vos audiences et éviter de rater des changements ou un nouveau type de demande.

2. La multiplicité des points de contact et la vitesse des médias digitaux impliquent une complexité et une obligation de rapidité dans la conception des contenus. Il ne s'agit plus de passer six mois à concevoir une campagne de publicité TV, mais bel et bien de penser marketing 365. C'est-à-dire de s'organiser pour concevoir des contenus engageants chaque jour de l'année dans les différents formats (texte, photo, vidéo, mobile, social) en maîtrisant les spécificités de chacun.

3. Au-delà des contenus, les marques doivent aussi penser services et expérience client. Les marques doivent devenir utiles en proposant des applications et services les mieux ciblés et les plus personnalisés possible. Avec l'arrivée de l'intelligence artificielle et des agents virtuels, les attentes des clients vont être de plus en plus élevées.

4. Que ce soient des contenus, des services ou des événements, l'objectif du marketing est de proposer des expériences contagieuses, surprenantes (pour stimuler le partage), utiles (donc le plus personnalisé possible) et engageantes (en favorisant l'interactivité et la participation).

5. Les organisations doivent mettre en place de nouveaux outils et maîtriser de nouvelles expertises pour piloter leur achat média de manière omnicanale. L'enjeu sera celui du ciblage, de la performance et, à terme, de l'optimisation en temps réel.

Les 5 questions à vous poser

1. Avez-vous mis en place une solution de « social listening » ? Est-elle uniquement utilisée pour surveiller votre e-réputation ou les différents départements y ont-ils accès pour suivre et comprendre les usages de votre cible ? Quand avez-vous passé une journée avec vos clients pour la dernière fois ?
2. Avez-vous repensé l'organisation de votre marketing pour pouvoir publier rapidement de nouveaux contenus dans un budget raisonnable ?
3. Vos équipes maîtrisent-elles les spécificités des formats vidéo ? mobile ? Et savent-elles bien comment optimiser vos contenus et les promouvoir sur les réseaux sociaux ?
4. Avez-vous déjà pensé à internaliser le pilotage de votre achat d'espace ? Quelle « incentive » avez-vous mis en place pour que votre agence média soit vraiment intéressée à optimiser vos plans média ? Cette même agence maîtrise-t-elle réellement les nouveaux points de contact digitaux ou les approches en programmatique ?
5. Quels sont les investissements à effectuer et les changements à mener pour pouvoir lancer une campagne de marketing en temps réel ?

Sixième chantier : la mesure

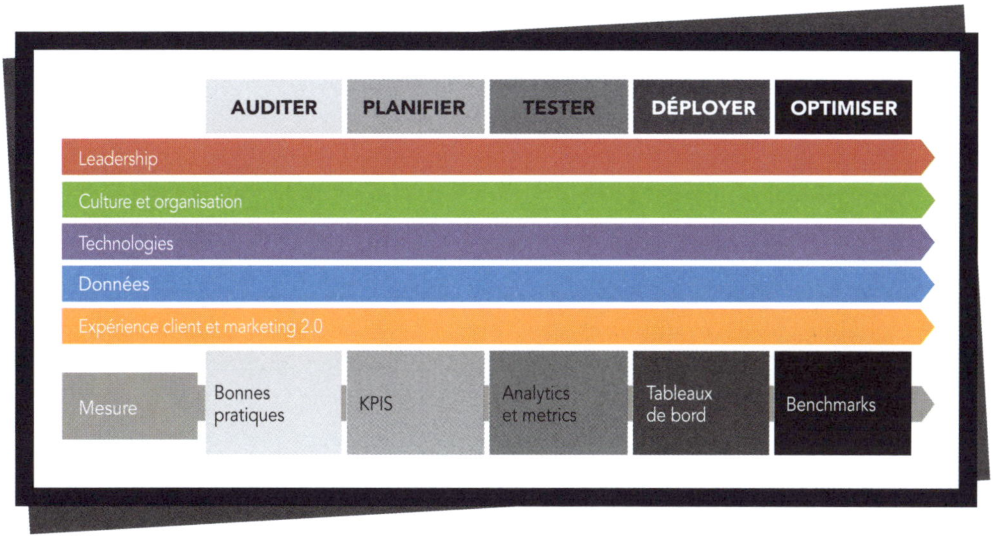

Auditer – les bonnes pratiques de la mesure de la performance

Pour Niels Bohr, prix Nobel et théoricien de la physique quantique, « ce qui ne se mesure pas n'existe pas ». Et pourtant le nombre d'actions menées dans les organisations sans réelle mesure est légion. Que ce soit par habitude, paresse, manque d'outils, de compétences ou de temps, le management s'en remet encore souvent à des intuitions ou à des avis souvent, par essence, subjectifs. Et peut-être est-ce parfois une bonne chose… Si tout était quantifiable, mesurable et prévisible alors que resterait-il au libre arbitre de chacun ? Ne serions-nous pas juste des rouages chargés d'intervenir au service d'algorithmes ? Toute action en l'absence de mesure serait-elle pour autant inutile ? Quel est le retour sur investissement sur le fait d'avoir mis un pantalon ou une jupe ce matin ? Nous n'en savons rien, mais même en l'absence d'indicateurs, le bon sens peut tout de même nous aider à faire un certain nombre de choix. Si l'entreprise est désormais le terrain de jeu des dataminers, des statisticiens, des contrôleurs de gestion, attention à ne pas devenir non plus esclave d'Excel.

La mesure de la performance est un chantier important pour le futur des organisations, tout comme pour piloter leur transformation numérique. Comme nous l'avons vu précédemment, les nouvelles start-up et les géants digitaux excellent dans cette exploitation de la donnée pour optimiser leur productivité ou leur performance. Avec le numérique, il est désormais possible d'accéder à un volume de données phénoménal. Que ce soit sur le Web ou dans la vie réelle, la multiplication de capteurs, les capacités nouvelles de stockage ou de calcul permettent non plus seulement d'évaluer *a posteriori*, mais quasiment en temps réel. La société Prism propose aux entreprises d'analyser le trafic dans leurs points de vente grâce à un logiciel connecté à leurs caméras de surveillance. Depuis une interface Web, le siège pourra accéder simplement aux performances de chacun de ses magasins. Identification des zones chaudes et froides, impact d'une nouvelle vitrine sur le trafic dans le magasin, analyse des parcours... le retail devient aussi simple à mesurer que l'audience d'un site Internet.

En Hollande, Mars évalue, par exemple, les mouvements du visage et les émotions des consommateurs face à ses campagnes publicitaires avec la technologie RealEyes. Dans 75 % des cas, un spot qui ne provoque pas d'émotion vendra moins bien. Bienvenue dans le champ des neurosciences, où les marques évaluent désormais avec attention les émotions générées par tel ou tel message ou visuel pour mieux anticiper leur impact sur les ventes.

Le mot de l'expert

Céline Malgras

Direction digitalisation et e-commerce, Guy Degrenne

L'enseigne spécialisée dans les arts de la table réalise déjà plus de 10 % de son chiffre d'affaires en ligne[169]. « Depuis deux ans, Thierry Villotte, président du directoire, a fait de la digitalisation de la marque un axe stratégique. [...] Quand le site e-commerce a été lancé en 2010, tout le réseau était contre. Après une phase d'explication, de test et la preuve par les chiffres, cette résistance a disparu. L'e-réservation contribue aujourd'hui à hauteur de 3 % au chiffre d'affaires des boutiques. La digitalisation de la base de données apporte aussi du chiffre d'affaires dans la mesure où le taux de transformation est meilleur quand la publicité est bien ciblée. [...] 2016 sera en grande partie consacrée à notre DMP, car aujourd'hui, il n'y a pas de politique CRM qui puisse se passer d'une DMP[170]. »

Mais attention à ne pas se faire déborder pour autant. Ce n'est pas parce qu'il est possible de tout mesurer qu'il est souhaitable de le faire. Il convient donc de commencer par identifier les bonnes pratiques en matière de mesure.

Les 6 bons préceptes de la bonne mesure

1. **Ne pas mesurer, c'est piloter sans indicateur.** Si le pilotage à vue est possible en aviation, imaginez quel confort et quelle sécurité ont apporté les instruments de bord puis l'informatique et les systèmes d'assistance. En période de mutations, l'absence d'une mesure précise de la performance revient à adopter un lourd handicap face à la concurrence. Votre organisation sera longue ou incapable de réagir à une évolution de la demande ou de son contexte. Elle investira par habitude et non par rapport à la réalité.
2. **Trop de mesure tue la mesure.** Attention à la multiplication de sources de données, d'informations et de mesure. Si une voiture nous donnait en temps réel les résultats de ces centaines de capteurs nous serions incapables de conduire. Le tableau de bord nous propose une version simplifiée et synthétique avec un compteur de vitesse, un compte-tours et quelques voyants. Si et seulement si les voyants passent au rouge ou à l'orange, alors on s'arrêtera pour ouvrir le capot et tenter d'en savoir plus.
3. **Commencer simple avant de complexifier.** Il vaut mieux commencer par un niveau simple de mesure avant de sophistiquer les choses. Plus un système est complexe et plus les risques d'erreurs ou de pannes seront nombreux.
4. **Une mesure n'est qu'une représentation de la réalité.** Selon l'indicateur choisi, la qualité des sources, la question posée, la réalité mesurée pourra vite dévier de la réalité. On est souvent tenté de choisir les indicateurs qui servent le mieux notre avis et d'ignorer les autres. L'auteur Abe Burrow énonçait avec humour que « la raison d'être des statistiques, c'est de vous donner raison ». Attention donc à ne pas devenir aveugle à ce que vous ne mesurez pas.
5. **Les outils sans humains ne servent à rien.** Une donnée ne devient information qu'après vérification et analyse. Sans humain pour définir et interpréter les indicateurs de mesure, vos outils se révéleront inutiles. Combien de fois avons-nous observé des organisations dotées d'outils de webanalytics (pour des budgets annuels parfois onéreux) qui ne sont jamais consultés.
6. **Mesurer sans faire de changement est inutile.** Si vous n'analysez pas les rapports de ces mêmes outils de webanalytics et ne changez pas réellement les problèmes identifiés, alors pourquoi mesurer ? Sans action corrective ou optimisation *a posteriori*, autant dédier les investissements nécessaires à autre chose.

Planifier – Définir les indicateurs clés de la mesure (KPI)

Afin de pouvoir optimiser vos processus ou vos performances, il convient de sélectionner les bons indicateurs de mesure. Pour cela, évitez de vous fier à toutes mesures offertes par les nombreux logiciels qui équipent votre organisation. Ne vous jetez pas la tête la première dans les outils, mais repensez d'abord à votre stratégie et à vos objectifs business. Vous sélectionnerez ensuite les indicateurs qui feront réellement sens pour y parvenir.

Identifier le bon indicateur en repartant de vos objectifs business

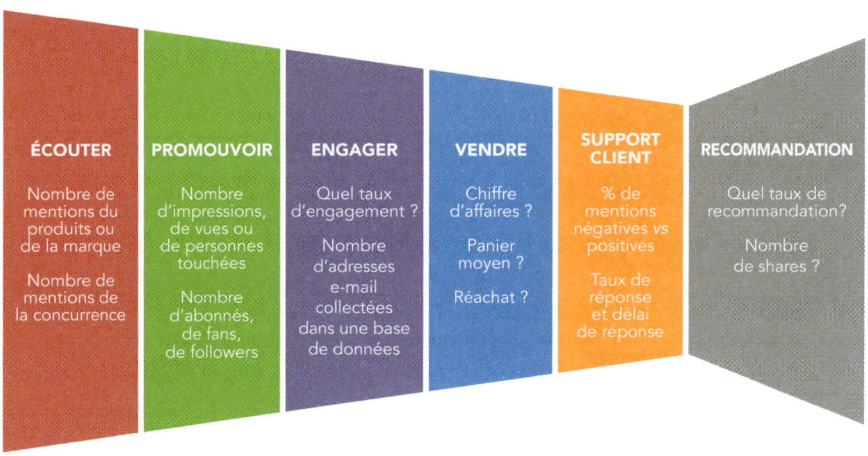

Un objectif précis est vital pour pouvoir ENSUITE définir la stratégie, les technologies et actions pertinentes. En marketing, par exemple, il sera souhaitable de commencer par définir un objectif clair et concret entre notoriété, engagement, vente, fidélisation ou recommandation, par exemple. On sera souvent tenté de rechercher à atteindre plusieurs buts. L'important sera donc de **prioriser** ces derniers.

Imaginons que nous retenions un objectif d'augmentation des ventes. Cette notion restera encore trop floue. Souhaitez-vous augmenter le panier moyen ou la fréquence d'achat ? vendre plus à des clients existants ou en conquérir de nouveaux ? Au final, il faudra définir un indicateur de mesure de cet objectif (qu'on pourra alors nommer KPI pour Key Performance Indicator) ainsi qu'une valeur ou une fourchette quantitative à atteindre.

Exemple de définition de vos objectifs marketing

ÉCOUTER	PROMOUVOIR	ENGAGER	VENDRE	SUPPORT CLIENT	RECOMMANDATION
Qualification du buzz online	Augmenter la notoriété	Augmenter le taux d'engagement	Activation promotionnelle	Activation promotionnelle	Recruter des membres / abonnés / fans
Comparer ses performances /concurrence	Augmenter le nb d'expositions à la marque, retombées média	Augmenter le temps passé sur le site, le nombre de pages vues	Hausse de la fréquence/ montant	Hausse de la fréquence/ montant	Fidéliser (social CRM et community management)
Comprendre les tendances marché ?	Augmenter le trafic en magasin	Augmenter le nombre de pages vues	Améliorer la conversion		Augmenter le taux de recommandation
Coconcevoir de nouveaux produits	Accroître l'audience d'un site		Acquérir de nouveaux clients		

Selon votre domaine (marketing, ressources humaines, management, logistique, finance), il existe une infinité de KPI. La difficulté sera donc dans le compromis entre un nombre trop limité ou trop vaste d'indicateurs à suivre et à mesurer. Si chaque entité pourra avoir son propre ensemble de KPI, il faudra aussi s'entendre sur un ensemble de KPI communs au suivi et au pilotage global de l'activité. Ce travail nécessitera un effort d'ouverture de la part de chaque entité. En effet, les organisations sont historiquement organisées en silos. Issus de formations différentes, utilisant des terminologies, des pratiques et des outils souvent différents, les collaborateurs des divers départements n'ont que rarement une vraie connaissance des procédures et indicateurs de mesure des autres entités. Les différences peuvent aussi être importantes d'un pays à l'autre en termes d'unités de mesure, d'habitudes, d'outils, de niveau de maturité. Ce travail de normalisation nécessitera un véritable effort de collaboration et de pédagogie et ne sera possible qu'avec un soutien clair et solide de la part du top management.

Tester – Analytics et metrics : quels outils mettre en place ?

Si un KPI est par essence synthétique, son calcul peut être composé d'une multitude de mesures ou généré à partir de calculs sophistiqués. Cette BI ou Business Intelligence repose sur la mise en place et le paramétrage de différents outils de mesure et d'analyse de la donnée. Comme nous avons pu le voir dans le chantier lié à la donnée, le traitement de cette dernière repose sur une plomberie sophistiquée pour capter, stocker, traiter ou analyser en connectant sources externes et internes d'information. La sélection des KPI devra donc se faire en amont pour permettre la mise en place des bons outils de captation et d'analyse.

Sans outil webanalytics déployé préalablement sur un site Internet, il ne sera pas possible de reconstituer l'audience exposée à une campagne par la suite. Si l'on veut mesurer l'impact des différentes actions marketing tout au long du parcours client sur Internet comme en magasin, il faudra déployer de nombreux outils et recourir à différents partenaires. Avec la fragmentation des médias et leur évolution permanente, le suivi d'un prospect sur un site, sur différents médias sociaux ou selon son exposition à différentes tactiques marketing est loin d'être une sinécure. Et certaines organisations tentent déjà de lier la mesure de leur performance à leurs données financières, de stock ou à des données exogènes, comme la météo ou le prix du pétrole pour anticiper leurs prochaines actions.

Les entreprises vont devoir développer une expertise interne solide pour piloter ces technologies et partenaires. C'est une véritable démarche itérative qu'il faudra mettre en place pour affiner chaque fois un peu plus la précision de la mesure. On peut déjà imaginer l'apparition d'un « Chief Measurement Officer » dans les années à venir, tant la tâche est complexe mais non moins cruciale.

Exemple de KPI en matière de marketing digital

	OWN MEDIA				EARNED MEDIA	PAID MEDIA
	VOTRE SITE (+SEO)	FACEBOOK	TWITTER	YOUTUBE	BLOGS ET FORUMS	ACHAT D'ESPACE
ÉCOUTER	Nombre de recherches /mots-clés produits /usages		Nombre de mentions	Nombre de vidéos sur votre marque/ usage	Nombre de mentions du produits/usage	Nombre de réponses à un sondage
PROMOUVOIR	- Nombre de pages vues/mois - Nombre de visiteurs uniques/mois - % de trafic venant de vos médias sociaux - % de trafic venant des moteurs	- Posts Reach - Nombre de fans Facebook - Nombre de vidéos vues	- Nombre d'impressions	- Nombre de vues - % de visualisation	- Nombre d'articles - Nombre de liens - Nombre de vidéos - Nombre d'avis	Nombre d'impressions pour quel CPM ?
ENGAGER	- Nombre de pages vues - Durée sur le site - Taux de rebond - % de revisite - Nombre d'abonnés newsletter - Taux ouverture et click newsletter	- Taux d'engagement de votre page - Nombre de « likes » - Nombre de commentaires	- Nombre de clics - Nombre de followers	- Nombre de vues - Nombre d'abonnés - Nombre de « likes »/ « dislikes »	- % de trafic venant des blogs et forums	- Taux et nombre de clics, Facebook Ads, Google Adwords, banners,promoted tweets ou posts
VENDRE	- Nombre de ventes liées (taux de transformation sur une offre), panier moyen - CA généré					- CA généré - Coût/vente
SUPPORT CLIENT	Nombre de contacts du support	Taux de réponse` Délai de réponse	Taux de réponse et délai de réponse	Nombre de commentaires	Pourcentage de mentions positives *vs* négatives	
RECOMMANDATION	Nombre de partages sur les réseaux sociaux	Nombre de partages	- Nombre de Retweet - # mentions du hashtag	- % avis positifs - Nombre de partages	- # de mentions de votre marque ou produits	
QUELS OUTILS ?	Google Analytics	- Facebook insight - Socialbakers	- Crowdbooster - Bit.ly - Keyhole.co Klout - Socialbakers	- YouTube Insights - Socialbakers	- Google Trends - Google Alert - RadarLy ou Synthesio	- Facebook et Twitter - Google Adwords

Le mot de l'expert

Tanguy Favennec
Vice-président digital marketing, Air France

Air France est un des plus grands e-commercants français avec plus de 3 milliards d'euros de chiffre d'affaires en ligne (dont 40 % à l'international) réalisés avec plus de 87 millions de clients. Plus de 200 personnes sont dédiées à la communication digitale avec un budget de 45 millions d'euros (50 % du budget communication). En matière d'achat d'espace, Air France possède un trading desk internalisé qui lui permet à la fois de maîtriser les délais et le ROI.« Tous nos projets font l'objet d'un ROI prévisionnel en amont. Nous avons plus d'idées que ce que nous pouvons réaliser effectivement, il y a donc de vrais choix à faire. Le tri se fait alors sur les meilleurs ROI. Généralement, nos projets sont rentables en moins d'un an. Ce n'est pas facile à chiffrer sur le digital, alors ce sont forcément des estimations[171]. »

Déployer – Tableaux de bord : démocratiser l'accès de la mesure

Pour devenir une entreprise tournée vers la donnée et la performance, faut-il encore que le plus grand nombre puisse avoir rapidement accès au bon niveau d'information. Là où il y a quelques années le pouvoir rimait avec rétention et contrôle de l'information, le défi consiste désormais à rendre la donnée lisible à toutes et à tous. Autrefois réservés au top management, les tableaux de bord se démocratisent. Désormais numérisés, ils doivent permettre à chacun de suivre l'évolution de ses propres performances, de son unité et de l'entreprise en général. Dans un call center, ce n'est plus seulement le chef de plateau qui peut suivre les efforts de ses équipes, mais bel et bien chaque téléopérateur qui peut analyser ses résultats. Évidemment si l'effort de transparence et de coordination est louable, il faudra se garder des abus. La mise en place d'une trop grande pression entraînée par un usage abusif des chiffres sera souvent contre-productive, générant stress et burn-out. Elle pourrait même amener à des comportements dangereux. Incapables d'atteindre certains chiffres, certains managers ou salariés pourraient tenter de masquer la réalité grâce à des informations ou des données volontairement erronées. L'énorme scandale de Volkswagen dont certains ingénieurs et managers ont dissimulé les vrais niveaux d'émissions en est un parfait exemple.

Pour Lubomira Rochet, la CDO du groupe L'Oréal, « le dashboard de performance, de mon point de vue, est **le sujet le plus important** car cela nous permet de voir si nos investissements sont efficaces, et c'est **un outil pédagogique** pour les patrons de pays. À travers la fixation de ces KPI, on aide les patrons à savoir ce qui est important pour nous de challenger. Fixer un certain nombre d'objectifs stratégiques et les suivre permet de contribuer à l'avancement du digital ». En effet, partager simplement, rapidement et visuellement l'information est un gage de performance, mais aussi d'alignement des efforts dans la même direction. Cet effort d'unification permet aussi de réduire les différences de pratiques par-delà les frontières. Chez Philips, par exemple, Blake Cahill, Global Head of Digital and Social Marketing, a lancé une initiative pour unifier les KPI au niveau mondial. Avant cette action, celui-ci constatait que « rien n'était comparable, tout le monde mesurait les choses différemment. C'était impossible de comparer les actions et de définir des best practices[172] ». Un tableau de bord digital permet désormais de comparer les campagnes des différents pays selon 20 indicateurs. Ce comparatif permet alors aisément d'identifier les meilleures bonnes pratiques et de les partager entre les filiales.

Optimiser – Benchmark : comparer sa performance par rapport au marché

Un chiffre en soi n'a que peu d'intérêt. Sans échelle de comparaison, difficile de déterminer si une performance est positive ou négative. Les entreprises doivent donc non seulement être à même de mesurer leur efficacité, mais surtout de comparer leurs résultats à ceux de leur industrie ou même d'autres industries parfois plus avancées. Si vos indicateurs progressent mais moins rapidement que ceux de la concurrence, votre progression ressemblera plus à un recul qu'à une véritable avancée.

Si, dans le domaine de l'efficacité publicitaire, les panels de Nielsen, ComScore ou Médiamétrie se sont assuré une véritable hégémonie pendant des années, de nouveaux acteurs comptent bien proposer de nouvelles solutions. En croisant les données de son navigateur Chrome, d'Android, de YouTube, des recherches de son moteur et de Google Analytics, Google pourrait bien tenter de s'imposer comme le nouveau panel mondial. À moins que Facebook, avec sa base mondiale de centaines de millions de profils d'internautes, se lance aussi dans la mêlée. À une plus petite échelle, la start-up SocialBaker a levé plus de 36 millions de dollars rien que pour proposer aux marques de comparer leurs performances sur les médias sociaux. Tubular Labs propose, elle, de mesurer la viralité de vos vidéos.

L'enjeu est énorme. Les acteurs dont dépendront l'établissement d'indicateurs reconnus comme standards bénéficieront d'un pouvoir conséquent sur l'économie mondiale. En attendant le ou les indicateurs à même de succéder au GRP de la télévision, les entreprises peuvent au moins déjà mettre en place un comparatif simple et régulier entre départements, régions, marques ou pays.

Les 5 choses à retenir selon le HUB Institute

1. La mesure de la performance est un enjeu majeur pour améliorer la productivité et l'efficacité des entreprises. On ne contrôle précisément que ce que l'on peut mesurer.
2. Tout ce qui n'est pas (encore) mesurable n'est pas forcément inutile, loin de là. Attention à ne pas réduire votre lecture du monde à l'horizon d'un tableur.
3. Afin de pouvoir piloter une activité, il faut être capable d'identifier les objectifs à atteindre et de définir et prioriser les bons indicateurs clés de mesure (KPI). Évitez d'en multiplier le nombre, surtout au début. Pour pouvoir les calculer, il faudra au préalable choisir les bons outils de mesure.
4. Ces indicateurs permettront le suivi de la performance, mais aussi l'alignement des efforts de chacun, surtout si les élément clés de l'activité sont partagés sous forme de tableaux de bord avec le plus grand nombre.
5. Au-delà du suivi interne de vos performances, il vous faudra les comparer à celles de votre industrie pour avoir une estimation régulière du résultat de vos efforts.

Les 5 questions à vous poser

1. Savez-vous quels sont les 5 à 10 indicateurs clés pour mesurer la performance de votre activité ?
2. Tous les managers et/ou les collaborateurs de votre organisation en ont-ils connaissance ?
3. Connaissez-vous les acteurs les plus performants de votre industrie et d'autres industries pour chacun de ces indicateurs ?

4. Êtes-vous capable de mesurer l'impact de vos actions marketing tout au long du parcours client. Sauriez-vous attribuer la part de chacune dans la décision d'achat ?

5. Avez-vous défini un référentiel conversationnel commun en matière de mesure dans toute votre organisation ? à travers tous vos départements et pays ?

La transformation digitale en pratique

Définir votre feuille de route

Que ce soit pour la prise de poste d'un nouveau CDO (Chief Digital Officer) venant de l'externe ou promu en interne, ou la définition d'une feuille de route par le Comex, la transformation digitale ne s'improvise pas. On l'a vu, les chantiers sont nombreux et vont nécessiter une priorisation en fonction des objectifs de la direction tout comme des forces et des faiblesses de l'organisation en matière de maturité numérique. De la vision au succès, la route est longue. Comme nous le montre Knoster dans la matrice ci-dessous, il suffit d'oublier un ingrédient ou deux pour que la recette du succès rime finalement avec résistance ou anxiété.

Les cinq piliers du changement selon Knoster

VISION	COMPÉTENCES	MOTIVATIONS	RESSOURCES	PLAN D'ACTION	→ SUCCÈS
	COMPÉTENCES	MOTIVATIONS	RESSOURCES	PLAN D'ACTION	→ CONFUSION
VISION		MOTIVATIONS	RESSOURCES	PLAN D'ACTION	→ ANXIÉTÉ
VISION	COMPÉTENCES		RESSOURCES	PLAN D'ACTION	→ RÉSISTANCE
VISION	COMPÉTENCES	MOTIVATIONS		PLAN D'ACTION	→ FRUSTRATION
VISION	COMPÉTENCES	MOTIVATIONS	RESSOURCES		→ FAUX DÉPART

Après de nombreux échanges et interviews avec des CDO de grands groupes, des experts en transformation numérique ou en accompagnement du changement, voici une approche en cinq étapes pour essayer d'avancer en limitant les frictions et maladresses au maximum.

Définir la roadmap de sa transformation digitale sur 18 à 48 mois

SE PRÉPARER (dans le cas d'une prise de poste)	1. AUDITER (besoins, capacités, résultats)	2. PLANIFIER	3. TESTER	4. DÉPLOYER Mesurer et optimiser
1 à 3 mois	1 à 3 mois	1 à 3 mois	3 à 9 mois	12 à 36 mois
Se mettre à jour sur le digital (chiffres, best practices, techno, tendances…)	Sonder le management et les employés, prestataires à tous les échelons	Définir sa stratégie (objectifs, timing, actions, moyens, budget, KPI)	Communiquer sa stratégie en interne et externe : *Align and Encourage low expectations of what you will accomplish.*	Communiquer et célébrer les quick wins en interne et externe (partager ces victoires avec le management ET les employés)
Comprendre le business de l'entreprise	Audit des performances/ concurrence	Partager sa stratégie avec les décideurs et valider leur soutien	Mentoring et coordination avec le top management	Mesurer la performance et le ROI des actions menées
Comprendre la dynamique de l'environnement (clients, concurrents, techno…)	Audit de la perception et de l'expérience clients (études, interviews, buzzmonitoring)	Anticiper les risques avec les détracteurs les plus évidents (legal, IT, finance, marchés financiers…)	Formations au digital à tous les niveaux de l'entreprise	Déployer et industrialiser ce qui marche, optimiser ce qui peut l'être
Comprendre les défis actuels et à venir	Audit technologique et des prestataires		Faire un pilote, stopper ou changer ce qui ne marche pas	Chercher de nouvelles bonnes pratiques et innovations (learning expeditions…)
	Audit des compétences		Recruter les compétences manquantes (recrutement et prestataires)	
	Audit organisationel		Transformer la culture corporate nouveaux process, outils, innovations days…	
	Audit de la perception employés		Créer un sentiment d'urgence	

Se préparer (1 à 3 mois)

Se mettre à jour sur le digital

Que le digital soit ou non votre domaine initial, celui-ci est en permanente évolution. Avant de lancer un processus de transformation, il convient donc de veiller à la mise à niveau de votre expertise et de celles des directions impliquées de votre entreprise. Cela commence par une veille quotidienne sur des sites comme celui du HUB Institute[1], de FrenchWeb[2] , d'Altimeter[3], de PSFK[4], Slideshare[5], l'usine digitale... ou en consultant leur newsletter. Les conférences et salons proposent aussi un bon panorama des tendances, innovations et bonnes pratiques. Nous vous recommandons en particuliers le CES de Las Vegas (objets connectés, maison connectée, voiture connectée), DMEXCO à Cologne (marketing digital), les Cannes Lions (créativité et vidéo) et évidemment notre grande conférence annuelle sur la transformation digitale : le HUBFORUM ainsi que nos HUBDAY mensuels. Ces événements sont aussi une source de rencontres et d'échanges pour identifier de nouvelles solutions ou des prestataires pour vous accompagner. Nous ne serions aussi que vous recommander d'organiser régulièrement des déjeuners avec d'autres experts ou responsables de la transformation digitale dans des entreprises non concurrentes. Le sujet étant tellement complexe et large que croiser les retours d'expériences de managers réellement aux manettes ne sera pas un luxe. Enfin, des formations de la simple journée en passant par le MBA en « part time » pourraient être des aides utiles pour approfondir des thématiques où vous vous sentez moins à l'aise.

Comprendre le business de l'entreprise

De nombreuses grandes entreprises font le choix de recruter un(e) CDO venant de l'externe. Quoi de plus naturel que de chercher du sang neuf pour faire bouger les lignes ? Chasser des profils extérieurs à votre entreprise ou à votre industrie, c'est aussi enrichir votre ADN avec de nouvelles approches, de nouvelles pratiques et idées. « Si tu fais toujours ce que tu as l'habitude de faire, tu récolteras ce que tu as toujours récolté », nous rappelle Albert Einstein. Pourtant, attention à ne pas tomber dans l'excès inverse. Un nouveau profil devra prendre garde à bien prendre le temps et à faire l'effort de découvrir et comprendre le business de l'entreprise qu'il rejoint. Nous avons régulièrement vu l'arrivée de gourou du digital, annoncé comme le Messie, se transformer en sprint d'un éléphant dans un magasin de porcelaine. Écoutez avant de parler. Et évitez la référence systématique à telle ou telle expérience passée : « Chez Untel, on procédait de telle manière », qui laisserait à penser que là-bas tout était parfait. La confiance nécessite du temps, la défiance peut surgir bien plus rapidement. Une société humaine, si elle se sent agressée, réagira vite tels des anticorps face à un organisme étranger. Faire changer sans braquer nécessite de bien comprendre les us et coutumes, les non-dits, les organigrammes officieux avant de vouloir les faire évoluer. Et une certaine légitimité aussi. Avant votre venue, prenez donc le temps d'en apprendre un maximum sur l'activité et le secteur de l'organisation que vous allez rejoindre.

Comprendre la dynamique de l'environnement

Chaque industrie est impactée par l'innovation numérique, mais les situations sont parfois très variées. Entre la musique, la télévision, l'industrie lourde, la cosmétique, le luxe, l'alimentaire ou le voyage, les dynamiques sont souvent très différentes. Et encore souvent varient-elles aussi d'une région à l'autre du monde. Préparez-vous en amassant le maximum de connaissances sur votre industrie en essayant de vous projeter dans le futur. Les marchés en avance de phase (États-Unis ou Asie) ont suivi quelle voie ? Au-delà de la couverture média, proposez à d'autres professionnels non concurrents d'échanger à déjeuner. Pourquoi ne pas utiliser LinkedIn pour entrer en contact avec d'anciens collègues ou connaissances qui pourraient désormais s'avérer utile ? Clients, fournisseurs, partenaires..., chacun pourra contribuer à vous faire une idée plus précise du panorama dans lequel vous aller devoir évoluer.

Identifier les défis actuels et à venir

Cette veille et ces différents échanges devraient déjà vous aider à identifier les menaces et opportunités les plus évidentes sur lesquelles vous pourrez échanger une fois en poste.

Bien vous préparer vous permettra de démontrer à vos futurs interlocuteurs que vous avez pris le temps et fait l'effort de vous intéresser à leur industrie. C'est aussi un moyen de pouvoir accélérer car, une fois en poste, votre temps de veille risque d'être limité à sa portion congrue vu l'agenda de meetings qui va vous attendre. Vous vous féliciterez régulièrement pour avoir eu l'intelligence et l'initiative d'avoir accumulé ces notions qui vous seront régulièrement utiles par la suite.

Auditer (1 à 3 mois)

Une fois votre prise de poste effectuée, il faudra rapidement confronter votre vision à un diagnostic de la réalité.

Sonder le management, les employés, les prestataires à tous les échelons

Prenez le temps de vous entretenir avec les dirigeants comme les opérationnels, les équipes terrain et pas seulement le siège... Chaque chaînon vous aidera à mieux appréhender l'organisation réelle (et non celle qui vous a été vendue lors de votre candidature). Chez L'Oréal, Lubomira Rochet, la nouvelle CDO recrutée à l'extérieur, a commencé par rencontrer plus de 10 personnes par jour pendant trois mois. Elle explique : « C'était hyper précieux, car L'Oréal est une entreprise qui a une culture extrêmement forte, dont la particularité est d'être non écrite. Et quand on travaille sur la transformation, qu'elle soit digitale ou autre, le premier vrai sujet, ce n'est pas d'être intelligent, mais d'être adapté à la culture. [...] L'Oréal ne m'a pas attendue pour faire du digital. Moi, mon sujet, c'était plutôt de me dire: "Il y a plutôt trop que pas assez. Comment faire converger les initiatives, l'argent, les ressources vers un plus petit nombre d'objectif business avec un impact immédiat afin de démontrer que le digital fait une différence ?" » Ne vous limitez pas aux acteurs internes et n'hésitez pas à rencontrer les fournisseurs, les clients ou les partenaires de votre organisation. Certains travaillent depuis des années et auront certainement un vrai recul sur les évolutions positives et négatives.

Audit des performances face à la concurrence

Profitez de votre œil neuf pour comparer de manière objective les forces et les faiblesses de votre offre face à celle de la concurrence. Réalisez votre SWOT pour identifier les opportunités et les menaces pour l'offre existante.

Audit de la perception et de l'expérience client

La connaissance client doit devenir votre étoile du nord. Avalez les études, les rapports disponibles, mais, surtout, passez du temps de présence et d'échanges avec les clients de votre entreprise. Les études ne sont souvent qu'une représentation partielle qui ne répond (plus ou moins bien) qu'aux questions posées. En allant sur la place, à la rencontre de celles et ceux qui font vivre votre activité, vous pourrez vous enrichir de nombreux signaux, retours et anecdotes qui vous seront utiles quand vous échangerez avec les managers et collaborateurs de votre organisation. N'hésitez pas non plus à consulter les avis et les mentions (en B2C surtout) des consommateurs sur les blogs, les forums et les médias sociaux (*via* un outil de « social listening »).

Audit technologique et des prestataires

Comme nous l'avons évoqué dans le chantier « Technologies », le socle technique et informatique d'une entreprise va devenir une force ou une faiblesse cruciale dans le contexte concurrentiel actuel. Il est indispensable que vous ayez une idée très concrète de l'existant, des chantiers en cours et des urgences à opérer.

Audit des compétences et audit organisationnel

Afin de pouvoir avancer, il faut veiller à assurer un niveau homogène et un socle minimum en matière de connaissances et d'expertises digitales. Pour éviter de déployer des modules trop avancés pour certains ou ennuyer les plus digitaux, il convient de cartographier précisément le niveau de vos managers, collaborateurs et des différents départements. Chez Danone, par exemple, Michael Aidan, le CDO, a lancé l'initiative « iwheel » pour évaluer la maturité numérique d'un pays, d'une division ou d'une marque ainsi que leur stratégie autour de cinq axes *(listen, reach, engage, sell and data)*. La direction de la transformation digitale centrale peut ensuite assister au mieux chaque entité et chaque collaborateur en fonction de son niveau. Pour lui : « Nous nous sommes demandé comment entraîner une organisation entière vers un projet de change management [...] On a trouvé la courroie de transmission, une alchimie entre ces éléments, et on a vraiment l'impression de progresser[6]. »

En parallèle, il sera souhaitable de comprendre le mode d'organisation actuel pour imaginer les futures pistes d'amélioration en termes d'agilité et de collaboration.

Audit de la perception employés

Enfin au-delà des savoirs et des outils, un baromètre sur le moral, les envies, les peurs, les attentes des collaborateurs ne sera pas un luxe. Réussir une transformation digitale, c'est avant tout créer un projet humain. Autant découvrir et affronter au plus tôt les anxiétés, les fantasmes, les doutes, les non-dits pour tenter de remotiver le plus grand nombre. Montrer concrètement que les collaborateurs sont écoutés et pris en compte participera aussi à les valoriser et à les associer à vos futurs projets.

Planifier et cadrer (1 à 3 mois)

Si le contexte peut évoluer et les tactiques varier, le minimum sera de définir une stratégie claire en matière de transformation digitale. Une transformation oui, mais pour quels objectifs ? avec quels moyens ? dans quel timing ? Dans le contexte actuel de récession et devant la baisse des marges, les entreprises ont parfois du mal à financer leur transformation digitale. Selon une enquête menée par McKinsey auprès de 500 entreprises françaises, 30 % d'entre elles avouent brider l'investissement dans ce domaine.

Rassemblés dans **une feuille de route synthétique**, ces éléments doivent vous aider à formaliser concrètement la vision à suivre. Comme un cap, cette feuille de route doit vous permettre de prioriser et piloter les différents chantiers en filtrant l'indispensable de l'anecdotique.

Ce cadre devra bien sûr avoir été présenté à chacun des décideurs pour s'assurer de leurs propositions mais aussi et surtout de leur implication et de leur soutien. La meilleure stratégie sans soutien politique ne fera pas long feu. Cet échange sera aussi l'occasion d'anticiper les critiques des détracteurs éventuels ou de les limiter en intégrant les risques les plus évidents le plus en amont possible. L'implication en amont des départements juridique, informatique ou du directeur financier pourrait éviter des ennemis mortels dans le futur pour votre projet. À vous de déjargonner le plus possible en vous adaptant au maximum aux références et vocabulaires de vos interlocuteurs. Difficile d'adhérer à ce que l'on ne comprend pas... Bien plus simple de l'ignorer ou de le refuser.

Cette étape nécessitera des talents en pédagogie et en communication. Un soutien visible et renouvelé du top management facilitera grandement cette étape. Chez L'Oréal, la CDO Lubomira Rochet confirme que la conviction et le soutien visible du PDG, entre autres en intégrant son poste au Comex, sont des appuis très bénéfiques. Mais cela n'est pas suffisant. Pour chaque décideur, « il faut leur démontrer que le digital est un relais de croissance, soit un relais d'optimisation, soit un relais d'une meilleure connexion et d'engagement avec ses consommateurs. Vous les convaincrez principalement par l'exemple [...] C'est pour cela que, dans la stratégie de déploiement, on a choisi 12 pays et 5 marques pilotes avec lesquels on surinvestit en réseau, en expertise et en budget pour faire la preuve que le digital apporte un vrai bénéfice. Comme L'Oréal a une culture très capillaire, cela se répand comme une traînée de poudre et c'est très positif : vous générez de l'envie, du désir, de la conviction ».

Le mot de l'expert

Jean-Philippe Baert
Vice-président EMEA South, Marketing Cloud, Salesforce

« Ce dont ont besoin aujourd'hui les entreprises, c'est principalement d'unifier à la fois leur organisation autour d'un objectif qu'il faut définir en commun, et voir grand, avoir de l'ambition, tout en commençant petit, étape par étape. Quand on parle de digitalisation, le principal objectif est de transformer l'entreprise vers un modèle qui soit beaucoup plus tourné vers le client. Et cela oblige à passer d'un mode de silo à un mode transversal. Une fois cet objectif défini, il faudra donner une impulsion aussi bien organisationnelle que technologique. D'un point de vue technologique, la première chose qu'on va regarder, c'est l'aspect données. Il y a des technologies pour les gérer et les exploiter, mais il faut avant tout commencer par un état des lieux de ce qui existe. Il faut regrouper ce qui existe. Quand on a déjà fait ce travail-là, on est en général déjà assis sur un tas d'or. Ensuite, il faudra tourner l'entreprise vers un point unique et central de la gestion de la relation client qui est sa base CRM. Il va falloir regrouper ou connecter les silos autour de la donnée dans une seule base. Enfin, il faut piloter et gérer l'organisation de la communication avec le client. Pour finir, ce qui va primer, c'est de laisser la possibilité de tester et de pouvoir se tromper. Cela permet, entre autres, de tester des choses auxquelles on ne pense pas forcément qui pourraient être de vrais gisements pour l'entreprise ou son client[7]. »

Tester (3 à 9 mois)

Une fois les jalons posés, le temps est venu de sortir du bois. Comme un accouchement, cette période charnière est particulièrement sensible et peut tuer dans l'œuf votre projet avant même son déploiement. Dans un contexte économique souvent compliqué, le changement est fréquemment synonyme de risques et de danger. Convaincre un public du bien-fondé de votre changement est déjà une gageure. Alors, rien de pire que voir rejeter un projet pour de mauvaises raisons car il est mal compris. Afin de limiter les angoisses et les risques, une phase d'expérimentation est particulièrement recommandée pour affiner votre projet et anticiper les obstacles possibles à son déploiement.

Communiquer sa stratégie en interne et parfois aussi en externe

C'est ici que le travail préparatoire, qui a pu parfois sembler long et fastidieux, va payer. Les échanges avec les différents départements, la direction... devraient vous avoir aidé à :

- identifier les points de blocage majeurs éventuels ;
- cartographier les promoteurs et détracteurs du projet ;
- vous assurer du soutien du management en amont ;
- adopter les bons termes et le bon langage pour expliquer la démarche ;
- mobiliser certains soutiens qui auront déjà été sensibilisés à votre démarche et auront eu l'impression d'avoir été consultés.

Grâce à ces actions, consultations et analyses préalables vous devriez pouvoir communiquer de manière inspirante, positive, mais terre à terre et concrète, les objectifs et le plan de transformation digitale envisagé. L'art est dans la projection au niveau micro et macro de l'entreprise et de ses collaborateurs. Ces derniers doivent comprendre à la fois le projet global d'entreprise et aussi concrètement ce que l'on attend et ce qu'il va se passer à leur niveau. Rien de pire que de demander à des personnes de changer sans explication ou plan clair. Il conviendra aussi d'éviter les surpromesses, cause assurée de déceptions et critiques futures. Après avoir informé les managers, pourquoi ne pas convier tous les salariés à une annonce ou la partager par une vidéo sur l'Intranet ?

Dans certains cas, une **validation externe** pourra bénéficier favorablement à votre projet. Si la presse couvre positivement (à valider en amont avec le top management) votre annonce ou vos tests, cela pourra contribuer à rassurer les parties prenantes en interne.

Débuter par une phase d'expérimentation

Si l'enfer est pavé de bonnes intentions, le changement est rarement dépourvu d'échecs. Se forcer à tester les hypothèses, c'est s'assurer d'échouer plus rapidement. Plus vite on identifie une idée erronée et plus vite on peut la stopper, la modifier, la corriger ou l'abandonner. Expérimenter, c'est s'assurer d'un test terrain pour valider et affiner ou tuer le cas échéant une mauvaise idée. Cela ne veut surtout pas dire un échec. Au contraire, échouer serait d'attendre bien trop tard pour se rendre compte de son erreur avec des conséquences et un coût bien supérieurs. Tester à petite échelle, mais dans la réalité, permettra d'affiner votre projet et de l'enrichir avec des retours terrain, de nouvelles suggestions, critiques et demandes. Ed Catmull, président de Pixar et des studios d'animation Disney, précise même que, selon son expérience, « le coût de préventions des erreurs est bien plus élevé que celui de les réparer. Les erreurs sont un signe que vous êtes en train d'essayer quelque chose de nouveau[8] ».

C'est aussi l'occasion une nouvelle fois d'impliquer un nombre croissant mais maîtrisé de collaborateurs et de départements. Si les conséquences d'un bug peuvent être limitées ou immenses, elles seront bien plus pénibles et coûteuses à grande échelle. Pour Troy Carter, l'ex-manager de Lady Gaga, il vaut mieux se hâter lentement en acceptant de prévenir que de guérir. Selon lui il faut « penser grand et agir par petits pas, tester le marché, raconter son pitch, voir ce qui fonctionne et recommencer[9] ».

Accompagner le changement

Au fur et à mesure des tests, des besoins criants verront le jour. L'organisation en place ne sera plus ou pas adaptée à de nouvelles façons de faire, des expertises manqueront pour mener à bien le projet... Un travail d'accompagnement du changement sera indispensable pour mettre de l'huile dans les rouages et limiter au maximum les frictions causées. Du soutien du management en passant par la formation des collaborateurs en place ou le recrutement de nouvelles expertises, des actions d'accompagnement seront inévitables. Au-delà des hommes et des outils, c'est la culture même de l'organisation qu'il faudra aider à évoluer. Sans la remettre en cause, de nouvelles situations ou façons de faire imposeront probablement certaines évolutions. Dans le luxe, si vous dotez vos vendeurs de smartphones pour échanger sur WeChat avec vos clients VIP, pouvez-vous leur interdire de regarder leur téléphone sur le lieu de vente ? Si vous voulez que votre équipe communication investisse avec réactivité les médias sociaux, comment demander la validation de cinq managers pour une publication ? Au sein de la Française des Jeux, Cécile Lagé, la CDO, regroupe désormais les responsabilités du marketing, du digital, de l'expérience client et de la transformation (500 millions d'euros investis sur cinq ans) et rapporte au Comex. Le champ de responsabilités de cette ex-directrice « digital » s'est développé avec le temps et le succès des différents projets menés. Avec 26 millions de joueurs et 32 000 points de vente, le terrain de jeu est énorme. L'entreprise souhaite faire passer l'e-commerce de 5 à 20 % de son activité en 2020. Elle travaille aussi à imaginer de nouveaux concepts sur mobile pour toucher la nouvelle génération, envisage de se lancer sur les paris sportifs et de moderniser les points de vente. Mais derrière toutes ces innovations, c'est avant tout un changement culturel et organisationnel que mène Cécile Lagé. Une de ses dernières initiatives a été de mixer les équipes digitales et celles de la DSI pour optimiser la collaboration et gagner en agilité. Elle ajoute : « Après avoir rapproché les équipes marketing et digital, nous allons aussi intégrer les équipes relations client et data. Nous avons même désormais une équipe de "growth hacking". Comme dans les start-up, elle multiplie les tests et les appels clients pour optimiser le site, par exemple sur le parcours d'inscription. »

Le mot de l'expert

Nicolas Petit
General Manager, COO, Microsoft France

« Il n'y a pas de transformation "vanille". Il ne suffit pas d'essayer de vouloir dupliquer les façons de travailler d'une autre entreprise. Il existe plusieurs chemins. Chaque entreprise possède un patrimoine technologique, applicatif, organisationnel qui est extrêmement différent d'une entreprise à une autre. Et, surtout, la culture mange la technologie au petit déjeuner. L'adaptation au contexte culturel est indispensable. Toutes les transformations qui réussissent reposent sur un vrai effort de transformation culturelle, dont le numérique est seulement un accélérateur. Une transformation digitale réussie pour une direction ou un CDO, c'est 20 % de technologie, 80 % de culture et 100 % d'humain. Faire changer la culture, ça ne se décrète pas. Ça se coconstruit avec les gens de manière très graduelle, très progressive avec beaucoup d'essais et d'erreurs. La capacité à accompagner et à faire évoluer les collaborateurs de manière individuelle est fondamentale. Le faire prédomine sur la théorie. Pour AccorHotels, nous avons par exemple lancé une chambre témoin dans un vrai hôtel pour tester les choses sur le terrain, plutôt que de faire des plans sur la comète. Ainsi, 90 % des idées ont misérablement échoué. Mais les 10 % restants ont passé l'épreuve des clients, du personnel, des opérations pour devenir de vraies innovations. Le crible de la réalité est donc indispensable. L'horizon de temps est fondamental aussi. Le succès d'un test à douze mois peut devenir un échec à trente-six mois. Par exemple les premières vagues de déploiement de tablettes. Au final, cela n'a rien donné, car on n'a pas changé les processus culturels, de management ou de reporting. Et cela n'a rien à voir avec la technologie. [...] Au final, on n'est pas obligé de choisir entre faire vite (ce que veut le métier) et faire bien (ce que veut la DSI). La DSI a un rôle essentiel, mais doit s'articuler avec la vision high level du marketing. Il faut une vraie conversation entre les deux[10]. »

Créer un sentiment d'urgence

Pour Lemony Snicket, auteur américain, « Si nous attendons jusqu'à ce que nous soyons prêts, nous attendrons pour le reste de notre vie[11] ». S'il faut accepter de prendre le temps de tester les choses, il faut aussi paradoxalement savoir créer un sentiment d'urgence plus global sur votre projet de transformation digitale. En effet, les lois de l'inertie aidant, votre initiative risque de perdre de la force, de l'intérêt et donc sa priorité si vous traînez trop. Le management, le contexte ou la stratégie peuvent changer à tout moment et remettre aux calandes grecques votre plan s'il n'a pas rapidement commencé à porter ses fruits et à montrer son intérêt. Il est parfois difficile de mobiliser quand la menace de la concurrence est encore floue. Noé n'a pas attendu le déluge pour construire son arche. Même Rupert Murdoch, le magnat des médias, nous invite à accélérer. Pour lui, « le monde est en train de changer très rapidement. Les grands ne battront plus les petits. Ce seront les rapides qui battront les lents ». Sans tension, sans enjeu, sans menace, il vous sera difficile de mobiliser réellement les esprits et les cœurs. Quand Total Marketing Services France décide de lancer Fioulmarket.fr, filiale 100 % e-commerce, c'est sous la menace de FioulReduc, un site Web listant les offres de 200 distributeurs de fioul. Les attentes de ROI rapide de la part de la maison mère ont aussi contribué au sentiment d'urgence auprès des équipes. En moins de quatre ans, ce nouvel acteur de la vente en ligne génère pas moins de 35 millions d'euros de chiffre d'affaires pour 500 000 clients avec une croissance à faire pâlir certaines start-up[12].

Déployer (mesurer et optimiser) (12 à 36 mois)

La transformation est un processus itératif. Une fois vos projets lancés, vient l'heure du suivi et de l'optimisation. « Le progrès a toujours des progrès à faire », comme l'énonçait si bien le journaliste et humoriste Philippe Meyer.

Mesurer la performance et le ROI des actions menées

Afin de pouvoir analyser et quantifier le degré de réussite ou d'échec de vos initiatives, il convient de mettre en place les outils de suivi et de mesure. Solutions de mesure d'audience, a/b testing, benchmarks... Il est indispensable de pouvoir prouver à votre direction et aux collaborateurs les effets des actions menées.

Amplifier, corriger, ou arrêter ce qui ne marche pas

Plus vite le diagnostic sera clairement établi, plus vite vous pourrez lancer les actions correctrices. Faut-il tuer une action ? la corriger ou bien l'amplifier ? Les nouveaux outils de mesure permettent désormais, dans certains cas, de pouvoir prendre des décisions en temps quasi réel. En développant un socle technologique commun, Pizza Hut Europe a pu mettre à disposition de tous les pays rapidement et à moindre coût même les fonctionnalités les plus sophistiquées. En généralisant les meilleures pratiques de ses différents sites Web européens aux autres pays, le groupe de restauration rapide a vu les ventes dans certains pays doubler ou tripler[13] !

Communiquer et célébrer les « quick win »

L'enthousiasme des débuts aura vite fait de s'émousser avec le temps et les difficultés rencontrées. Il vous faudra donc veiller sur le moral des troupes (et celui de votre direction) comme le lait sur le feu. Vos efforts pédagogiques d'évangélisation ne devront pas hésiter à célébrer les premières petites victoires en les communiquant au plus grand nombre. N'oubliez pas de valoriser les nombreux contributeurs qui auront participer à cette réalisation. Plus vite les managers et les collaborateurs verront vos initiatives comme des opportunités pour briller et voir leur talent reconnu et plus vite vous pourrez compter sur leur soutien et leur participation. Rien de pire que de commencer par la face nord et d'annoncer une série d'échecs à la suite. Le « bad buzz » de toutes celles et ceux qui préfèrent l'immobilisme sera fatal. Votre projet pourrait vite être enterré avant même d'en voir les premiers fruits. Au contraire, rassurez et créez la confiance en remportant rapidement quelques succès, même minimes, et en les faisant connaître.

Poursuivre et itérer

La transformation est un long périple parsemé d'embuches et de contre-performances. Comme en sport, « chaque difficulté rencontrée doit être l'occasion d'un nouveau progrès », nous rappelle Pierre de Coubertin. Une fois vos premières victoires acquises, il sera temps de vous lancer de plus grands défis. À vous d'identifier de nouvelles bonnes pratiques à adopter grâce à votre veille et vos échanges. Et pourquoi pas même d'inventer de nouvelles approches.

Les 5 choses à retenir selon le HUB Institute

1. Un poste de CDO ou lié à la transformation se prépare en amont. Le volume de travail sera tel une fois en poste qu'il sera préférable de faire un maximum de veille et de montée en expertise AVANT.
2. Au-delà des responsabilités du poste, il vous faudra comprendre les dynamiques de l'entreprise, de son industrie, du contexte technologique et économique.
3. Une fois aux manettes, auditez un maximum mais rapidement le contexte de votre activité : expérience client, perception des employés, passage en revue des briques technologiques... plus vous en saurez, plus vous serez armé pour prendre les bonnes initiatives.

4. La création d'une feuille de route nécessitera moins de travail que le talent et la pédagogie nécessaires à la communiquer à la direction pour en obtenir la validation. Faites prévalider votre stratégie avant de l'annoncer.

5. Expérimentez, testez, mesurez, stoppez ou améliorez. L'innovation est un sport de combat fait d'itérations successives. Ne négligez jamais les aspects humain et psychologiques dans l'accompagnement de vos actions.

Les 5 questions à vous poser

1. Avez-vous une vraie compréhension de la chaîne de valeur de votre organisation ? Pouvez-vous citer les forces, les faiblesses, les menaces et les opportunités auxquelles elle est confrontée ?

2. Plus que l'excellence de vos idées, savez-vous les présenter avec conviction et impact, les vulgariser pour un public pas toujours convaincu ou intéressé, souvent peu expert des sujets digitaux ? Savez-vous vous exprimer sans jargon ?

3. Êtes-vous à l'aise avec les différentes méthodes agiles (Scrum, Lean…) ? Sauriez-vous accompagner les équipes existantes pour les aider à mettre en place ces nouvelles méthodes ?

4. Quelles actions pourriez-vous mener pour célébrer les premières victoires de votre transformation ? Comment pourriez-vous impliquer un maximum de personnes dans cette reconnaissance ?

5. Savez-vous quand arrêter une tentative qui s'avère définitivement un échec et quand persévérer pour imposer une innovation parfois longue à aboutir ?

L'avis des experts

Personnes interviewées

Pour la rédaction de cet ouvrage, 22 experts ont accepté de jouer le jeu de l'interview. CDO, CMO, DRH ou directeurs de l'innovation. Retrouvez dans les pages suivantes leur témoignage et leurs conseils en matière de transformation digitale.

En exclusivité pour ce livre, ces interviews complètes sont disponibles en vidéo sur le site : guidetransformationdigitale.com. Nous continuerons d'en ajouter de nouvelles dans les mois à venir.

Chantier « Leadership »

- SNCF – Yves Tyrode, Chief Digital Officer
- Danone – Michael Aidan, Chief Digital Officer
- Fauchon – Jules Trecco, Chief Digital Officer
- Pernod Ricard – Antonia McCahon, Chief Digital Officer

Chantier « Culture et organisation »

- McDonald's France – Jean-Noël Penichon, Vice-président Information Technology
- Total Marketing et Services – Marc Gigon, directeur digital
- Allianz France – Virginie Fauvel, responsable des activités digitales et market management
- Airbnb EMEA – Anne-Sophie Frenove, directrice Business Development
- PMU – Christophe Leray, en charge des opérations et des systèmes d'informations

Chantier « Technologies »

- But International – Thierry Lernon, directeur général e-commerce, CRM, crosscanal et Chief Digital Officer

- AXA – Amélie Oudea Castera – directrice digital marque et partenariats et directrice générale adjointe retail
- Nokia – Fatima Bakhti, directrice du projet de transformation
- Pernod Ricard – Alain Dufossé, directeur général de BIG (Breakthrough Innovation Group)

Chantier « Données »

- Groupe MAIF – Pascal Demurger, directeur général, et Romain Liberge, Chief Digital Officer
- Edenred – Antoine Dumurgier, directeur général en charge de la stratégie et du développement

Chantier « Expérience client et marketing 2.0 »

- Orange – Lionel Fumado, Digital and Social Hub Manager
- L'Oréal – Lubomira Rochet, Chief Digital Officer
- Citroën – Marie Laloy, directrice du digital

Chantier « Mesure »

- Nestlé Waters – Philippe Armand, Global Digital Lead
- Groupe Renault – Thierry Plantegenest, directeur client

Chantier « Leadership »

Si avec voyages-sncf.com, la distribution a su pivoter avec succès vers un modèle d'affaires digital, c'est à d'autres défis que s'attelle l'opérateur ferroviaire. En ligne de mire : la maintenance prédictive et la réinvention du train. Pour mener à bien ce chantier critique et complexe, le CDO mise entre autres sur l'ouverture et l'Open Data.

Questions à…
Yves Tyrode
Chief Digital Officer
SNCF
« Plus de 700 start-up travaillent avec nos équipes sur la réinvention et le futur de nos métiers. »

À quelle étape se situe la SNCF dans sa transition digitale ?

La SNCF a depuis longtemps initié sa transformation digitale, du moins dans le domaine de la distribution de billets : voyages-sncf.com, créée il y a dix ans, fait partie des leaders français de l'e-commerce. En revanche, l'accélération de la digitalisation de notre activité pose la question de la transformation de notre modèle économique dont les enjeux sont à la fois organisationnels, industriels, culturels et humains. Et là, beaucoup reste à faire. Entre la culture de pure players de la filiale e-commerce que j'ai dirigée et la transformation d'un groupe de 260 000 personnes présent dans 120 pays, le challenge est d'envergure. S'il y a une énorme appétence des personnes du terrain pour faire évoluer les métiers, il y a aussi de la résistance et des blocages dans nos processus actuels ainsi qu'au niveau des systèmes d'information.

Quels sont les enjeux de la transformation digitale pour la SNCF ?

Notre premier enjeu est l'amélioration de la vie de nos clients *via* des services numériques très concrets comme le billet en ligne ou l'accès à Internet dans les trains. Pour couvrir en 3G et 4G le réseau de chemins de fer, nous travaillons en forte proximité avec les opérateurs mobiles et l'Autorité de régulation des télécoms.

Le deuxième enjeu a trait à la digitalisation du métier des agents et employés de l'entreprise : comment leur fournir des outils digitaux qui répondent à leurs besoins et facilitent leurs missions de maintenance ? On a prévu d'équiper 80 000 agents en tablettes avec des applications métier verticales pour améliorer la qualité de leur travail et leur productivité.

Enfin, la technologie est le troisième enjeu : dans quelle mesure les ruptures technologiques telles que l'Internet des objets ou encore la réalité augmentée peuvent aider la SNCF à améliorer l'expérience client d'un côté et à faire des gains de compétitivité de l'autre ? L'Open Data joue ici un rôle crucial : convaincu que l'innovation naît de l'ouverture et de la friction avec l'écosystème des start-up, le groupe a lancé une offre partenaire : plus de 700 start-up travaillent désormais avec nous sur la réinvention et le futur de nos métiers.

Quels sont les facteurs de réussite de la transformation digitale ?

Le premier facteur clé de succès réside dans l'adhésion des employés et du management. Pour cela, on a créé une communauté digitale qui rassemble sur la base du volontariat plus de 3 000 personnes venant de tous les métiers du groupe (techniciens, managers commerciaux, communicants, etc.). J'ai mis en place un chat hebdomadaire pour échanger sur tous les sujets du groupe et sur l'avancement des projets, et ce, sur un mode direct, non hiérarchique et transparent. On se parle de manière « cash » autant sur les points de succès que sur ce qui pose problème. Le deuxième élément important à mon sens est le résultat : la transformation digitale doit être visible et se traduire concrètement par une amélioration de l'expérience voyageur et donc par une meilleure satisfaction de nos clients. Enfin, la réussite d'une transformation digitale repose sur une infrastructure technologique hyper agile : un sujet complexe et critique tant la tâche est lourde. Il s'agit ni plus ni moins de faire évoluer radicalement un socle et des process informatiques issus des années 1980. Cet enjeu IT est fondamental pour réussir dans le digital face à des pure players pour lesquels parler de data, d'agilité, de devops, de Cloud, de MVP est naturel.

Quelles sont les prochaines disruptions dans votre activité ?

Avec la digitalisation, deux types de ruptures majeures se profilent pour la SNCF. La première, industrielle, est liée à l'amélioration de notre performance opérationnelle : c'est toute la question de la maintenance prédictive rendue possible par l'Internet des objets (les capteurs) et le Big Data. Pour avancer sur ce sujet, nous travaillons à collecter toutes nos data et avons créé un « fablab » au sein duquel data scientists et managers travaillent étroitement.

Au-delà des process et de l'efficacité opérationnelle, la SNCF comme opérateur de transport est confrontée à la transformation même de son métier et de son modèle d'affaires historique. Les solutions de mobilité où se créera demain la valeur résident entre autres dans l'économie collaborative : c'est un sujet que le groupe a pris à bras-le-corps et qui est complètement intégré à sa stratégie comme l'illustre, par exemple, l'acquisition de OuiCar, plate-forme de location de voitures entre particuliers. Un cran plus loin, c'est la réinvention même du train sur laquelle nous planchons : comment nous déplacerons-nous dans quinze ans ? Ce sont les questions de l'ultravitesse ou du train sans conducteur. C'est un enjeu industriel de long terme, aujourd'hui à l'état pur de recherche et développement, mais essentiel et hautement stratégique si l'on ne veut pas être pris de court par des acteurs comme Elon Musk, le créateur de la Tesla et d'Hyperloop, qui permet de voyager à une vitesse d'environ 1 200 km/h.

Il en faut de la patience pour arriver à transformer en profondeur les codes d'un grand groupe comme Danone. Un défi qui repose d'abord et avant tout sur l'implication de la gouvernance et une vision claire du futur de l'entreprise.

Questions à...
Michael Aidan
Chief Digital Officer
DANONE
« La transformation digitale ne se décrète pas. »

Quelle est votre vision de la transformation digitale ?

Nous avons deux vies : une offline et une online. Nous sommes en permanence en train de switcher entre ces deux univers avec les apps d'un côté, une commande par ci, des achats par là, des recherches d'informations, etc. Force est de constater que si la plupart des entreprises – comme la nôtre – vivent très bien dans l'univers offline, elles ont mis du temps à appréhender l'ampleur et l'impact du Web en l'envisageant juste comme un canal supplémentaire. Or, l'accélération des usages et du monde numérique a changé la donne : l'entreprise a dû rattraper les consommateurs. Quel changement ! Le digital concerne désormais chacun d'entre nous, dans tous les métiers et secteurs d'activité. En résumé, la transition digitale, c'est comment passer de « trois geeks dans un sous-sol » qui font du digital à 100 000 personnes qui se doivent de jongler entre on et offline. C'est loin d'être évident.

Comment s'est passée cette transformation en interne ?

La digitalisation d'une entreprise ne se décrète pas. Pour permettre aux projets digitaux de fleurir, il faut d'abord et avant tout définir une vision, puis les moyens que cette transition requiert pour envisager une transformation globale.

Chez Danone, nous avons choisi de tester nos concepts sur un petit nombre de pays, de marques et de collaborateurs avant de monter en puissance et d'irriguer cette culture dans l'ensemble du groupe.

Comment arriver à suivre les nouvelles technologies toujours plus nombreuses et à les intégrer dans son marketing ?

Depuis quelques mois, il y a une prolifération de solutions technologiques. Si la technologie ouvre un fabuleux champ des possibles, elle doit être mise au service de l'idée marketing et non l'inverse. Seules les marques qui apportent du sens et créent des messages engageant émotionnellement les clients arriveront à frapper les esprits et à créer de la préférence de marque. Il faut donc d'abord avoir la bonne idée, et ensuite s'appuyer sur des technologies adaptées, pour dialoguer avec sa cible. Notre philosophie est simple : ce ne sont pas les marques créatives qui vont gagner, ni celles qui maîtrisent la technologie, mais celles qui ont ces deux compétences. Les équipes marketing doivent donc travailler main dans la main avec les équipes digitales. C'est ce que nous arrivons à faire aujourd'hui chez Danone avec pour ambition de développer des solutions qui mêlent à la fois business, usage, sécurité et cohérence internationale.

Quel impact a le Web sur le marketing et l'expérience client ?

Ce que change le digital, c'est le lien direct avec les clients qui n'existait pas avant. Ils peuvent désormais réagir à tout immédiatement, tandis que l'entreprise peut de son côté accéder à des informations sans forcément poser de question. Avec l'e-listening, nous sommes capables d'écouter 1 300 millions de conversations par jour, ce qui représente une immense, précise et utile base de données pour comprendre nos clients, leurs usages, les points forts, mais aussi de friction vis-à-vis de nos marques. Cela modifie profondément le marketing, dont la mission est désormais de créer un dialogue avec des individus et des petites communautés plutôt que des masses, et ce, en produisant du contenu adapté aux attentes. Chez Danone, les quatre piliers que sont « *listen, reach, engage and sell* » sont sans cesse à retravailler pour être toujours plus en phase avec la communauté de consommateurs. C'est un travail d'amélioration continue qui doit s'appuyer sur une bonne utilisation de la data.

Quels conseils donneriez-vous pour réussir sa transition numérique ?

Le premier conseil est de ne pas sous-estimer l'importance du temps. Il faut quatre à cinq ans pour passer d'un premier changement à une transformation généralisée du système. Pour une grande entreprise, ce processus nécessite d'avoir la bonne gouvernance et organisation en place pour embarquer tout le monde. Ensuite, il faut impliquer le top management afin qu'il soutienne la direction et fixe des objectifs ambitieux. La transformation digitale est un immense chantier qui, pour être mené à bien, requiert de la conviction : il faut y croire pour pouvoir embarquer ses collaborateurs.

Pour le CDO de Fauchon, la transformation digitale est d'abord une question humaine qui repose sur une approche pragmatisme et opérationnelle, une fine connaissance du métier de retailer et de l'expérimentation locale.

Questions à...
Jules Trecco
Chief Digital Officer
FAUCHON
« Plus qu'un enjeu, la transformation digitale devient un terrain de jeu participatif et ouvert à l'ensemble des collaborateurs. »

Quelle méthode avez-vous déployée pour initier la transformation digitale de Fauchon ?

La transformation digitale est un processus qui, loin d'être terminé, est toujours en cours. Pour démarrer, il faut avant tout faire preuve de pragmatisme et avoir une approche opérationnelle fondée sur l'expérimentation locale. Plutôt que de construire des plans stratégiques pharaoniques de transformation à trois ans, il faut miser sur des actions de court terme et des stratégies locales qui permettent de tester rapidement les concepts et les outils et d'obtenir des victoires rapides sur le terrain. Ce sont ces « quick wins » qui motivent les collaborateurs comme les dirigeants. En fournissant la preuve très concrète que nos actions portent leurs fruits, on fédère les énergies et on enclenche une dynamique vertueuse. Plus qu'un enjeu, la transformation digitale devient un terrain de jeu participatif et ouvert à l'ensemble des collaborateurs.

Sur quels leviers vous appuyez-vous pour favoriser l'adhésion en interne et permettre justement l'obtention de ces « quick wins » ?

Mais si l'infrastructure technologique est essentielle, si des outils collaboratifs de gestion de projet comme Basecamp que nous utilisons sont importants, ils ne doivent pas paralyser les équipes. C'est pourquoi je prends d'abord en considération les compétences disponibles : ce n'est pas parce qu'un collaborateur ne sait pas coder ou ne connaît pas le langage HTML ou PHP qu'il ne peut pas apporter sa plus-value dans la transformation digitale de l'entreprise. La transformation digitale réinvente le service au client et fait de l'agilité un facteur clé de succès : plus que technologiques, ces défis sont avant tout humains et ancrés dans l'évolution des métiers du marketing et de la logistique.

Quelle est votre vision de la transformation digitale chez Fauchon et comment celle-ci a-t-elle évolué avec le temps ?

Pour un retailer comme Fauchon, la transformation digitale consiste d'abord et avant tout à casser la frontière entre off et online et à travailler la proximité avec notre clientèle qu'elle soit locale, à Paris, à 50 mètres du magasin ou en banlieue parisienne ou à 8 000 km au Japon ou à New York. À partir de cette vision client, on a défini une stratégie opérationnelle qui mêle leviers logistiques et numériques. Concrètement, nos deux magasins à Paris situés place de la Madeleine ont joué le rôle de pilote pour tester nos premières innovations web-to-store : retrait en magasin, livraison en une heure, iBeacon, etc. On teste ces nouveaux services en local avec pour objectif ensuite de les dupliquer à l'international dans les villes où Fauchon est présent.

L'expérience client est-elle finalement le socle sur lequel repose une transformation digitale réussie ?

La transformation digitale devient une réalité concrète dès lors que le consommateur a l'impression d'être mieux servi. La réalisation de cette promesse passe par la fluidification des contenus *via* les plates-formes Web et mobiles. Pour inciter le consommateur à choisir Fauchon, on a développé l'accessibilité de l'information et la qualité de service : il sait qu'il peut venir retirer ses produits en une heure trente, qu'il peut être livré en une heure sur Paris, qu'il peut profiter de nos « Happy Hours » et autres opérations spéciales, etc. La mesure de nos actions est clé : des outils de suivi des KPI comme Geckoboard me permettent ensuite d'analyser en temps réel l'évolution de nos métriques et de démontrer à mes équipes et lors des comités de pilotage la performance de nos opérations. C'est à l'aune de l'amélioration continue de la qualité de service que nous jugeons si la transformation digitale porte ses fruits.

Pour concilier innovation incrémentale et de rupture, Pernod Ricard a fait le choix de nommer un CDO à l'échelle du groupe (en parallèle d'une start-up interne avec BIG : Breakthrough Innovation Group).

Questions à...
Antonia McCahon
Chief Digital Officer
PERNOD RICARD
« Le digital n'est pas un métier, mais une compétence que l'ensemble des collaborateurs et des métiers doivent intégrer. »

Pernod Ricard a défini quatre axes principaux pour accélérer sa transformation digitale : lesquels sont-ils ?

Afin d'avoir une vision claire qui embrasse l'ensemble des dimensions que couvre la transformation digitale, on a défini il y a plus de deux ans quatre champs de bataille à mener, et ce quels que soient les marques et les marchés de Pernord Ricard :

- 1. **le contenu** au sens large, du « search » jusqu'aux assets digitaux que nous partageons avec les consommateurs, constitue le premier axe baptisé « Connected Content » ;
- 2. **la « Data Smart Action »,** qui est le deuxième axe, est fondamentale : bien utilisée, la data est un vrai levier de business grâce à la connaissance client et à la mesure en temps réel qu'elle permet ;
- 3. le troisième champ stratégique – **« Everywhere Commerce »** – inclut à la fois nos partenaires retailers et e-commerce, mais aussi les bars et les restaurants qui sont des lieux de consommation des produits Pernod Ricard qui se digitalisent de plus en plus ;
- 4. enfin, le dernier chantier, qui est aussi le plus difficile à mener, a trait au **« Change Management »** : il s'agit de faire évoluer les compétences et les modes de travail des collaborateurs afin de créer la culture 2.0 indispensable pour réussir cette transformation digitale.

Quels outils avez-vous mis en place pour faciliter cette gestion du changement en interne ?

Pour favoriser cette appropriation, nous avons lancé plusieurs initiatives autour du thème de la convivialité : un MOOC dédié aux managers fondé sur la gamification par exemple, mais aussi un système de gratification qui récompense les salariés qui intègrent le digital dans leurs actions quotidiennes. Enfin, Chatter, notre réseau social interne, est un formidable outil pour apprendre à travailler sur un mode collaboratif : outre de partager nos « best practices », la plateforme débouche sur la création de communautés autour de projets transverses et de casser la gestion dite « classique » de projet par marque ou par marché.

Au-delà des outils, le plus important est la vision : le digital ne se résume pas aux experts. Ce n'est pas un métier, mais une compétence que l'ensemble des collaborateurs et des métiers doivent intégrer. Cette vision dynamique est essentielle : en cassant la notion de silo, elle met l'accent sur ce qui est au cœur de la transformation digitale, à savoir la transversalité.

Chantier « Culture et organisation »

Pour le leader mondial de la restauration rapide, la transformation digitale est d'abord un enjeu culturel et interne de gouvernance. La priorité du groupe : faire monter en expertise l'ensemble de l'écosystème, des employés aux franchisés en passant par le top management et les fournisseurs, et adopter des modes de travail agiles.

Questions à...
Jean-Noël Penichon
Vice-président Information Technology
MCDONALD's France

« Modifier notre organisation et nos modes de travail pour gagner en agilité a donc été notre première priorité. »

Quelle est la vision du digital chez McDonald's ?

Chez McDonald's, la transformation digitale est d'abord un changement culturel et de gouvernance profond. Un groupe aussi important que le nôtre avait, il y a quelques années, des standards et des processus de décision inadéquats avec le rythme et la culture digitale. Je raconte souvent cette histoire pour illustrer cette inertie et la nécessité de transformer en interne notre organisation : lors de nos premiers essais digitaux, McDonald's a décidé de déployer des tablettes de prise de commande. Or, entre le moment de la prise de décision et la mise en place opérationnelle dans les restaurants, notre fournisseur technologique nous a informés que le modèle était obsolète et qu'il nous fallait changer de système d'exploitation. Dans le monde numérique qui évolue très rapidement, la gestion classique de projet n'est plus pertinente. Modifier notre organisation et nos modes de travail pour gagner en agilité a donc été notre première priorité. Ce n'est qu'une fois cette transformation interne lancée que nous avons attaqué le chantier de l'expérience client.

Comment vaincre la résistance naturelle au changement et convaincre l'immense réseau de vos franchisés ?

L'ignorance est un des principaux freins au changement. Les collaborateurs qui n'ont pas une âme de geek peuvent se sentir inhibés et non légitimes. Pour évangéliser, fournir des clés de décryptage et faire en sorte que tout le monde soit au même niveau, nous avons créé la « Digital University » et montré les gains que le tournant digital pouvait leur offrir en termes de business et de ROI. En parallèle de cette stratégie RH de formation, la détermination du leadership qui depuis le début porte haut et fort la bannière du digital a été d'une aide précieuse pour embarquer et convaincre les franchisés de l'importance et l'intérêt à prendre ce virage numérique. Je n'aurais pas réussi à créer cette adhésion sans cet appui total du CEO de McDonald's.

Comment fonctionne la « Digital University » ?

On a commencé par former l'ensemble de notre écosystème, fournisseurs inclus, autour de quatre messages clés : le mobile, les réseaux sociaux, l'« empowerment » et le changement interne. On a diversifié les formats selon les publics : au siège pour les employés, tournée itinérante pour les franchisés, immersion à New York pour le leadership. De 100 % présentielle à l'origine, la formation évolue désormais de plus en plus en ligne, notamment pour les franchisés, qui peuvent à la demande suivre des cours en ligne. Par ailleurs, nous lançons depuis un an un programme communautaire de « digital pilotes » à destination de nos franchisés : 1 à 3 collaborateurs jouent le rôle à la fois de relais et de mécènes de compétences en accompagnant sur le terrain le déploiement de la stratégie digitale. Ce système de cascade qui s'appuie sur plus de 450 « pilotes digitaux » nous permet de former les 75 000 collaborateurs en France.

Du point de vue de l'expérience client, quel est votre prochain enjeu ?

Après le WiFi illimité, les bornes de commande physique et la commande en ligne, nous avons ouvert le chantier de la personnalisation de l'expérience client depuis un an et demi. En nous appuyant sur les multiples sources de données à notre disposition, nous voulons faciliter et fluidifier le parcours client pour lui offrir la meilleure expérience possible : retrouver sur les kiosques leurs produits préférés, développer le service à table *via* la borne en ligne pour les clients qui le souhaitent, appeler le client par son prénom et non plus son bon de commande, etc. Le digital dépasse là sa fonction initiale technologique et s'envisage comme un levier marketing qui permet d'humaniser la relation client en offrant un service adapté au besoin de chacun au-delà du produit.

Quels sont vos KPI et les outils de mesure que vous avez mis en place pour évaluer le ROI de ces actions digitales ?

Il est extrêmement difficile d'évaluer les gains que génère le programme de transformation digitale d'une entreprise. En revanche, nous mesurons avec précision l'impact business de nos services numériques. Par exemple, sur les kiosques, un quart de notre chiffre d'affaires en 2014 provient de nos bornes de commande. Nous sommes le leader mondial sur ce segment. Le business model ne repose pas sur la réduction de personnel dont on a toujours autant besoin, notamment avec le lancement de notre offre de service à table, mais sur l'augmentation du panier moyen et l'upselling. Avec en moyenne une croissance de 20 % du panier moyen, la borne est un levier business ultra performant.

Fédérer les énergies, favoriser la fertilisation croisée des compétences, former les équipes aux outils collaboratifs : pour la branche Marketing et Services de Total, l'innovation est une affaire pragmatique qui repose sur l'apprentissage et la cocréation.

Questions à...
Marc Gigon
Directeur digital
Total Marketing et Services

« La sociologie de l'innovation montre en effet que la coconstruction est une des clés de l'appropriation et de la diffusion des pratiques digitales. »

Comment abordez-vous la transformation digitale ?

Notre vision repose sur un double enjeu, à la fois défensif et offensif. Comment nous prémunir de l'arrivée de nouveaux concurrents et nous adapter au consommateur connecté et lui offrir une expérience client optimale ? Un cran plus loin, comment utiliser les techniques du digital pour améliorer notre performance commerciale, mais aussi créer et inventer les services de rupture de demain ? C'est sur ces deux axes que nous agissons en priorité : prévenir et anticiper toute « ubérisation » de notre activité d'un côté, et avancer de front sur l'innovation incrémentale, l'amélioration du business existant de l'autre.

Comment avez-vous démarré ce projet de transformation ?

Notre méthode consiste, à partir des objectifs business, à nous appuyer sur notre force de vente qui connaît mieux que personne nos produits et nos clients pour ensuite trouver des solutions digitales et technologiques appropriées. Cette approche opérationnelle a l'avantage de directement impliquer les collaborateurs et de faire de la transformation digitale non pas une question technologique et abstraite, mais une réalité ancrée dans le business. La sociologie de l'innovation montre en effet que la coconstruction est une des clés de l'appropriation et de la diffusion des pratiques digitales.

Avez-vous mis en place des programmes de formation pour accompagner l'évolution des compétences en interne ?

Nous avons lancé un programme de formation générique qui s'adresse à tous, quelle que soit sa fonction, ainsi que des modules plus spécifiques dédiés aux

Codir de chaque entité du groupe. Pour permettre une fertilisation croisée des programmes et créer une culture 2.0 commune, nous avons par ailleurs lancé un « Digital Boot Camp », qui réunit à Paris des collaborateurs marketing et commerce de différentes filiales dans le monde : pendant six mois, ces professionnels mènent des projets digitaux en croisant les problématiques locales et les enjeux propres à la branche. Enfin, nous avons déployé des outils simples, mais efficaces, de modes de travail collaboratifs : un réseau social d'entreprise est actuellement en cours de mise en place, sachant que les forces de vente utilisent déjà Chatter, la solution de Salesforce, pour optimiser leurs échanges. Nous constatons l'usage professionnel d'outils grand-public comme WhatsApp.

Quelle différence faites-vous entre innovation incrémentale et innovation de rupture ? Quelle est votre stratégie sur ce sujet ?

La transformation digitale impose plusieurs temporalités qu'il nous faut savoir gérer. À court terme, premièrement, le numérique offre des gains de productivité et nous permet d'améliorer nos ventes, l'amélioration du business existant. À moyen terme, il s'agit davantage de se positionner sur la création de nouveaux services, mais toujours en ligne avec nos modèles d'affaires et nos clients usuels. À plus long terme, l'innovation de rupture exige de penser au-delà de notre territoire actuel en imaginant des produits et des services qui reposent sur des modèles d'affaires radicalement différents, d'agréger en ligne les offres de concurrents ou de créer des services pour les « non-consommateurs ». Se saisir de cette problématique est urgent si nous ne voulons pas que d'autres acteurs viennent occuper le terrain et nous prendre des parts de marché. Pour maintenir notre avance, la branche Marketing et Services doit adopter une posture de défricheur et non de suiveur.

Quelle méthode avez-vous adopté pour défricher ces territoires qui dessineront le futur de vos services et produits ?

Dans l'économie numérique, le client, qu'il soit B2C ou B2B, est l'alpha et l'oméga. Dans cette démarche « consumer centric », on a choisi d'analyser systématiquement les points de friction de nos clients dans leurs parcours d'achat et d'opérer une analyse profonde de notre chaîne de métiers. C'est ainsi que nous avons lancé une « usine à start-up », un processus qui vise à mettre rapidement sur le marché des services innovants, avec un financement progressif, validé à haut niveau. Par exemple, nous avons lancé un service de livraison de bouteilles de gaz à domicile en Côte d'Ivoire et au Maroc. Enfin, Total a créé une plate-forme communautaire d'innovation ouverte à tous – TILT (The Innovation Laboratory of Total) –, où chacun peut venir partager ses idées, soumettre des projets, participer à des concours, etc.

Pour proposer une expérience client optimum, clé de voûte d'une transformation digitale réussie, la conduite du changement est cruciale et passe par une acculturation de tous les collaborateurs, du top management aux employés. Virginie Fauvel nous livre sa méthode.

Questions à...
Virginie Fauvel
Responsable des activités digitales et market management
Allianz France
« Le numérique doit vraiment être vécu pour être compris. »

Par quelles étapes est passée votre transformation digitale ?

Le premier élément est d'abord de bâtir une équipe pointue d'experts sur les sujets du mobile, de l'expérience client, des usages, ou encore des achats média sur Internet. Ensuite, il faut réorganiser le groupe autour du numérique et sortir du schéma existant et siloté qui constitue le modèle classique de l'entreprise. Je suis ainsi convaincue que nous devons rapprocher les centres d'appel du digital pour réinjecter de l'humain dans la relation client. Pour ce faire, outre de se fixer des objectifs business très concrets, il faut construire une stratégie puissante et partagée par l'ensemble de l'écosystème, en interne avec les collaborateurs, comme en externe avec nos partenaires, car une transformation qui n'est pas comprise ne pourra pas être faite.

Quels outils vous ont aidés dans cette transition 2.0 ?

Il existe beaucoup d'outils pour accompagner une transition digitale. Nous avons eu besoin de technologie et d'informatique agiles, mais surtout de développer un fort état d'esprit unitaire. Pour réussir l'intégration pleine et entière du numérique dans son entreprise, il ne faut pas uniquement s'attacher aux outils, mais se concentrer sur la vision de l'entreprise afin que l'ensemble des collaborateurs puisse se projeter et conserver ainsi une dynamique et une énergie. Pour mener à bien une transformation de cette ampleur, il faut faire preuve d'une grande force de conviction, avoir un objectif clair de là où l'on veut emmener l'entreprise à un horizon de trois ans et garder ce cap sans jamais baisser les bras. Toute la subtilité et la difficulté de ce chantier sont d'insuffler ce rythme et d'obtenir rapidement des avancées sans agressivité et en prenant en compte la sensibilité des salariés. Il s'agit de faire preuve de « rondeurs » tout en étant ultra déterminé, autrement dit d'avoir une main de fer dans un gant de velours.

Quelle méthode avez-vous mise au point pour convaincre et embarquer les salariés comme les dirigeants ?

Pour réussir une transition numérique, le digital doit être porté au plus haut niveau. Le fait d'être membre du Comex d'Allianz est un signal clair de l'importance qu'accorde le groupe au digital. Pour favoriser l'acculturation des dirigeants au numérique, j'organise par ailleurs régulièrement des Comex à l'extérieur de l'entreprise chez Facebook ou Apple et emmène chaque année les dirigeants dans la Silicon Valley à la découverte des start-up et nouveaux business models.

Les experts du digital chez Allianz jouent également un rôle important d'évangélisation et de diffusion des bonnes pratiques au sein des différentes directions du groupe.

En étroite collaboration avec la direction des ressources humaines, nous avons par ailleurs créé une Digital Academy afin que chaque collaborateur puisse être formé au numérique et utiliser les réseaux sociaux. Le « Digital Showroom » situé à la Défense est un autre exemple d'initiative qui permet de donner un visage très concret et donc accessible au numérique : dans cet endroit qui rassemble des objets connectés, les équipes d'Allianz sont invitées à tester, à échanger et à développer des projets. Le numérique doit être vécu pour être compris.

Comment Allianz aborde-t-il la question de l'expérience client ?

L'expérience client est le cœur de la transformation digitale. La révolution des process, l'acquisition de technologies et le changement profond des modes de travail ont pour finalité la création d'une expérience client optimale.

Comment faire en sorte que nos clients et nos prospects aient envie d'utiliser et de recommander nos services ? Avec 50 % des connexions qui se font à partir des mobiles ou des tablettes, la base de toute expérience client digitale est la conception en « responsive design ». Simplicité, ergonomie, fluidité sont les maîtres mots d'une expérience utilisateur satisfaisante. Dans cette visée, nous avons mis en place la signature électronique, l'e-constat, qui permet à nos adhérents de déclarer un sinistre à partir d'un « device » mobile ou bien encore avons été pionnier, en étant le premier assureur de l'iWatch. Le remboursement est un autre axe d'innovation important : nous avons ainsi lancé une plate-forme transactionnelle adaptée au mobile concernant les remboursements de santé.

La marketplace qui met en relation les hôtes souhaitant mettre à disposition leur logement et des voyageurs compte aujourd'hui plus de 2,5 millions de logements dans le monde, dont 300 000 en France, et est présente dans plus de 190 pays. La licorne au succès foudroyant doit sa réussite notamment à une forte culture de l'entrepreneuriat et de la transparence infusée dans l'entreprise.

Questions à...
Anne-Sophie Frenove
Directrice Business Development
Airbnb EMEA

« La culture est vraiment la clé de voûte de l'entreprise. C'est ce qui permettra de garder une structure horizontale avec beaucoup de transparence tout en allant dans la même direction. »

Comment voyez-vous l'évolution du nouveau consommateur ?

Il y a deux changements générationnels. Le premier, c'est autour du partage et cette envie de moins posséder. Dans les années 1970, le rêve américain était de posséder sa voiture et sa maison. Aujourd'hui, le rêve d'un jeune va plus se situer autour des expériences : il est à la recherche d'une expérience authentique. L'accès et l'usage ont remplacé la volonté de propriété. Le second changement réside dans la notion de confiance, qui a pris une place importante avec la technologie. Le Web et les réseaux sociaux ont donné une identité digitale à chacun. Des marketplaces comme BlaBlaCar ou Airbnb se sont développées et ont su recréer ces mécanismes de confiance en ligne. Grâce au système de notation proposé, la communauté se note elle-même, et une fonctionnalité comme le paiement sécurisé qui passe par Airbnb est aussi là pour rassurer. Airbnb agit comme un tiers de confiance.

Comment s'y prend-on pour accompagner une croissance comme la vôtre ?

Le plus important est de cultiver une culture forte. Chez Airbnb, nous avons une mission qui est claire : « *Belong anywhere* » – faire en sorte que chacun se sente chez soi partout dans le monde. Tous les employés du monde entier, mais aussi notre communauté sont alignés sur cette même mission.

Nos cofondateurs ont aussi défini six valeurs fortes telles que : « *Be a cereal entrepreneur* », qui prône l'intrapreneuriat et pousse chacun d'entre nous à innover, ou encore « *Be a Host* », qui encourage l'empathie. Ces valeurs définissent les règles du jeu qui vont définir la vie collective. La culture est vraiment la clé de voûte de l'entreprise ; c'est très important pour nous de la cultiver. C'est ce qui permettra de garder une structure horizontale avec beaucoup de transparence tout en allant dans la même direction.

Comment abordez-vous la question de l'expérience utilisateur ?

Airbnb, c'est la possibilité de réserver un logement unique en seulement quelques clics, mais c'est dès la première page d'accueil une invitation au voyage avec les visuels en mouvement mettant en scène nos voyageurs. L'expérience client ne doit pas être que fonctionnelle, mais également émotionnelle.

Chez Airbnb, l'expérience client est online, mais surtout offline. Ce que l'utilisateur retiendra ce n'est pas seulement le site, mais surtout son séjour : l'expérience Airbnb dans sa globalité.

Très tôt, nos cofondateurs ont dessiné l'expérience client dans sa globalité à l'aide de « frames » afin de pouvoir décortiquer l'expérience client et l'améliorer sans cesse. De là est née une de nos valeurs : « *Every frame matters* » – l'utilisateur est au centre de tout et chaque détail compte.

Pour l'entreprise de paris hippiques, la transformation digitale se joue en interne comme en externe : méthode agile, équipe transdisciplinaire, open innovation... L'ambition : conserver sa place de leader en proposant des jeux digitaux et des services numériques phygitaux d'aide au pari.

Questions à...
Christophe Leray
En charge des opérations et des systèmes d'information
PMU
« Plutôt que de prétendre tout faire par nous-mêmes, on a choisi de s'ouvrir sur des compétences externes et de créer des partenariats. »

PMU a largement initié sa transformation digitale : comment avez-vous démarré et quelles étapes avez-vous suivies ?

Notre réflexion a commencé avec la mise en concurrence de PMU sur son secteur à la suite de l'ouverture du marché décidée par l'État français. Pour le groupe qui était jusqu'alors en situation de monopole historique, cette décision a créé un électrochoc. Plutôt que de subir le risque, la direction générale en a fait une opportunité et a défini une politique commerciale agressive qui s'est traduite par un travail d'équipe entre le marketing et l'IT.

On a parallèlement adopté les méthodes agiles depuis six ans en incitant les équipes à travailler ensemble et à coopérer de façon à construire ensemble solutions et démarches dans des temps de développements raccourcis et dans une interaction permanente. Ce mode de travail transversal inspiré des pure-players, qui implique différents métiers – IT, marketing, e-commerce, finance –, n'est pas simple à implémenter dans des entreprises qui ont des process et une culture de travail établis. Si l'on a progressé, il faut constamment lutter contre les habitudes et maintenir le cap dans la durée. Enfin, il ne faut pas hésiter à mélanger les compétences et les collaborateurs, « digital natives » et seniors : c'est cette alchimie des compétences qui permet d'avancer et de créer une dynamique vertueuse.

Vous êtes un partisan de l'open innovation : quelle est votre stratégie partenariale ?

Plutôt que de prétendre tout faire par nous-mêmes, on a choisi de s'ouvrir sur des compétences externes et de créer des partenariats. C'est par exemple le cas avec une école qui forme des jeunes au marketing et au numérique où nous avons monté des « anti-masterclass ». On demande à ces étudiants de critiquer un site, une application ou un service PMU. On en tire des enseignements extrêmement intéressants, notamment en matière de pratiques et d'usages. C'est une manière rafraîchissante et efficace pour notre business de mieux comprendre les usages et les pratiques « digital natives » de cette génération qui sera demain celle qui formera la majorité de nos consommateurs.

Quelle est votre stratégie de digitalisation de vos points de vente ?

C'est un point extrêmement important pour le groupe qui en a fait une de ses grandes priorités depuis deux ans. Il s'agit d'exploiter tous les supports numériques qui peuvent être utilisés sur ou en lien avec le point de vente et notre activité de jeu qui, je le rappelle, s'appuie sur de la donnée pour maximimiser les chances de gain. Depuis un an, on est notamment présents sur les supports digitaux du journal *Paris Turf via* des écrans interactifs en point de vente ou directement sur les smartphones des clients. On souhaite aller un cran plus loin ces trois prochaines années en proposant des tablettes ou des apps mobiles sur lesquelles l'information sera dynamique et en temps réel afin que les joueurs puissent préparer leur pari avec le plus de pertinence possible. Du ticket au récépissé, on travaille également sur la digitalisation complète du parcours client que l'on souhaite intégralement transférer sur smartphone.

Comment gérez-vous la multiplicité des plates-formes utilisateurs ?

Le monde numérique est devenu multiplate-forme : on a choisi de traiter cette complexité en essayant tout d'abord d'adopter les technologies les plus multi-plates-formes possible pour rationaliser nos efforts en termes de coûts et de time-to-market. Il nous faut à la fois suivre l'évolution du marché et le foisonnement des offres tout en restant efficaces et performants : c'est un process continu de veille et d'adaptation.

Chantier « Technologies »

Réorganisation crosscanal, mise en place de bornes en magasins, élaboration de catalogues en ligne détaillés, formation des vendeurs : Thierry Lernon, patron du numérique chez But revient sur les points stratégiques de la transition digitale de l'enseigne internationale.

Questions à...
Thierry Lernon
Directeur général e-commerce, CRM, Cross-canal & Chief Digital Officer
But International

« Les services crosscanaux destinés aux clients, tels que la livraison (off et online) et le retrait, ont un horizon commun : proposer une expérience client qui soit avant tout fluide et simple. »

Quelle a été votre stratégie de départ sur le Web ?

L'important a toujours été de partir du parcours client, et ce, pas uniquement pour le Web, mais pour tous les points de contact. Chez But, notre particularité est d'avoir un panier moyen de 200-300 euros, des produits volumineux et un réseau de magasins très dense qui offre beaucoup d'interactions entre les clients et les vendeurs. En parallèle, sur le Web, le premier point de contact à soigner est la qualité du catalogue en ligne, notamment parce que les parcours d'achats commencent souvent par des comparaisons avec la concurrence en ligne. C'est pourquoi le contenu au sujet des produits doit être précis et complet. Cette qualité passe par la cohérence des prix, que ce soit pour les services, les produits et les promotions. Le digital et la data ont également transformé le marketing relationnel et accéléré la connaissance client *via* l'analyse du comportement d'achat, la contextualisation et le CRM. Enfin, le web-to-store est un levier très puissant que l'on commence juste à exploiter chez But. Les services crosscanaux destinés aux clients, tels que la livraison (off et online) et le retrait, ont un horizon commun : proposer une expérience client qui soit avant tout fluide et simple.

Comment avez-vous formé vos vendeurs à l'arrivée du Web ?

Ma conviction est que l'on ne peut pas transformer et faire évoluer en profondeur notre modèle d'affaires si tout le monde n'est pas à bord. Nous avons donc particulièrement insisté sur la formation des 7 000 salariés de nos magasins, qui sont en contact permanent avec les clients et leur avons montré l'intérêt d'une stratégie complémentaire entre le Web et le magasin.

Concrètement, sachant que 80 % des personnes qui visitent les magasins But ont préparé leur visite sur le site Web de l'enseigne, nous avons d'abord travaillé sur le contenu des fiches produit, c'est-à-dire là où débute le parcours client. En parallèle, dans une démarche crosscanal, nous avons donné la possibilité aux magasins de publier toutes leurs opérations locales sur but.fr.

La traçabilité que permettent la récolte et l'exploitation des données offre des opportunités pour à la fois donner de la visibilité au point de vente physique, mais aussi créer du business. Par exemple, nous repérons les clients potentiels pendant leur parcours en ligne et leur adressons un e-mail personnalisé sur la zone de chalandise qui les intéresse s'ils n'ont pas finalisé leur achat.

Vous êtes une des premières marques à avoir adopté les bornes et les tablettes. Quel est aujourd'hui votre retour d'expérience ?

Après quatre années de test autour des bornes, nous avons tiré plusieurs enseignements importants. Nous avons ainsi observé qu'y transférer simplement le catalogue ne sert strictement à rien. Le véritable usage réside dans l'utilisation par les vendeurs de ces bornes et la mise en avant des produits que nous avons en stock, mais qui ne sont pas visibles en magasin. Dans ce cas précis, nous avons enregistré de nombreuses transformations d'actes d'achat et un chiffre d'affaires significatif sur ce type de vente. Côté tablettes, nous étudions actuellement des formats plus légers et intelligents intégrant la connaissance client, les données CRM et les fiches produits ultra détaillées. Pour que cet écosystème fonctionne, la collaboration est clé et repose sur une gestion de projet transversale qui s'appuie sur le triptyque DSI, e-commerce et magasin.

Révolution dans la conception des produits, nouvelles stratégies d'acquisition, explosion du mobile, intégration des objets connectés au cœur du business, le Groupe AXA a très vite répondu aux exigences de la disruption en mettant à l'œuvre différentes initiatives pour se transformer. La directrice digital nous en livre quelques-unes.

Questions à...
Amélie Oudea Castera
Directrice digital marque et partenariats et directrice générale adjointe retail
AXA

« Notre incubateur va nous permettre de fabriquer in-house les pans d'un modèle plus disruptif. En quelque sorte, c'est l'autodisruption à la AXA. »

AXA est un groupe très actif et très avancé dans sa transformation digitale, comment appréhendez-vous la révolution du numérique à votre échelle ?

Pour moi, c'est une transformation du business model dans son ensemble. Il n'y a pas un pan de l'activité qui ne soit embarqué par cette révolution et ne nous oblige à nous adapter et à évoluer. De la conception de nos produits, qui doivent être encore plus simples pour mieux répondre aux nouveaux usages dans les domaines de l'automobile, de la santé, de l'habitation, en passant par les capacités nouvelles que l'on a de ciblage, de « retargeting » et de pilotage de stratégies d'acquisition, jusqu'au pricing, dont la sophistication et la réactivité vont en augmentant. C'est aussi une révolution qui touche nos modes de distribution. Nous devons être plus multicanaux que jamais et permettre à nos clients de démarrer leur parcours sur le Web et de le finir dans un lieu physique et *vice versa*. Enfin, c'est une révolution du service avec davantage d'innovations dans les nouveaux services digitaux et dans nos modèles opérationnels qu'il faut largement repenser autour d'un triangle : nos réseaux physiques de distribution, nos plates-formes de gestion et ce que le client peut faire lui-même en « selfcare ». Le challenge réside dans la fluidité que l'on réussira à établir entre ces différents acteurs de la relation client.

Comment intégrez-vous le mobile dans le parcours multicanal proposé ?

AXA connaît une très forte accélération de ses initiatives et investissements sur le mobile qui prend trois visages. Le premier volet est notre déclinaison dédiée pour le mobile de notre plate-forme axa.fr que l'on a particulièrement soignée et qui concentre aujourd'hui plus de 20 % de nos visites. Le deuxième volet a été de développer et mettre en lumière la présence numérique de nos distributeurs qui ont des sites Internet personnalisés avec chaque fois une déclinaison mobile spécifique. Enfin, nous avons construit un écosystème d'applications mobiles avec en point d'orgue l'application « MonAxa », téléchargée par plus de 200 000 de nos clients. Ces derniers peuvent retrouver nos services en selfcare dans leur poche et interagir directement avec leurs conseillers de façon fluide.

Comment les objets connectés peuvent-ils révolutionner le monde de l'assurance ?

À ce sujet, nous travaillons sur trois terrains : l'automobile, la maison connectée et les services de prévoyance tournés vers les personnes âgées. Sur l'automobile, vous avez sûrement entendu parler de *« Pay how you drive »*. On va mesurer demain un comportement vertueux au volant qui donnerait des rabais sur les primes. Aujourd'hui, on s'est mis en capacité de mettre en place toute l'infrastructure Big Data pour analyser ce qu'il se passe et comprendre ce que l'on peut tirer de la mesure des comportements dans une approche servicielle. Pour la maison, nos clients vont pouvoir avoir accès à un meilleur service de prévention et d'alertes rapide. En cas de survenance d'un risque, on dépêchera en aval nos équipes d'assistance pour secourir les personnes ou arrêter le risque, et ce dernier pourra également être surveillé *via* l'application « MonAxa ».

Au sujet de la prévoyance, nous avons lancé plusieurs travaux sur les seniors et sur le maintien en autonomie des personnes âgées. Nous nous intéressons aux services qui permettront de monitorer la qualité de l'état des personnes âgées et de créer un lien avec leur famille. Par exemple, nous avons développé un prototype de verre connecté qui permettra de détecter si une personne a arrêté de s'hydrater pendant une période de sécheresse et qui alors l'encouragera à boire. Une autre initiative sur laquelle nous travaillons, « Balloons », qui est une petite lampe qui s'allume lorsque la famille veut envoyer une pensée à la personne âgée quand celle-ci se sent seule. Balloons, une start-up partenaire rencontrée à l'occasion d'un hackathon que nous avons organisé avec Microsoft.

Comment le groupe encourage-t-il l'innovation ?

Le prérequis pour innover est l'ouverture sur l'extérieur, et elle prend énormément de place dans le modèle que nous sommes en train de construire. Le pire risque que l'on court est de continuer à se regarder soi-même. Notre première initiative a été l'ouverture de l'AXA Lab à San Francisco et nous avons ouvert une nouvelle antenne à Shanghai. Et puis, nous avons mis en place AXA Strategic Ventures, un fonds d'investissement très bien doté de tranches de centaines de milliers d'euros sur cinq ans. Nous pouvons ainsi prendre des participations dans des start-up de la Fintech dont on peut apprendre sur le plan technologique des éléments spécifiques. Enfin, dernier-né de cette volonté de s'imprégner du monde des start-up et de s'ouvrir à l'innovation, Kamet, notre incubateur, qui va nous permettre de fabriquer in-house avec une forte volonté de prototypage agile et rapide des pans d'un modèle plus disruptif que ce que l'on avait aujourd'hui. En quelque sorte, c'est « l'autodisruption à la AXA. »

Pour le géant technologique, le management de l'innovation constitue le socle de toute transformation digitale avec, en interne, le développement d'outils et de modes de travail collaboratifs et, en externe, une politique active d'open-innovation.

Questions à...
Fatima Bakhti
Directrice du projet de transformation
Nokia
« Nous avons mis en place des méthodes de travail collaboratives qui facilitent les échanges et permettent aux sites du groupe d'être en interaction permanente. »

Comment faites-vous pour développer une culture agile et collaborative alors même que le groupe est implanté dans 130 pays et s'est historiquement bâti sur un mode organisationnel pyramidal ?

En tant que leader mondial dans les technologies qui connectent les hommes et les objets, Nokia fait de l'innovation le bras armé de son développement. Et cela passe bien entendu par une évolution constante de nos outils et modes de travail. Afin de contrebalancer les effets d'inertie que pourrait poser la taille du groupe – nous sommes 110 000 salariés répartis dans plus d'une centaine de pays –, nous avons mis en place des méthodes de travail collaboratives qui facilitent les échanges et permettent aux sites du groupe d'être en interaction permanente. Plus de 60 % des salariés en France ont adopté le télétravail et nous avons lancé en 2010 « Engage », un réseau social interne.

Quel rôle joue « Engage » dans le développement de l'innovation en interne ?

Le RSI est un réel moteur et booster en termes d'usages collaboratifs. À ce titre, c'est un outil très efficace de management de l'innovation. L'innovation repose sur la fertilisation croisée des idées et des compétences. En donnant naissance à des interactions polymorphes et sans ligne directrice imposée *a priori*, « Engage » ouvre ce champ des possibles. C'est un formidable levier RH d'acculturation aux nouveaux modes de travail qui permet d'embarquer l'ensemble des salariés. En proposant ce mode d'échange sans modération, Nokia a libéré la parole des salariés qui peuvent interagir librement avec leurs pairs, mais aussi avec la direction générale. En favorisant une communication transversale et horizontale, « Engage » a permis de casser les silos organisationnels du groupe et de développer des modes de travail coopératifs. Significatif de cette appropriation, « Engage » s'est peu à peu imposé comme un réflexe pour les collaborateurs dès lors qu'un groupe de travail se crée et qu'une idée de projet est lancée.

Comment gérez-vous l'innovation du côté externe ?

On est en interaction constante avec un écosystème de partenaires. Nous avons à cœur de tisser des relations fortes avec les start-up, et ce sous toutes les formes possibles : fonds d'investissement, partenariats, incubation. Nous multiplions les rencontres dans les tiers-lieux collaboratifs comme l'accélérateur et la pépinière Partech Shaker à Paris, des universités en France, mais aussi dans la Silicon Valley. Nous sommes également présents dans les quatre pôles français de compétitivité dédiés au numérique et hébergeons de jeunes pousses en résidence à la Cité de l'innovation sur notre site de Nozay qui rassemble 2 000 ingénieurs de R&D et chercheurs.

Comment parvenez-vous à faire travailler ensemble les équipes de Nokia et les start-up ?

Nokia possède une forte culture entrepreneuriale sur laquelle nous nous appuyons pour créer des synergies avec les start-up : la nature des produits du groupe impose par définition des modes de travail agiles. Pour permettre l'échange et la friction entre le groupe et l'écosystème de start-up, nous avons créé des espaces physiques de rencontre et de travail. Les ingénieurs du groupe ne travaillent pas seuls en vase clos. Sur le site de Nozay qui rassemble 4 000 salariés, dont 2 000 ingénieurs de R&D et chercheurs, ainsi que « Bell Lab », notre deuxième centre de recherche mondial qui travaille sur des technologies de rupture, on trouve également la Cité de l'innovation avec des start-up en résidence ainsi qu'un lieu, « le Garage », qui accueille, sur leur temps libre, des salariés qui souhaitent se consacrer à l'innovation, en lien avec leur activité professionnelle, mais surtout avec leur passion. C'est ainsi qu'un drone connecté en 4G a vu le jour, ou qu'une machine à faire des dessins sur un cappuccino a été conçue, à partir de vieux lecteurs de CD et de disquettes.

Structure agile et atypique, BIG est le laboratoire d'innovation de rupture chez Pernod Ricard. Cette entité essaie depuis 2012 d'imaginer le futur de la convivialité de la veille en passant par la conception de prototype au niveau international.

Questions à…
Alain Dufossé
Directeur BIG
(Breakthrough
Innovation Group)
Pernod Ricard
« La mission de BIG est de développer des nouveaux business models fondés sur le service, l'expérience et le produit et qui sont en rupture avec les pratiques actuelles de notre industrie. »

Quel rôle joue BIG dans la transformation digitale du groupe Pernod Ricard ?

BIG (Breakthrough Innovation Group) a été créé en 2012 avec une ambition : inventer la convivialité du futur. Ce n'est ni un accélérateur ni un incubateur, mais une structure qui a les mains libres pour défricher les prochaines innovations de rupture. Parce que les finalités sont différentes, Pernod Ricard a décidé de séparer l'innovation incrémentale de l'innovation de rupture. La mission de BIG est de développer des nouveaux business models fondés sur le service, l'expérience et le produit et qui sont en rupture avec les pratiques actuelles de notre industrie.

Comment procédez-vous pour faire émerger des concepts rupturistes ? Utilisez-vous les méthodes agiles des start-up ?

BIG fonctionne un peu comme une start-up interne : on crée et on incube nos propres projets, de l'idée à la livraison du prototype. Après expérimentation, on se tourne vers Pernod Ricard pour « pitcher » notre business plan auprès des dirigeants, comme une start-up pourrait le faire auprès d'un groupe d'investisseurs. Au final, BIG agit comme un studio interne de création de nouveaux business models qui, à terme, a vocation à donner naissance à de nouvelles business units. Pour ce faire, on a mis en place une équipe resserrée de 8 personnes qui fait appel à des compétences extérieures dans des domaines *a priori* très éloignés du nôtre. De cette friction et de cette ouverture sur d'autres terrains que celui du spiritueux naissent des idées inspirantes et la création de nouveaux concepts.

Où trouvez-vous votre inspiration ?

Le travail de sourcing est fondamental pour détecter des innovations. Deux personnes de mon équipe sont ainsi chargées de réaliser une veille journalière et internationale sur la base de « plate-forme d'opportunités » que nous avons définies au préalable sur le thème de la convivialité. En parallèle, nous avons identifié une douzaine de villes qui sont à la pointe des tendances et d'usages émergents. Outre d'y avoir des correspondants locaux qui nous remontent l'information, on y organise régulièrement des safaris pour initier des travaux de prospective.

Chantier « Données »

Questions à...
Pascal Demurger
Directeur général
Groupe MAIF
« La data est devenue un cheval de Troie et peut permettre à des acteurs comme les GAFA ou les constructeurs automobiles de proposer des assurances adaptées. »

Pour le secteur de l'assurance, autrefois très protégé, l'enjeu est de faire face à l'arrivée d'acteurs qui viennent réinventer ce métier grâce à la data. Pour affronter ce tsunami, la MAIF mixe formation, collaboration et développement d'un écosystème de partenaires.

Comment ce que l'on appelle l'« ubérisation » des secteurs vous touche-t-elle ?

Pascal Demurger : La première conséquence de la rupture digitale que nous vivons, c'est la transformation de notre métier autour de la donnée. Jusqu'à présent, nous avions une approche très statistique : on calculait un tarif en travaillant à partir de « données froides » statutaires et relativement statiques. Demain, les acteurs pourront travailler sur de nouvelles « données chaudes » beaucoup plus dynamiques, par exemple le comportement de conduite (nombre de kilomètres parcourus, usage du véhicule, etc.). Selon des experts, on pourrait, dans certaines hypothèses, sortir de la logique de mutualisation des risques avec le développement du Big Data, les individus payant alors pour leur propre risque individualisé. Cela posera et pose déjà des questions de fond sur l'évolution de notre métier.

La deuxième conséquence, en symétrie de la première, c'est qu'autrefois la donnée était une barrière à l'entrée sur le marché de l'assurance, car elle nécessitait une expérience et un portefeuille de clients conséquent qui protégeaient considérablement les acteurs traditionnels. Désormais, la data est devenue un cheval de Troie et peut permettre à des acteurs comme les GAFA ou les constructeurs automobiles de proposer des assurances adaptées grâce à leur propre maîtrise de la collecte de données et des objets connectés.

Finalement, il est possible que l'assurance de biens qui était traditionnellement un secteur opéré en B2C devienne demain, avec l'intermédiation de ces nouveaux acteurs, un secteur opéré en B2B2C. La maîtrise des interfaces relationnelles (tableaux de bord dans les voitures et consoles domotiques dans les habitats) et notre capacité à nous y insérer sont des sujets clés et stratégiques pour les assureurs.

Romain Liberge
Chief digital officer
« Il y a un enjeu fort à faire monter en compétences rapidement nos collaborateurs sur des verticales métier comme le community management, la data science ou encore le design de services. »
Groupe MAIF

Comment embarque-t-on toute l'entreprise pour répondre à ces nouveaux challenges ?

P.D. : Nos collaborateurs sont attachés à l'entreprise, nous avons un turnover très faible. Il y a donc une responsabilité de l'entreprise à assurer la formation continue de nos équipes. Nous devons les acculturer avec cette difficulté supplémentaire qu'à l'heure du numérique les métiers évoluent très vite. Pour ce faire, nous avons créé, au sein de la direction des ressources humaines, une académie digitale qui propose une vision nouvelle de la formation en entreprise en donnant à la fois un contenu innovant – MOOC corporate et pédagogie de classe inversée – et en mettant à disposition une plate-forme digitale très simple d'utilisation propulsée par une start-up française de l'éducation (360Learning). Nous déployons dans le même temps un nouveau mode de management fondé sur la confiance qui s'inspire des entreprises libérées. Nous souhaitons aller vers une organisation plus horizontale avec une plus grande capacité d'autonomie, une implication accrue et une responsabilisation de nos collaborateurs plus importante. Plus on est libres, plus on a un pouvoir de décision dans la manière de s'organiser, plus on est épanouis et plus nos collaborateurs sont heureux et motivés, car plus attachés à l'entreprise.

Romain Liberge : On accompagne tout ce changement par la mise en capacité des collaborateurs. C'est un véritable « empowerment » du corps social. Il y a un enjeu fort en effet à faire monter en compétences rapidement nos collaborateurs sur des verticales métier comme le community management, la data science ou encore le design de services. Ce qui compte aussi, c'est le partage d'une culture commune, d'un champ lexical propre. Nous devons nous mettre dans une optique d'apprentissage tout au long de la vie professionnelle (« long life learning »). Quand on observe des modèles comme Google, Novartis, Adidas ou Microsoft, ils ont intégré la formation dans le quotidien des collaborateurs.

Quel est le principal chantier de la transformation digitale sur lequel vous travaillez actuellement ?

R.L. : On peut difficilement mener un projet de transformation sans prendre à bras-le-corps le sujet de l'IT. Le nôtre évolue fortement pour réussir à s'interfacer avec de nouveaux partenaires comme les start-up de l'économie collaborative et les « fintech » avec lesquelles nous nouons des partenariats financiers, stratégiques et techniques. Les API sont ainsi devenues un sujet majeur, suivi de près par la direction générale, car elles permettent d'ouvrir l'organisation à l'extérieur en facilitant les démarches « plug and play » entre acteurs (par exemple : proposer directement dans un site partenaire un service de simulation tarifaire). L'API est également un très bon levier interne pour accélérer la construction de nos propres solutions (applications mobiles et IHM) et simplifier les parcours. Ce que nous visons avec cette stratégie API, c'est l'activation d'une véritable logique de plate-forme de services.

P.D. : On essaie aussi d'avoir des filiales, y compris dans notre cœur de métier, disposant de systèmes d'information beaucoup plus souples pour développer des offres nouvelles et les tester auprès d'une clientèle dédiée avant de les implémenter sur notre propre système d'information.

Comment fait-on pour innover aujourd'hui ?

P.D. : L'innovation n'est pas le fait d'une cellule restreinte, mais elle peut venir de partout et de l'ensemble de nos collaborateurs. On met en place des incitations à l'innovation à travers un réseau de laboratoires internes pour faire émerger de nouvelles propositions et idées sur les process, les outils et les offres dans une dynamique qui implique davantage le terrain. En facilitant les connexions entre les directions (*via* notamment un réseau social d'entreprise largement utilisé), les relations entre les individus sont beaucoup plus nourries et permettent une agilité nouvelle dans la réalisation de nos projets. D'une certaine manière, le digital « augmente » les capacités de nos collaborateurs et de notre organisation. Nous gagnons en créativité et en vitesse, des atouts clés dans une économie numérique.

Passer du papier à la carte et ses nombreux services en ligne : rien d'évident pour ce géant du titre-restaurant, aujourd'hui décliné partout dans le monde. Antoine Dumurgier nous confie comment son groupe a transformé l'essai du digital… en pensant sans cesse au terrain.

Questions à…
Antoine Dumurgier
Directeur général en charge de la stratégie et du développement
Edenred
« C'est plus que le média qui a changé, c'est la relation même avec nos clients qui s'est enrichie. »

Comment s'est effectuée la transition digitale au sein du groupe Edenred ?

La transition digitale, ce n'est pas que le passage du papier à la carte, comme depuis 2014 avec la carte Ticket-Restaurant en France. C'est surtout imaginer de nouveaux services à la fois pour les salariés bénéficiaires et les commerçants affiliés. Nous travaillons sur ces sujets depuis de nombreuses années. Contrairement au titre-papier, l'utilisation d'une carte, d'une application mobile ou d'un Extranet nous permet de récupérer des données et de visualiser les interactions (solde, transactions, etc.). Ces « traces » sont autant d'opportunités potentielles pour proposer de nouveaux services. C'est plus que le média qui a changé, c'est la relation même avec nos différents publics qui s'est enrichie.

Face aux usages crosscanaux, quelle stratégie de relation client avez-vous développée ?

La relation client s'est complètement transformée. Le centre d'appels du passé, ouvert de 9 h-12 h et 14 h-17 h, n'existe plus depuis longtemps. Chez Edenred, nous vendons de plus en plus de titres-restaurants, de cartes-essence ou de cartes-cadeaux directement en ligne. Aujourd'hui, les entreprises veulent avoir la plus grande autonomie possible pour passer leur commande ou récupérer leur facture par exemple, tout en ayant la possibilité de nous contacter et d'obtenir une solution rapide quand elles rencontrent un problème, et ce, par le canal de leur choix. Nous avons donc développé des outils pour qu'elles puissent prendre la main et les aider. Cela passe aussi par la formation renforcée de tous les collaborateurs qui s'adressent directement aux clients.

Comment fédérez-vous les équipes dans ce contexte ?

La grande erreur, c'est de considérer que le digital est un sujet d'experts, alors qu'il est le sujet de tout le monde. Tous les services de l'entreprise sont concernés et voient leurs métiers se transformer avec le digital, que ce soit les vendeurs, les centres de relation client, la comptabilité... Nous considérons le numérique comme une opportunité pour créer et renforcer la cohésion sociale au sein de l'entreprise. C'est pourquoi nous avons initié très tôt la transition digitale, pour que les collaborateurs s'approprient ces nouveaux usages avant de transformer à grande échelle notre modèle.

Quel conseil préconiseriez-vous pour dompter le digital avec succès ?

Outre l'évangélisation des équipes, l'une des clés du succès réside dans la multiplication d'expérimentations. Parce que, très souvent, entre l'idée « géniale » et le « business » qui marche, il y a un océan ! Il faut favoriser le foisonnement des initiatives, tester et itérer rapidement pour avoir la chance d'en voir une se concrétiser, avec un modèle économique viable et du chiffre d'affaires à la clé. Nous testons systématiquement chaque idée sur le terrain et observons la manière dont les gens réagissent et se l'approprient avant de l'industrialiser.

Comment avez-vous intégré la dimension « sécurité des données » ?

Nous prenons cette problématique très au sérieux et avons très fortement investi pour garantir la sécurité de nos systèmes. Notre département dédié à la sécurité est situé à proximité des différentes filiales du groupe. Par ailleurs, notre plateforme d'autorisation, PrePay Solutions, est une filiale commune avec MasterCard. Nous y avons réalisé tous les investissements nécessaires pour protéger nos données et résister aux attaques de l'extérieur.

Chantier « Expérience client et marketing 2.0 »

Lancé en mars 2015, le Social Hub est à la fois un outil d'e-réputation et de veille, mais aussi un levier interne de sensibilisation et d'acculturation au digital. Le Social Hub est une véritable tour de contrôle permettant un suivi des lancements produits, des attentes clients ou du bouche-à-oreille.

Questions à...
Lionel Fumado
Digital and Social Hub Manager
Orange
« Grâce au Social Hub, l'obsession client devient naturelle. »

Qu'est-ce que le Social Hub et dans quel objectif l'avez-vous créé ?

À l'ère numérique, les médias sociaux sont un terrain privilégié pour savoir ce qui se dit de notre marque et au-delà, être au plus près de nos clients, de nos prospects et des tendances. Sachant qu'au final l'expérience et la satisfaction client sont l'horizon de ce qui fait la préférence de marque, nous avons choisi de créer une « social room » qui a vocation à faire entrer la voix du client au sein de l'entreprise. Cette compréhension et cette maîtrise de l'e-réputation est une base essentielle pour bien comprendre comment sa marque est perçue, quelles sont ses faiblesses éventuelles, et fournir des éléments de veille aux équipes chargées de la communication, mais aussi à celles du marketing, de la relation client ou encore des ressources humaines. Le Social Hub n'a pas vocation à gérer l'ensemble de la communication du groupe Orange – nous avons des équipes locales dont c'est la mission opérationnelle –, mais s'inscrit davantage dans une stratégie d'influence globale, en interne comme en externe.

Vue de la social room, Orange

Comment exploitez-vous cette « écoute client » et à quelles fins ?

Doté de 18 écrans conversationnels, cet outil d'écoute client permet d'alimenter quotidiennement les équipes internes afin de leur permettre d'être au plus près des préoccupations de nos influenceurs (journalistes, blogueurs, etc.). Au-delà de la marque et de l'actualité d'Orange, nous réalisons également une veille sur des thématiques qui intéressent nos publics, sur laquelle s'appuient les équipes digitales pour générer des insights, créer des contenus affinitaires et entrer en conversation.

Comment le Social Hub est-il organisé ?

L'équipe se compose de 6 collaborateurs permanents qui ont des compétences en community et social media management ainsi qu'en analytics et en production de contenu. Nous avons également un responsable de la marque digitale qui se positionne en amont des projets et fait le lien avec les équipes digitales dans les autres pays. Lors des événements « live » sur lesquels Orange est très présent, par exemple Futur en Seine, le festival dédié à la prospective et à l'innovation numérique, des designers, infographistes et concepteurs-rédacteurs viennent en renfort pour nous permettre de créer du contenu en temps réel.

Quel rôle joue le Social Hub dans la transformation digitale ?

En rendant accessibles les conversations sociales, *via* notamment la datavisualisation, le Hub rend le digital concret. Peu à peu, le digital s'impose comme un réflexe au sein des équipes de communication qui, spontanément, viennent nous voir en amont de leurs projets ainsi que pour connaître les retombées et les ressentis de nos clients et prospects. Ce qui peut paraître anodin traduit en fait la maturité numérique des collaborateurs qui pensent désormais leur projet sur un mode digital et orienté client de A à Z. Cette obsession du client devient naturelle. Nous sommes plus proches de nos clients, car nous les écoutons vraiment, ce qui nous permet de produire du contenu pertinent, adapté et en temps réel.

Peut-on dire que le Social Hub joue un rôle de levier en matière de conduite du changement ?

Dans une logique de transformation de l'entreprise, les projets de médias sociaux comme le Social Hub sont fédérateurs et permettent d'embarquer l'ensemble du groupe. Résultat de ce travail de fond de sensibilisation : aujourd'hui, chez Orange, quasiment l'intégralité de la communauté exécutive est active sur les réseaux sociaux. En collaboration étroite avec la communication interne, nous avons en parallèle mis en place des « guidelines » pour former les salariés à leur utilisation. Les premiers ambassadeurs d'Orange sont les employés qui vont relayer nos opérations et nos campagnes. Il ne faut pas, en la matière, tracer de frontière entre les comptes personnels et professionnels, mais, au contraire, jouer sur cette porosité pour développer la culture digitale du groupe et créer un cercle viral vertueux autour de nos produits et services.

De l'écoute client en externe à l'audit interne, à la définition du plan stratégique en passant par l'étape du diagnostic, Lubomira Rochet, CDO du groupe L'Oréal, nous explique sa méthode pour digitaliser L'Oréal.

Questions à...
Lubomira Rochet
Chief Digital Officer
L'Oréal
« En 2015, l'e-commerce a représenté 1,3 milliard d'euros, soit 5 % de nos ventes. »

Quels sont pour vous les objectifs de la transformation digitale d'un groupe international comme L'Oréal ?

La transformation digitale a été initiée par Jean-Paul Agon dès 2010 et s'est accélérée à partir de 2014. L'Oréal ne m'a donc pas attendue pour faire du digital, loin s'en faut. Sur la base de la stratégie mondiale définie avec le comité exécutif, l'enjeu avec mon équipe est triple.

D'abord, accompagner les pays dans leur transformation digitale et développer avec eux une stratégie locale qui soit cohérente et qui fixe des priorités : comment faire converger les initiatives et les ressources vers un plus petit nombre d'objectifs avec un impact fort sur le business ?

Le deuxième enjeu est de piloter mondialement les grands projets qui nous permettent d'accélérer et de structurer notre ambition, que ce soit dans le domaine technologique, dans la mesure de la performance ou encore le programme de formation massif que nous avons initié il y a dix-huit mois.

Chez L'Oréal, la digitalisation remet en cause trois grands sujets : la distribution avec le développement de l'e-commerce, le média avec la révolution du programmatique, et plus globalement la réinvention de notre modèle marketing face à l'explosion des points de contact off et online. L'engagement ne repose plus seulement sur le « paid », mais sur un écosystème d'influence, qui passe par une orchestration continue des leviers « paid », « owned » et « earned » ainsi que par une relation personnalisée grâce à l'utilisation de la data. Notre plan stratégique s'appuie sur ces trois piliers.

L'élément le plus visible de nos efforts est le développement rapide de l'e-commerce. En 2015, l'e-commerce a représenté 1,3 milliard d'euros, soit un peu plus de 5 % de nos ventes et avec une croissance de 38 % ! En Chine, c'est plus de 20 % des ventes de produits grand public qui se font déjà *via* ce canal. Ce sont des résultats déjà très concrets, mais le plus important est que nous sommes en train de bâtir des expertises et mettre en place des moyens en matière de digital.

Par ailleurs, la révolution programmatique est une opportunité formidable pour nos équipes média. Avec la donnée, le groupe L'Oréal va devenir encore plus efficace et plus pertinent et être en mesure d'envoyer le bon message ou de proposer le bon service à la bonne personne, au bon moment et avec le bon contenu. Il ne s'agit plus d'envoyer un seul message unique à tous nos consommateurs, mais de sous-segmenter nos audiences et de leur proposer des contenus, créations ou services adaptés. Cette personnalisation repose avant tout sur la donnée et se doit d'être omnicanale. Nous développons des solutions innovantes pour mixer la connaissance client (CRM) ainsi que les comportements de navigation, la géolocalisation pour mieux cibler notre publicité, optimiser nos contenus et proposer une relation plus personnalisée et pertinente. À titre d'exemple, le Canada, en développant cette nouvelle expertise, a pu réduire ses investissements média de manière significative tout en augmentant son efficacité publicitaire. Cette exploitation de la donnée impose un rapprochement et une collaboration plus proche entre les pays et les équipes du siège, mais aussi entre les équipes au sein d'un même pays. Cela s'accompagne donc nécessairement de nouveaux modes de collaboration.

Le troisième défi est de faire de nos marques de véritables « love brands ». Avec le numérique, les attentes de nos consommateurs ont considérablement évolué et le marketing est en train de se réinventer. Du search en passant par la vidéo, Snapchat, les tutoriaux de beauté, les écrans interactifs, ou les influenceurs, nos marques doivent maîtriser les nouveaux leviers « owned », « earned » et « paid media ». Nous devons inspirer et amplifier les conversations autour de nos marques en proposant des contenus et des campagnes vraiment engageantes. Nous devons résonner avec les passions et les centres d'intérêts des différentes tribus au sein de nos consommateurs. Et tout cela avec le bon ton, et une vraie cohérence quelle que soit la multiplicité des formats et des points de contact.

Comment abordez-vous le sujet digital sur un marché comme la Chine ?

Quatre des acteurs digitaux les plus importants sont désormais chinois avec Baidu, Alibaba, Tencent ou Xiaomi. Ces acteurs sont dans un processus permanent d'innovation en matière d'e-commerce, de moyens de paiement, de contenus ou de médias sociaux. Si l'on regarde, par exemple, l'utilisation du mobile, le rôle des influenceurs ou encore le mix entre social et commerce, l'Asie et la Chine en particulier sont en avance sur le reste du monde. En Chine, L'Oréal a pris conscience de deux notions stratégiques : la vitesse et le dimensionnement. Dans un marché ultradynamique en pleine explosion, il est vital de détecter, comprendre, voire de mener les changements. Mais il ne suffit pas d'expérimenter avant les autres... il faut être capable de déployer nos innovations rapidement à une taille critique énorme pour réussir sur ce marché.

Pourriez-vous nous citer quelques exemples innovants d'initiatives digitales chez L'Oréal ?

Bien qu'un peu ancien, l'exemple de « Makeup Genius » est une belle illustration de ce que peut apporter le digital dans le secteur de la beauté. En croisant des technologies que nous avons été sourcer auprès de start-up et en travaillant sur des dizaines de milliers de formes de visage, L'Oréal Paris est parvenu à créer un service numérique en temps réel ultra-différenciant et une expérience utilisateur de grande qualité.

Tout récemment, La Roche-Posay a, par exemple, lancé un patch connecté très innovant pour mesurer l'exposition aux UV. L'Oréal Paris Men Expert a lancé #menescape, une virée d'influenceurs européens lors du Grand Prix de Monaco avec une rencontre avec Lewis Hamilton. Avec Mon Paris, Yves Saint Laurent Beauté a proposé des selfies à 360° en point de vente. L'Oréal a même lancé BeautyTube, une académie de la beauté pour former dix youtubeuses beauté, ou Ma Beauté Luxe, une beauty box pour découvrir les marques et produits de notre division Luxe. Nous avons aussi beaucoup accéléré autour de la vidéo ou des influenceurs avec de nombreux exemples à succès (plus de 50 millions de vues) comme la websérie hebdomadaire « T'as pas du gloss » de Maybelline avec Enjoy Phoenix.

Enfin, notre investissement dans l'incubateur Founders Factory nous permettra d'accéder directement et très tôt à un écosystème mondial de start-up prometteuses de la beauté et de technologies de pointe et d'investir dans des business models innovants pour mieux répondre aux besoins de nos consommateurs.

Citroën a récemment fait un grand pas en avant sur la route de l'e-commerce en lançant Car Store, qui permet la réservation de véhicules en ligne 24h/24, 7j/7. Une mesure qui démontre la volonté du groupe de proposer une expérience client la plus intégrée et complète possible sur tous les canaux.

Questions à...
Marie Laloy
Directrice du digital
Citroën
« Proposer une expérience on et off fluide est la meilleure preuve de la réussite de la transformation digitale de notre entreprise. »

Quels changements majeurs en termes de culture d'entreprise et de process avez-vous effectués pour soutenir la transformation numérique de Citroën ?

Je suis convaincue que la transformation digitale doit venir de la tête de l'entreprise, c'est comme cela que l'on embarque une culture d'entreprise vers la digitalisation. Il faut des dirigeants qui y croient, qui embarquent les collaborateurs et prennent aussi la parole sur les réseaux sociaux et sur la transformation digitale. Cela ne doit pas être juste un coup de communication externe, car la transformation digitale se fait en interne, il faut que ce soit une réalité perçue par le consommateur. Le client ne doit pas percevoir de silos. Proposer une expérience fluide sera la meilleure preuve de la réussite de la digitalisation de notre entreprise. Nous sommes en train de tester de nouvelles méthodes de gestion de projets.

Notre parti pris, désormais, est celui de mettre en ligne des contenus de plus en plus rapidement. Nous sommes beaucoup plus dans la réactivité qu'autrefois. Cela nous oblige à revoir les compétences des équipes en interne, nous avons, par exemple, de nouveaux profils de Scrum Master. Nous travaillons main dans la main avec la DSI et le marketing sur ces nouveaux process. Il est également nécessaire de pouvoir se reposer sur des équipes pluridisciplinaires. Sur les projets digitaux, nous travaillons en plateau : dans le même openspace, nous avons regroupé plusieurs compétences, MOA [maîtrise d'ouvrage], développeur, chefs de projets techniques, UX [User eXperience], etc. Cela nous impose de casser les silos et d'être dans un mode de gestion de projet en équipe et plus uniquement avec un seul donneur d'ordres.

Comment Citroën aborde-t-elle la question de l'expérience client ?

Notre challenge est de réussir à faire communiquer les données déclaratives de nos clients, leurs données comportementales, celles des concessionnaires et celles de la marque dans chacun des pays, et ce en temps réel. Avec ce travail, nous sommes parvenus à proposer une nouvelle expérience à nos clients, en fonction de leur maturité. Nous leur partageons un contenu personnalisé. En effet, chaque internaute qui arrive sur un de nos sites se voit attribuer un score qui va évoluer en fonction de la récurrence de ses visites sur le site et qui va régir le contenu qui lui sera poussé.

Citroën est l'une des marques françaises phares du real-time marketing. Quelle organisation déployez-vous ?

Toute l'année, nous rebondissons sur les événements qui font du bruit sur les réseaux sociaux comme les « trending topics » [les expressions les plus populaires]. C'est un contenu qui ne se prépare pas à l'avance et qui exige une très grande réactivité et une agilité dans les process de conception et de validation. À l'occasion de campagnes spéciales comme la Semaine de la C4 Cactus, nous avons conçu une « war room » avec notre agence Isobar pour créer du contenu en temps réel en fonction des événements du jour. La vraie difficulté a été de trouver des « trending topics » adaptés à notre marque, nous étions ultra dépendants de l'actualité. Cet épisode de real-time nous a permis de collecter des profils intéressés et engagés par nos posts. On leur a repoussé des contenus adaptés en lien avec le C4 Cactus quelques jours après. Nous avons ainsi créé un bassin d'audience engagé autrement que par la publicité traditionnelle grâce au real-time.

Chantier « Mesure »

Trouver un axe de développement et garder le cap : autour du territoire de l'hydratation, Nestlé Waters s'appuie sur son marché américain, qui joue le rôle de laboratoire pour le reste du groupe, afin de digitaliser ses produits comme son organisation.

Questions à...
Philippe Armand
Global Digital Lead
Nestlé Waters
« L'écoute du consommateur et du shopper est au cœur de la transformation digitale. »

Quels sont pour vous les moteurs de la transformation digitale ?

Le principal moteur de la transformation digitale est l'appropriation du digital par chacun des collaborateurs. Une des forces de Nestlé Waters est d'être une entreprise de grande consommation avec une forte culture marketing et commerciale : mettre le shopper au cœur de nos actions est une démarche naturelle pour les équipes. En offrant des possibilités inédites d'écoute de ses besoins et d'analyse de ses usages, le digital est déjà un asset très puissant chez Nestlé Waters. L'écoute du consommateur et du shopper est au cœur de la transformation digitale, non pas comme une case à cocher ou une brique marketing parmi d'autres, mais comme une vraie philosophie. Toute la stratégie est bâtie en fonction et à l'aune de cette obsession client.

Mais la transformation digitale ne concerne pas que le département marketing, loin s'en faut. Pour se digitaliser, c'est toutes les fonctions de l'entreprise qui doivent intégrer cette nouvelle culture 2.0. À l'instar des ressources humaines qui, avec des outils et des méthodologies digitales d'ailleurs assez proches du marketing, travaillent à réinventer la marque employeur. Nos employés sont aussi nos premiers clients. La digitalisation de la « supply chain » est par ailleurs un point crucial pour une entreprise comme la nôtre. On réfléchit à la manière dont le digital peut nous aider à inventer d'autres manières de distribuer l'eau.

Comment travailler sur le modèle d'affaires de demain quand l'impératif économique actuel reste celui de l'excellence de la délivrabilité du modèle existant ?

Il faut effectivement trouver un équilibre entre les impératifs court-termistes et les enjeux de long terme, s'appuyer sur ce qui fait notre force – on a des process et une rigueur qui ont fait le succès de l'entreprise – tout en se réinventant en permanence. C'est un challenge en effet. J'incite toujours les équipes à trouver un équilibre entre le fantastique champ des possibles et ce qu'il est bon de faire pour notre entreprise. Aujourd'hui on peut tout faire et concevoir des sites, des plates-formes, des objets connectés, des campagnes, etc., mais il faut rester les pieds sur terre et « business centric ». À mon sens, c'est dans cette tension entre l'imagination, l'expérimentation et la prospective d'un côté et la force de nos process actuels que l'on peut avancer rapidement et efficacement.

Dans cette jungle qu'est aujourd'hui le digital, un point essentiel est de savoir quel cap on suit pour ne pas se noyer dans le tout-technologique et de s'appuyer sur les marques (Perrier, San Pellegrino) et les marchés (États-Unis) les plus matures en matière de digitalisation. Si les initiatives digitales se multiplient de tous les côtés, mon rôle est de créer des synergies et des mutualisations sur la base d'une orientation stratégique qui est celle de l'hydratation. Nestlé se positionne comme un acteur de la nutrition, de la santé et du bien-être. Autour de cet axe, on souhaite explorer les possibilités ouvertes par le digital et notamment les objets connectés, le quantified self, et les réseaux sociaux.

Comment la stratégie de transformation digitale de Nestlé Waters intègre-t-elle la dimension internationale et la diversité de vos marchés ?

Nos marchés n'ont pas le même niveau de maturité digitale. Largement en avance, les États-Unis nous ouvrent la voie en testant beaucoup de concepts et, *in fine*, en nous faisant part de leurs enseignements et bonnes pratiques. À côté du leadership américain, des marchés comme la France, l'Italie et l'Angleterre forment un peloton de tête intéressant et qui joue aussi le rôle de moteur pour le reste du groupe.

Et puis, nous avons des marchés plus petits, où Nestlé opère *via* des marques locales. Paradoxalement, si notre position sur ces marchés en voie de développement est plus jeune, les opportunités de croissance et d'innovation *via* le digital y sont plus nombreuses qu'ailleurs, car les consommateurs y adoptent directement des usages « mobile first ». Nous ne mettons donc pas en place sur ces marchés les mêmes solutions. Alors qu'en Europe, nos habitudes ont la vie dure et que le mobile représente environ la moitié des visites, en Asie, les consommateurs sont presque exclusivement sur mobile et tablette, en conséquence de quoi toutes les plates-formes sont conçues avant tout pour le mobile. Par ailleurs, les outils comme les plates-formes marchandes et sociales sont différentes : il nous faut apprendre à les maîtriser. Mon approche est de partir d'une vision globale et d'une roadmap agnostique des plates-formes puis d'adapter nos actions selon les marchés et les besoins.

Renault a effectué de profonds changements au sein de son organisation pour casser les silos et pouvoir proposer une expérience client optimisée. Thierry Plantegenest nous confie les clés de la réussite de la transformation opérée et comment de nouveaux indicateurs permettent de la mesurer.

Questions à… Thierry Plantegenest
Directeur client
Groupe Renault

« Avant, la relation avec nos clients était distante et transactionnelle, notre ambition est de la simplifier davantage et de la personnaliser grâce aux nouvelles technologies. Le plus compliqué, c'est de faire simple. »

Quelles sont les clés de la réussite pour se transformer ?

Il faut que la transformation digitale soit au service d'une stratégie et non l'inverse. Il faut également que cette transformation soit tirée par le management, un comité de direction sponsor et investi. Ensuite, il faut centrer l'action sur l'exécution ; bien souvent, on conceptualise beaucoup… mais c'est l'exécution qui compte. Nous avons une règle chez Renault : 5 % de conception pour 95 % d'exécution. Enfin, il faut être animé par une vraie ambition. La nôtre est de figurer dans le Top 3 parmi les généralistes en termes d'expérience client.

Quels changements aujourd'hui, organisationnels ou culturels, vivez-vous dans le groupe ?

Nous avons cassé les silos et regroupé au sein de la direction client l'ensemble des points de contact : Web, applications, call centers et le réseau physique, « les clicks et les bricks ». Nous n'avons pas uniquement effectué ces changements au niveau du siège, mais également dans les différentes régions et dans nos principaux pays Renault. En termes de culture, il est essentiel de tracer, mesurer, à travers différents capteurs, l'expérience de nos clients. Nous avons identifié sept moments de vérité, sept rendez-vous que l'ensemble de la famille commerce ne doit pas rater. Sept moments de vérité où tous les collaborateurs doivent concentrer toute leur énergie. Par ailleurs, même lorsque que nous avons eu la chance d'opérer sur de nombreux métiers du commerce en France et à l'étranger, il faut savoir s'entourer de fraîcheur, des jeunes et des moins jeunes, des personnes qui viennent d'autres entreprises, de start-up, et qui ont testé de nouvelles initiatives pour ne pas passer à côté d'une grande mutation. Il est important de s'adosser à des compétences qui bousculent les habitudes.

Quels enjeux avez-vous identifiés pour la data ?

Aujourd'hui, l'essentiel de notre travail est de faire « parler » la donnée. Nous comptons plus de 30 millions de véhicules Renault qui circulent dans le monde, 12 000 concessionnaires, 120 000 personnes qui travaillent chez Renault, notre challenge est de faire parler toutes les données que nous récupérons. Aujourd'hui, nous recevons toutes les factures livraison des véhicules, des entrées dans les ateliers et nous avons des éléments sur le financement de chaque véhicule. Il nous faut réussir à créer de la valeur avec toutes ces informations. Un exemple d'association entre la donnée et la valeur est la possibilité de reconnaître un client fidèle et lui adresser un meilleur traitement.

Quel type d'indicateurs de mesure avez-vous pu mettre en place sur la transformation digitale ?

Une fois que le parcours client Renault a été « dessiné », que notre ambition sur les sept moments de vérité a été fixée et que tous les process et méthodes au service de cette expérience client ont été définis, il nous faut mesurer. Il n'y a pas de progrès sans mesures. Auparavant, Renault appelait ses clients pour savoir s'ils étaient satisfaits pendant la vente et après la vente. Mais l'appel est très coûteux et de plus nous nous sommes rendu compte au bout de vingt-quatre ans que le concessionnaire qui réalisait l'enquête était plus préoccupé par la note de l'enquête que par la véritable satisfaction de ses clients. Grâce aux nouvelles technologies, nous avons désormais de nouveaux outils à notre disposition. Dans plus de 30 pays, nous réalisons désormais l'enquête de satisfaction par e-mail. Cela nous permet d'avoir l'information en temps réel et si le client est plutôt détracteur il est rappelé tout de suite. Cela nous offre une deuxième chance de satisfaire le client qu'il ne faut pas rater. C'est devenu pour nous un outil de CRM à part entière. En outre, les nouveaux outils de mesure nous permettent de servir l'expérience client : quand un client identifie sur notre site le véhicule qu'il souhaite et qu'il le configure quand il arrive en concession, son travail est récupéré et on ne repart plus de zéro. Il est possible désormais de reconnaître un client, de conserver en mémoire son histoire avec la marque, la relation est ainsi plus humaine, plus chaleureuse. Avant, la relation avec nos clients était distante et transactionnelle, notre ambition est de la simplifier davantage et de la personnaliser grâce aux nouvelles technologies. Le plus compliqué, c'est de faire simple.

Les 101 mots de la transformation digitale

Le numérique est un domaine parsemé de jargon mixant anglais, néologisme et technologies. Pas toujours simple de savoir décrypter ce qui se cache devant une nouvelle expression ou un terme parfois obscur. Voici donc 101 mots à ajouter à votre vocabulaire pour vous sentir plus à l'aise avec les notions et expressions de l'ère digitale.

A/B Testing

Méthode de test permettant notamment d'évaluer la performance de plusieurs variantes d'un même objet digital (page Web, application, titre, bouton...).

Adblocker

Logiciel ou module incorporé au navigateur Web ou mobile empêchant l'affichage des bannières ou autres formats publicitaires.

Ad Exchange

Place de marché automatisée où se rencontrent l'offre (SSP) et la demande (DSP) publicitaire et où s'opèrent les transactions automatisées d'achat d'espace.

Agilité

Les méthodes agiles sont une approche de gestion de projets développée au départ pour le développement informatique et sont divisées en sous-méthodes (Scrum, Kanban, etc.). Processus itératif et incrémental (appelé Sprint), l'intégration du client à chacune de ses étapes permet une grande réactivité à ses demandes et une satisfaction du client plus élevée.

Analytics

Ensemble des outils de mesure de la performance du digital, qu'il s'agisse d'applications, de sites Web, de réseaux sociaux, etc.

Android

Système d'exploitation gratuit et libre de droit, conçu par Google et utilisé par la grande majorité des smartphones et tablettes en circulation dans le monde.

API

Application Programming Interface. Connecteur informatique d'un logiciel permettant l'utilisation d'une partie de ses services par un logiciel tiers. Exemple : je peux commander un Uber depuis Google Maps grâce à l'API d'Uber qui lui permet d'être appelé depuis le site de cartographie de Google (qui est une application tierce).

ATAWAD

Any Time, AnyWhere, Any Device est une expression qui prend en compte la mobilité de l'internaute qui peut se connecter de n'importe où, à n'importe quel moment, sur n'importe quel support (smartphone, tablette, ordinateur).

Beacon

Capteurs qui fonctionnent *via* Bluetooth Smart. Dispersés dans un magasin ou à l'extérieur, ils envoient des notifications (sur un rayon de 1 à 150 mètres environ) aux smartphones et tablettes des utilisateurs qui le souhaitent (sous réserve qu'ils aient activé leur Bluetooth et qu'ils aient l'application de la marque).

Big Data

Désigne des ensembles de données volumineuses et variées issues de l'ensemble des outils digitaux, et dont le traitement requiert des plates-formes et outils complexes. On qualifie souvent le Big Data par ses 5 V : Volume, Variété, Vélocité, Véracité, Valeur.

Blockchain

La blockchain est une technologie de stockage et de transmission d'informations sécurisée et transparente sans organe central de contrôle. La monnaie Bitcoin repose entre autres sur ce principe.

Business angels

Investisseur particulier accompagnant les start-up en mettant à leur disposition une partie de son capital, ses compétences et ses relations.

CDO

Chief Digital Officer ou manager de la transformation numérique. Son rôle est d'évangéliser, de piloter et d'accélérer la transformation digitale d'une organisation. En général, il est nommé par le PDG et a souvent un siège au comité exécutif (Comex).

Chief Experience Officer

Il est responsable de la qualité de l'expérience d'une organisation par les clients. Par conséquent, il s'agit pour lui de mettre le consommateur au cœur de tous les projets. Il reporte généralement au directeur marketing (ou CMO : Chief Marketing Officer).

CIO

Chief Information Officer. Le responsable des systèmes d'information d'une entreprise ou DSI. Il est en général en charge des systèmes de télécommunications et de l'informatique. Il travaille souvent en collaboration avec un directeur digital et/ou un directeur de la transformation (CDO).

Click & Collect

Typologie d'achat dans laquelle le client réalise ses achats en ligne et va directement les récupérer en magasin.

Cloud

Stockage en ligne *via* des services tels qu'iCloud, Google Drive, Dropbox, etc. ou des solutions professionnelles comme Amazon Web Services, Microsoft Azure (hébergement et traitement de gros volume de données ou de logiciels).

CMS

Content Management System. Plates-forme et interface permettant de publier de l'information sur un site Internet. Les CMS les plus connus sont Wordpress, Drupal, Joomla, Adobe Experience Manager...

COOC

Corporate Online Open Course. Cours en ligne dispensés par une société auprès de ses clients ou salariés. On peut le voir apparaître aussi sous le nom de Corporate MOOC.

CRM

Customer Relationship Management. Cette approche marketing, qui repose généralement sur des solutions de base de données et d'e-mailing, permet de mettre en place une stratégie de marketing relationnel. L'objectif est d'approfondir la connaissance des profils prospects et clients pour améliorer le ciblage, personnaliser la relation et développer la conversion et la fidélisation.

Crowdfunding

Financement collaboratif. Cette approche permet à des individus de soumettre un projet sur des plates-formes participatives (Kickstarter, KissKissBankBank, Ulule...) afin de pouvoir le faire financer par d'autres individus. Il y a quatre catégories de crowdfunding : le prêt, le don, la production communautaire (c'est-à-dire que le produit est acheté avant même qu'il ne soit produit) et enfin, le crowdfunding en action, dans ce cas les individus/entreprises investissent dans une entreprise, souvent une PME ou une startup en échange d'actions dans l'entreprise dans laquelle ils/elles ont investi.

Crowdsourcing

Externalisation de certaines tâches de l'entreprise à un groupe de personnes afin de bénéficier de leur créativité, intelligence et savoir-faire. On pourrait décrire cette approche par les concepts de boîte à idées collaborative ou de coconception.

CTO

Chief Technology Officer. Responsable des technologies maîtrisées par la société (pilotée par le DSI ou CIO), mais aussi du développement en interne ou en externe des futures technologies. Il est directement rattaché au président-directeur général.

Customer centricity

C'est le fait pour une entreprise d'aligner ses ressources afin d'offrir au client une expérience optimale de la marque et de répondre à ses attentes et besoins dans un but d'amélioration continue.

Dataviz

La datavisualisation est le fait de représenter des données de façon visuelle. Cela peut se faire sous forme de graphiques, de diagrammes, d'infographies, etc., rendant ainsi les données plus lisibles et compréhensibles.

Dématérialisation

Correspond au remplacement de produits ou de processus physiques, par exemple le support papier, par des alternatives numériques.

Design thinking

Approche de l'innovation et de son management qui se veut un hybride entre la pensée analytique et la pensée intuitive. Il intègre les besoins client, les possibilités techniques et la viabilité économique de l'ensemble.

Digitalisation

Intégration des différents outils, termes et méthodes du digital dans la stratégie globale et l'activité quotidienne d'une entreprise.

Display

Synonymes de bannières publicitaires qu'elles soient en images ou en vidéos (à la différence des liens sponsorisés ou de l'e-mailing).

Disruption

Arrivée/développement d'un nouvel acteur et business model sur un marché existant, changeant les rapports de force et les attentes des clients.

DMP

Data Management Platform. Outil de gestion de données permettant de collecter, segmenter, d'analyser et activer des données et cookies issus de sources multiples. Les données cookies intègrent les différents points de contact de navigation de l'internaute et/ou des données cookies issues de données offline (CRM, panel...) grâce notamment aux procédures de CRM onboarding. Dans le cadre d'utilisation publicitaire, ces données sont anonymisées et permettent de cibler des segments d'audience plus précis.

Drive-to-store

Ensemble des actions marketing visant à attirer les visiteurs d'un site Web/utilisateurs d'une application/membres d'une communauté d'un réseau social vers un point de vente.

DSP

Demand Side Platform. Dans le cadre d'un achat d'espace en programmatique (ou RTB pour Real Time Bidding), c'est la plate-forme technologique côté annonceur (ou agence média) qui permet d'acheter en temps réel, impression par impression et de façon automatisée, les inventaires d'espaces publicitaires proposés par les différents Supply Side Platforms (côté médias et régies publicitaires) auxquels le DSP est connecté.

Économie collaborative ou économie du partage

Sharing economy en anglais. Nouvelle forme d'organisation du travail et de production de valeur : organisation horizontale, mutualisation des biens, intermédiation *via* des sites Web et/ou applications. Airbnb, Zilok ou Le Bon Coin en sont des illustrations.

e-learning

Formation individuelle ou collective réalisée *via* une plate-forme en ligne (intégrant généralement des slides, de la vidéo, des quiz...). Cette approche nécessite généralement une plate-forme technologique comme 360Learning, Cornerstone, CrossKnowledge...

Employee advocacy

Utilisation des réseaux sociaux par les salariés d'une entreprise afin de promouvoir l'activité de celle-ci.

Entreprise libérée

Philosophie laissant les salariés s'organiser librement afin d'augmenter leur engagement et performance. Procédures, hiérarchie et contrôle en sont absents.

e-réputation

Terme désignant l'opinion communément partagée en ligne sur une personne/entreprise/marque. La perception qui en découle fait partie de son identité. On peut surveiller l'e-réputation d'une marque au moyen d'une plate-forme de social listening (aussi appelée « plate-forme de buzzmonitoring »).

Fintech

Ensemble des entreprises digitales innovantes dans les domaines liés au paiement, à la finance, à l'investissement et au milieu bancaire.

GAFA

Google, Amazon, Facebook et Apple : les quatre acteurs américains du digital. Attention à ne pas oublier les grands acteurs chinois comme Alibaba, Tencent ou Baidu.

Gamification

Transfert des mécanismes, hérités des jeux, au contexte professionnel afin d'augmenter la motivation des collaborateurs et consommateurs.

Génération X

Désigne la génération née entre 1960 et 1980, après les baby-boomers et avant la génération Y.

Génération Y

Désigne la génération née entre 1980 et 2000, qui ont grandi avec le développement d'Internet et des réseaux sociaux. On les appelle aussi en anglais les « digital natives » ou les « *millenials* ».

Growth hacking

Ensemble des méthodes et tactiques de marketing utilisées par les start-up pour optimiser la génération de trafic et la conversion de leur service.

GRP

Gross Rating Point ou point de couverture brut. Nombre moyen de chance de contact d'une campagne publicitaire donnée rapporté à 100 personnes de la cible visée. Le GRP est égal au taux de couverture (ou taux de pénétration) x Taux de répétition moyen.

Hackathon

Événement proposé par une organisation durant lequel des développeurs en interne ou en externe sont invités à travailler en équipe en mode projet sur une durée limitée (souvent 24 à 48 heures) et dans un espace défini. À la fin des deux jours, chaque équipe présente son projet à l'entreprise.

Hashtag

Utilisation du signe # devant une balise ou un mot-clé afin d'aider les utilisateurs à trouver une discussion sur un même sujet. Initialement développé par les utilisateurs de Twitter, l'ensemble des réseaux sociaux ont repris cette pratique.

Holacratie

Organisation du travail fondée sur l'intelligence collective et la dissémination de la prise de décision. L'e-commerçant Zappos est une des entreprises à succès qui essaie d'appliquer cette approche assez iconoclaste du management.

Inbound marketing

Méthode de marketing visant à attirer les prospects vers son site/application (en proposant du contenu à valeur ajoutée pour récupérer ses contacts) au lieu d'aller le démarcher au moyen de la publicité.

Incubateur

Entreprise spécialisée dans l'offre de services et moyens à destination de start-up, leur permettant de mettre au point un business model et d'entrer sur le marché.

Intelligence artificielle

AI *(Artificial Intelligence)* en anglais. Capacité d'un logiciel à répliquer l'apprentissage, la mémoire et le raisonnement critique d'un humain.

Interopérabilité

Capacité de certaines plates-formes (exemple : DSP, SSP ou DMP ou des logiciels utilisant une API) à fonctionner ensemble de manière standardisée et contrôlée.

Intrapreneurs

Il s'agit d'un salarié d'une grande entreprise qui va réaliser au sein de l'entreprise et en accord avec elle son propre projet. Pour que l'entreprise accepte, elle doit juger le projet utile pour elle. Dans les faits, c'est un entrepreneur qui travaille dans l'entreprise. Si le projet fonctionne, une entreprise peut proposer au salarié de créer une structure indépendante (dans laquelle l'entreprise pourrait prendre des parts). On parlera alors de « *spinoff* ».

iOS

Système d'exploitation d'Apple pour ses appareils mobiles : iPhone, iPad et iPod. C'est le grand concurrent d'Android conçu par Google.

IoT

Internet of Things ou Internet des objets. Il s'agit d'un paradigme dans lequel les objets peuvent communiquer automatiquement avec des ordinateurs/réseaux/mobiles et/ou entre eux afin d'enrichir leur usage naturel.

KPI

Key Performance Indicator. Indicateur de nature variée mesurant la performance d'une stratégie mise en œuvre et aidant à la prise de décision. Un KPI peut synthétiser les indications de plusieurs mesures.

Lead nurturing

Développement de relations avec des prospects à chaque étape de leur parcours client, en anticipant leurs besoins et en y répondant efficacement. Une approche généralement utilisée en CRM dans le domaine B2B. Cette démarche peut être complémentaire de l'inbound marketing.

Lean

Mode de management qui fait participer l'ensemble des employés d'une entreprise à l'optimisation des processus de manière rapide et frugale. Son but est de réduire la durée des cycles de production, diminuer les stocks, d'augmenter la productivité tout en optimisant la qualité. Pour cela, elle utilise des outils comme la méthode Six-Sigma ou le kaizen.

Licorne

Unicorn en anglais. Terme désignant les start-up valorisées à plus de 1 milliard de dollars. Au-dessus de 10 milliards, on parlera de « decacorn ».

Loi de Moore

Ensemble de principes énoncés par Gordon E. Moore, cofondateur d'Intel, sur l'évolution de la puissance des processeurs et l'évolution, dans le sens contraire, de leur coût.

Médiaplanning

Ensemble des aspects du ciblage et de la diffusion d'une campagne publicitaire (budget et campagne).

MOOC

Massive Online Open Courses. Cours en ligne gratuit et accessible à tous.

MVP

Minimum Viable Product. Désigne un prototype suffisamment abouti pour tester et valider, ou non, les hypothèses sur un marché, ses clients, et leurs besoins. On affinera ensuite le prototype en conséquence (processus d'itération).

NFC

Near Field Communication. Système de communication sans fil peu consommateur d'énergie. Technologie qui permet, par exemple, le paiement sans contact *via* carte bancaire chez un commerçant.

Omnicanal

Fondé sur le cross-channel (un client qui évolue entre différents canaux pendant son parcours d'achat) en y rajoutant la notion d'ubiquité. Le client peut être présent simultanément sur plusieurs canaux. Exemple : un client en magasin qui surfe sur son smartphone.

Open Data

Terme désignant la mise à disposition d'entreprises tierces de certaines données, généralement par des administrations et services publics. Exemple : la mise à disposition d'applications de mobilité urbaine des horaires des métros et bus en temps réel.

Open innovation

Il s'agit de favoriser l'innovation en se fondant sur le partage avec des acteurs extérieurs à l'entreprise (chercheurs, start-up, partenaires...). L'entreprise va collaborer avec des entités externes afin de multiplier ses sources d'innovation et ainsi dynamiser sa capacité d'innovation.

Open source

Données/logiciels/textes/images/vidéos libres de droits, permettant leur libre modification et distribution.

OS

Operating System. Système d'exploitation d'un ordinateur/smartphone/tablette.

Paid – own – earn medias

L'ensemble des types d'expositions et médias dont bénéficie une marque. « Paid » désigne l'espace publicitaire acheté. « Own » désigne les supports qui appartiennent à la marque (site, packaging, vitrines). « Earn » désigne les mentions gratuites sur les réseaux sociaux, blogs, avis, commentaires, etc.

Phygital

Désigne la digitalisation d'un point de vente, bousculé par l'e-commerce et les attentes des clients, mêlant technologie digitale et atouts des vendeurs et de l'expérience en magasin.

Programmatique

Mise en relation automatisée de vendeurs et d'acheteurs d'inventaires publicitaires. C'est l'acheteur qui sélectionne l'impression et le profil sur lequel il souhaite diffuser. Le programmatique inclut tous les modèles de transactions publicitaires automatisées (dont le RTB). Il comprend les plates-formes SSP, DSP, les ad exchanges et les trading desks et peut s'interfacer avec une DMP.

Pure-player

Entreprise créée et se développant uniquement en ligne.

Réalité augmentée

Superposition en temps réel d'un modèle virtuel 3D ou 2D à la réalité observée. Exemple : les filtres Snapchat ou les lunettes HoloLens de Microsoft.

Réalité virtuelle

Navigation dans un univers en 3D totalement distinct de la réalité observée. Exemple : Oculus Rift, HTC Vive, Samsung Gear VR.

Réseaux sociaux

Ensemble des plates-formes de discussion et partage en ligne. Exemple : Facebook, Twitter, Instagram, Snapchat, Vine, LinkedIn, Pinterest, YouTube, etc.

Responsive design

Standard de développement et de design d'applications et de site Web afin qu'il s'adapte parfaitement à n'importe quelle taille d'écran. Un site « responsive » sera consultable sur mobile et ne nécessitera pas le développement d'applications mobiles pour chaque OS comme Android, IOS, Microsoft...

Retail 2.0

L'ensemble des évolutions digitales et tendances numériques liées au commerce de détail.

Retargeting

Technique de ciblage consistant à adresser un message publicitaire aux profils ayant visité au moins une fois le site de l'annonceur pour lequel la publicité est adressée (le visiteur est généralement identifié grâce à un cookie).

Reverse mentoring

Mise en relation de deux employés d'âges différents, le plus jeune aidant le plus âgé à connaître, à comprendre et à utiliser de nouveaux outils numériques. Le plus expérimenté partagera son expérience et sa connaissance métier.

RFID

Radio Frequency Identification. Capteurs à apposer sur n'importe quel support pour tracker facilement ses mouvements, ou pour communiquer avec des bornes spéciales.

ROI

Return On Investment. Rentabilité d'un investissement donné rapporté à son coût.

RTB

Real-Time Bidding. Technologie consistant à allouer, en temps réel, une impression publicitaire à un client et d'en déterminer le prix en fonction des critères de ciblage et de ses caractéristiques comme la taille de la bannière, le contexte de la page Web ou encore l'endroit et le moment auxquels elle est visualisée. Le RTB est l'un des modes d'achat programmatique ; son modèle de commercialisation est aux enchères.

SAAS

Software As A Service. Logiciel qui est installé sur un serveur externe et non pas sur la machine de l'utilisateur. Les utilisateurs n'ont pas la propriété du logiciel, mais peuvent l'utiliser soit gratuitement, soit en payant un abonnement. Cette approche popularisée par Salesforce permet de réduire la barrière (technique et financière) à l'entrée pour adopter une nouvelle solution informatique.

Scalabilité

Capacité d'un service à être rapidement/immédiatement adaptable à un nombre élevé d'utilisateurs.

Scrum

Méthode agile de développement de gestion de projet. L'intérêt principal de la méthode Scrum est sa flexibilité qui lui permet de répondre à des problèmes complexes et changeants.

SEA

Search Engine Ads. Désigne l'achat d'espaces publicitaires sur le moteur de recherche (appelés aussi « liens sponsorisés » ou « adwords »).

SEO

Search Engine Optimization. Désigne l'amélioration permanente d'un site Web/d'une application selon les règles du moteur de recherche afin d'améliorer le classement naturel (ou organique) du site Web/de l'application par ce dernier.

Social Listening

Ou buzzmonitoring ou e-réputation. Technique qui permet de retracer et d'analyser toutes les mentions positives ou négatives d'une marque ou d'une entreprise sur Internet et les médias afin de pouvoir gérer son e-réputation, les crises, d'interagir de manière rapide et optimale avec les consommateurs, de détecter des insights consommateur et, enfin, de repérer des opportunités de développement.

Social room

Espace dédié au suivi des mentions sur les réseaux sociaux au sein d'une entreprise donnée.

Social selling

Promotion de l'offre d'une entreprise en B2B par l'usage régulier des réseaux sociaux par les commerciaux (voir aussi employee advocacy).

SPOC

Small Private Online Course. Équivalent d'un MOOC conçu pour un petit groupe d'individus.

SSII

Société de Services en Ingénierie Informatique. C'est une entreprise spécialisée dans la maîtrise d'œuvre de services informatiques.

SSP

Supply Side Platform. Plate-forme regroupant les offres d'espaces publicitaires des éditeurs.

Start-up

Jeune entreprise innovante à fort potentiel. Contrairement à une PME, une start-up va souvent lever des fonds, le temps d'affiner son produit et de trouver le bon business model, mais aussi et surtout pour financer une croissance exponentielle. Les start-up sont ainsi souvent fondé sur une solution logicielle contrairement aux PME qui auront généralement une croissance linéaire.

Taux d'engagement

Proportion d'interactions souhaitées entre un utilisateur et une marque rapportée à l'ensemble des utilisateurs qui auront vu/entendu/lu le contenu de la marque. L'engagement peut prendre la forme des « J'aime » sur un post Facebook, des partages d'un tweet envoyé par une marque, etc.

Ubériser

Disruption d'une entreprise ou d'un secteur due à l'arrivée d'un nouvel entrant qui change la dynamique de l'industrie et propose une expérience client différente et/ou supérieure.

UGC

User-Generated Content. Désigne l'ensemble des contenus liés à une marque/un produit générés par les utilisateurs/clients.

UX

User eXperience. L'expérience de l'utilisateur d'une application/site Web *via* l'ergonomie, l'interface, la lisibilité, la simplicité de navigation, l'organisation des menus, etc.

VC

Venture Capital. Capital-risque investissant dans les start-up en prenant un grand risque, mais en espérant une petite chance de ROI exponentiel. Les VC espèrent idéalement investir dans la prochaine licorne.

Wearable

Ensemble des produits connectés qu'un individu peut porter au quotidien, allant de montres connectées aux vêtements connectés.

Conclusion générale

Tel un tsunami, la disruption liée aux technologies numériques a ses acteurs, et son impact sur les consommateurs s'impose comme un défi immense pour les entreprises, petites ou grandes. La taille n'est plus qu'une maigre protection face au risque de voir son business model devenir dépassé. C'est même souvent une faiblesse qui rime avec manque de courage, d'agilité et incapacité à se remettre en question. Comme le constatait dernièrement le PDG de Nokia lors du rachat par Microsoft, « nous n'avons rien fait de mal, mais au final nous avons perdu[1] ». En effet, si votre organisation n'innove plus ou innove plus lentement que le marché, elle est en train de reculer.

La transformation digitale représente une priorité vitale pour les organisations traditionnelles. Et encore plus en France, où les grandes entreprises, ont peu été habituées à se voir challenger par de nouveaux entrants. Avec des dirigeants plus âgés que dans les pays anglo-saxons, notre top management est souvent en décalage avec les nouvelles réalités technologiques, d'usages, d'expérience client, marketing... Pourtant, il n'est pas trop tard pour développer une compréhension, une vision et une stratégie ambitieuse pour mobiliser toute l'organisation. Les cas d'AXA, d'AccorHotels, d'Orange, d'Engie, de La Poste ou du PMU que nous avons couverts dans cet ouvrage illustrent bien qu'il n'y a pas de fatalité. Là où il y a une vision, des moyens, un soutien et une collaboration vertueuse interne et externe, rien n'est impossible.

Mais comme nous le constatons chaque jour au HUB Institute, cette transformation numérique dépasse de loin l'aspect technologique. S'il suffisait de se doter de nouveaux logiciels, le sujet serait déjà de l'histoire ancienne. C'est à six chantiers complexes et monumentaux que doivent s'attaquer ces organisations pour mener à bien cette transformation. Du management aux ressources humaines en passant par la DSI ou le marketing, c'est l'ensemble des départements qui sont concernés et devront se concerter pour permettre à l'entreprise de se réinventer. Évidemment, chaque organisation est différente et les niveaux de maturité sur chaque sujet seront variés. Pourtant, au travers de la multitude d'interviews menées pour cet ouvrage, mais aussi des centaines d'interventions lors de nos conférences ou des différentes missions de conseil et de formation que nous avons menées, nous pensons que la matrice qui fonde ce livre, donne un cadre assez universel des chantiers à mener. L'humain demeure d'ailleurs un des piliers de cette transformation et s'annonce comme un des plus grands défis pour réussir. Des décideurs aux équipes opérationnels, la transformation se fera avec ou échouera à cause de la compréhension, de la motivation, des efforts, et de l'expertise des collaborateurs de toute l'organisation.

Au final, les mots « digital » ou « numériques » sont peut-être mal choisis. La réalité est qu'il est l'heure de réinventer le futur du business de vos organisations.

Et comme l'énonçait si bien Antoine de Saint-Exupéry, « pour ce qui est de l'avenir, il ne s'agit pas de le prévoir, mais de le rendre possible ». Le digital n'est qu'un accélérateur, à la fois cause et moyen pour y parvenir. Au final, c'est l'expérience utilisateur proposée et l'utilisation intelligente de la donnée qui permettront de repenser ou d'inventer de nouveaux modèles d'affaires. Et pour y parvenir, c'est la transformation de l'organisation, de sa culture et des process internes qu'il faudra mener.

La transformation numérique est loin d'être un long fleuve tranquille. Véritable périple bordé de doutes, de tensions, d'expérimentations incertaines, d'investissements coûteux, d'échecs parfois, cette aventure prendra certainement de cinq à dix ans pour la plupart des entreprises. Que ce soit le top management ou un CDO dédié, un capitaine ne sera pas de trop pour fixer le cap. Mais le succès ne passera que par le collectif. Seul on va certes plus vite, mais ensemble on va beaucoup plus loin... Les sociétés qui auront mené cet effort seront dans une posture bien plus agile pour assurer leur performance et leur futur. Celles qui auront raté le train assisteront rapidement à leur déclin faute de pouvoir lutter dans une nouvelle ère qui les dépasse.

Bon voyage, et rendez-vous sur guidetransformationdigitale.com pour échanger et découvrir d'autres contenus (interviews, conseils...) complémentaires à cet ouvrage.

Sources

Comprendre les enjeux de la disruption digitale

1. weforum.org/agenda/2014/09/video-second-machine-age-mean-jobs/
2. amazon.fr/mort-Essais-documents-ebook/dp/B005SGJUXE?ie=UTF8&btkr=1&redirect=true&ref_=dp-kindle-redirect
3. upstart.bizjournals.com/resources/author/2015/06/04/fortune-500-must-disrupt-or-die-writes-r-ray-wang.html?page=all
4. constellationr.com/content/disrupting-digital-business
5. bbc.com/news/business-16611040
6. modernmeadow.com/
7. the-scientist.com/?articles.view/articleNo/37270/title/Organs-on-Demand/
8. youtube.com/watch?v=SObzNdyRTBs
9. singularityu.org/bio/ray-kurzweil/
10. inc.com/tess-townsend/elon-musk-open-ai-safe.html
11. bbc.com/news/31047780
12. facebook.com/photo.php?fbid=10102803309152781&set=a.612287952871.2204760.4&type=3&theater
13. press.linkedin.com/about-linkedin
14. about.twitter.com/company
15. expandedramblings.com/index.php/wechat-statistics/
16. latribune.fr/entreprises-finance/industrie/agroalimentaire-biens-de-consommation-luxe/20130219trib000749660/oprah-winfrey-fait-monter-le-cours-de-l-action-seb.html
17. linkedin.com/pulse/viva-technology-un-tremplin-pour-la-croissance-et-de-france-letartre
18. 500hats.com/bubble-my-ass-some-unicorns-might-be-overvalued-but-all-dinosaurs-gonna-die-fb-0ce311a7bd
19. financedemarche.fr/finance/price-earning-ratio-ou-pe-definition-calcul-dun-multiple-financier-simple
20. 500hats.com/bubble-my-ass-some-unicorns-might-be-overvalued-but-all-dinosaurs-gonna-die-fb-0ce311a7bd#.mo03a1chu
21. ir.netflix.com/
22. www.ew.com/article/2016/01/17/netflix-too-much-tv
23. www.techdirt.com/articles/20130824/22031324306/kevin-spacey-give-users-control-what-they-want-when-they-want-it-fair-price-stop-worrying-about-piracy.shtml
24. crowdcompanies.com/the-new-honeycomb-3-0-more-industries-impacted-by-the-collaborative-economy/
25. venturebeat.com/2015/06/04/the-sharing-economy-has-created-17-billion-dollar-companies-and-10-unicorns/
26. 15marches.fr/numerique/objet-airbnb
27. qz.com/329735/airbnb-will-soon-be-booking-more-rooms-than-the-worlds-largest-hotel-chains/
28. fortune.com/2015/06/17/airbnb-valuation-revenue/
29. ted.com/talks/bill_gross_the_single_biggest_reason_why_start-ups_succeed?language=en
30. 15marches.fr/numerique/airbnb
31. theatlantic.com/business/archive/2013/08/airbnb-ceo-brian-chesky-on-building-a-company-and-starting-a-sharing-revolution/278635/
32. youtube.com/watch?v=UF9s6QTnptQ

33. lesechos.fr/industrie-services/tourisme-transport/021899838446-la-sncf-investit-dans-le-projet-de-train-du-futur-hyperloop-1219337.php
34. hybridcars.com/tesla-model-s-was-worlds-best-selling-plug-in-car-in-2015/
35. consumerreports.org/cro/cars/tesla-model-s-p85d-earns-top-road-test-score
36. teslamotors.com/blog/all-our-patent-are-belong-you
37. teslamotors.com/gigafactory
38investors.com/news/technology/can-tesla-motors-mass-market-model-3-be-profitable/
39. tomsguide.fr/actualite/elon-musk-bus-autonomes,51151.html
40. presse-citron.net/la-societe-spacex-va-viser-mars-des-2018/
41. 15marches.fr/numerique/musk-prodige
42. uk.businessinsider.com/r-legal-troubles-market-realities-threaten-ubers-global-push-2015-10
43. lefigaro.fr/vox/economie/2016/02/11/31007-20160211ARTFIG00190-l-enjeu-des-annees-a-venir-c-est-la-freesation-pas-l-uberisation.php
44. 15marches.fr/mobilites/uber
45. www.ft.com/intl/cms/s/0/805599ae-16df-11e5-b07f-00144feabdc0.html
46. books.google.fr/books?id=L7sYBAAAQBAJ&pg=PA87&lpg=PA87&dq=gary+hamel+Out+there+in+some+garage+is+an+entrepreneur+who%E2%80%99s+forging+a+bullet+with+your+company%E2%80%99s+name+on+it.&source=bl&ots=4nMO_adTUz&sig=D9E5d66O69tds3Gbhsux24fJx_o&hl=en&sa=X&ved=0ahUKEwjzw-3ko5PNAhVJWBoKHc7lAf8Q6AEIMTAE#v=onepage&q=gary%20hamel%20Out%20there%20in%20some%20garage%20is%20an%20entrepreneur%20who%E2%80%99s%20forging%20a%20bullet%20with%20your%20company%E2%80%99s%20name%20on%20it.&f=false
47. lemonde.fr/economie/article/2016/06/18/la-californie-affirme-que-son-pib-depasse-celui-de-la-france_4953201_3234.html
48. youtube.com/watch?v=MqNLaJkylB0
49. en.wikipedia.org/wiki/List_of_mergers_and_acquisitions_by_Google
50. fool.com/investing/2016/06/03/if-this-numbers-right-alphabet-and-facebook-are-un.aspx
51. abc.xyz/
52. slideshare.net/ericschmidt/how-google-works-final-1#16
53. patentlyapple.com/patently-apple/2015/10/a-new-york-university-historian-says-that-apple-is-obviously-a-cult.html
54. http://adage.com/article/digital/facebook-q4-2016-earnings/302378/
55. http://www.ecommercebytes.com/cab/abn/y14/m04/i14/s02

Les six chantiers de la transformation digitale

1. https://fr.wikipedia.org/wiki/Pierre_de_Rosette
2. Andrew S. Grove (1998), *Only the Paranoid Survive*, Doubleday Business
3. petitweb.fr/actualites/s-bazin-accorhotels-compte-pres-dune-cinquantaine-de-shadow-comex/
4. larevuedudigital.com/2016/06/02/pdg-daccor-un-tiers-de-nos-collaborateurs-refusent-le-changement-en-cours/
5. petitweb.fr/actualites/s-bazin-accorhotels-compte-pres-dune-cinquantaine-de-shadow-comex/
6. larevuedudigital.com/2016/06/02/pdg-daccor-un-tiers-de-nos-collaborateurs-refusent-le-changement-en-cours/
7. pando.com/2015/03/30/elon-musk-created-nearly-1b-in-value-today-with-a-single-tweet/
8. news-assurances.com/actualites/emploi-formation-assurances/emploi-les-facteurs-deviendront-ils-des-experts-dassurances/016778621
9. businessmodelgeneration.com/canvas/bmc
10. businessmodelgeneration.com/canvas/vpc
11. mindnews.fr/articles/patrick-hoffstetter-cdo-renault.6631.html
12. to-lipton.com/

13. *Les dieux voyagent toujours incognito* (2010), http://dicocitations.lemonde.fr/citations/citation-124561.php
14. ted.com/talks/roselinde_torres_what_it_takes_to_be_a_great_leader/transcript?language=en
15. Andrew S. Grove, *Only the Paranoid Survive op. cit.*
16. mindnews.fr/articles/vivek-badrinath-cdo-accorhotels-pour-conduire-la-transformation-digitale-il-faut-s-emanciper-des-contraintes-d-arbitrage-entre-les-differentes-directions.6875.html
17. businessinsider.com/google-ceo-eric-schmidt-we-dont-really-have-a-five-year-plan-clip-2009-5?IR=T
18. medium.com/@bchesky/dont-fuck-up-the-culture-597cde9ee9d4
19. « Generation Nice », *New York Times,* August 15, 2014.
20. greatplacetowork.com/our-trust-approach/what-are-the-benefits-great-workplaces
21. youtube.com/watch?t=20&v=RfWgVWGEuGE
22. medium.com/designing-culture/a-framework-for-designing-sustainable-cultures-6795699fe388#.bhvpknyqi
23. torbenrick.eu/
24. torbenrick.eu/blog/strategy/having-a-purpose-beyond-profit/
25. open.buffer.com/introducing-open-salaries-at-buffer-including-our-transparent-formula-and-all-individual-salaries/
26. killerappsbook.com/
27. forbes.com/sites/chunkamui/2016/01/03/6-words/#10a9f0c72e42
28. fr.slideshare.net/AngiePlusUn/la-culture-digitale-en-images?related=1
29. benbarry.com/project/facebooks-little-red-book
30. wired.com/2012/05/analog-research-lab/
31. slideshare.net/reed2001/culture-2009
32. slideshare.net/reed2001/culture-1798664
33. lentreprise.lexpress.fr/rh-management/management/frederic-mazzella-blablacar-si-un-salarie-n-est-pas-heureux-il-doit-trouver-autre-chose_1660092.html
34. blablacar.com/about-us/culture
35. blablacar.fr/blog/blablatour2015-fr
36. Retrouvez le document complet ici (en anglais) : www.slideshare.net/reed2001/culture-1798664
37. fr.wikipedia.org/wiki/Elisabeth_K%C3%BCbler-Ross
38. torbenrick.eu/t/r/hwj
39. larevuedudigital.com/2016/06/02/pdg-daccor-un-tiers-de-nos-collaborateurs-refusent-le-changement-en-cours/
40. iabfrance.com/etudes-chiffres/autres-etudes/etude-les-metiers-markcom-de-la-transition-numerique
41. usine-digitale.fr/article/le-cdo-va-t-il-tuer-le-drh.N384905
42. iabfrance.com/presse/communiques-de-presse/les-metiers-du-marketing-et-de-la-communication
43. hrm.tempo-team.be/fr/2016/03/09/investir-rh/
44. digitalforallnow.com/cdo-chief-digital-officer-acsel/
45. lesechos.fr/idees-debats/cercle/cercle-151905-qui-sera-le-cdo-des-pme-1200566.php
46. digitalforallnow.com/sandrine-godefroy-cdo-econocom-transfonum/
47. digitalforallnow.com/etienne-bourdon-cdo-groupe-april-transformation-digitale/
48. digitalforallnow.com/antonia-mccahon-cdo-pernod-ricard-transformation-digitale/
49. slideshare.net/hubinstitute/transformation-disruption-digitale-5-tendances-pour-2016-hubforum-paris/19
50. digitalforallnow.com/nicolai-gerard-digital-acceleration-officer-groupe-seb/
51. digitalforallnow.com/sncf-transformation-digitale-yves-tyrode-osd15/
52. sncf.com/fr/presse/article/projet-574-365980
53. digitalforallnow.com/innovation-groupe-bpce-pierre-philippe-cormeraie-transformation-digitale/
54. groupebpce.fr/Journaliste/Actus-et-Communiques-de-Presse/Marque-produits-et-services/Le-Groupe-BPCE-accelere-sa-transformation-digitale-en-signant-un-partenariat-strategique-avec-Facebook
55. telecom-em.eu/content/chaire-%E2%80%9Cbig-data-and-market-insights%E2%80%9D
56. parisregionlab.com/
57. hbr.org/2013/06/tours-of-duty-the-new-employer-employee-compact
58. digitalforallnow.com/sncf-transformation-digitale-yves-tyrode-osd15/

59. omninnov.com/2015/10/role-chief-digital-officer-cdo-entreprise/#sthash.iJUr8gV5.dpuf
60. thechiefdigitalofficer.com/interview-n2-rodolphe-roux-cdo-de-wiko-mobile/
61. digitalforallnow.com/patrick-hoffstetter-cdo-renault-transformation-numerique/
62. fun-mooc.fr/courses/CNAM/01002S03/session03/info
63. agilemanifesto.org/iso/fr/
64. www.amazon.fr/Innovation-Jugaad-Redevons-ing%C3%A9nieux-Radjou/dp/2354560966/
65. www.businessinsider.com/jeff-bezos-two-pizza-rule-for-productive-meetings-2013-10?IR=T
66. uk.businessinsider.com/facebook-weekly-all-hands-2016-3?r=US&IR=T
67. petitweb.fr/actualites/le-mentoring-un-outil-au-service-de-la-transformation-digitale/?utm_so urce=La+Lettre+de+Petit+Web&utm_campaign=c0a1a1e563-L214&utm_medium=e-mail&utm_term=0_924f520221-c0a1a1e563-9505877
68. digitalforallnow.com/teletravail-securite-sociale-belgique-frank-van-massenhove/
69. journaldunet.com/management/expert/58679/les-pratiques-manageriales-les-plus-innovantes-du-monde.shtml
70. zapposinsights.com/about/holacracy
71. slideshare.net/kleinerperkins/presentations
72. mindnews.fr/articles/christophe-leray-pmu.7529.html
73. Sacha Boudjema, dans *Ordre du grand vol.*
74. https://medium.com/france/les-d%C3%A9veloppeurs-sont-devenus-des-cols-bleus-457bd6287631#.ndn1o3823 Les développeurs sont devenus des cols bleus Et c'est bien dommage..."
75. forbes.com/sites/katinastefanova/2015/10/24/why-amazons-management-practices-will-likely-hurt-its-stock-price-in-the-long-run/#701ec3e9c1f3
76. alexa.amazon.com/
77. amazon.com/b?node=8037720011
78. lefigaro.fr/societes/2016/01/10/20005-20160110ARTFIG00115-vente-privee-renoue-avec-une-forte-croissance.php
79. sephora.com/color-iq
80. statista.com/statistics/266282/annual-net-revenue-of-amazoncom/
81. nextinpact.com/news/81858-amazon-panne-quelques-minutes-millions-dollars-perdus.htm
82. itforbusiness.fr/thematiques/Cloud-computing/item/7386-nouvelle-baisse-des-tarifs-chez-aws
83. youtube.com/watch?v=vyAI_FmlCPU
84. theverge.com/2016/1/6/10726082/softbank-pepper-ibm-watson-collaboration
85. braintreepayments.com/case-studies/uber
86. connect.mailchimp.com/
87. arstechnica.com/business/2012/08/new-api-severely-restricts-third-party-twitter-applications/
88. we-love-entrepreneurs.com/loic-le-meur-ma-plus-belle-erreur-batir-dans-la-cour-dun-autre/
89. techcrunch.com/2016/01/28/facebook-shutters-its-parse-developer-platform/
90. centricdigital.com/blog/internet-of-things/connected-cars/
91. intel.com/content/www/us/en/internet-of-things/solution-briefs/iot-steadyserv-ikeg-solution-brief.html
92. techcrunch.com/2011/10/19/dropbox-minimal-viable-product/
93. latribune.fr/carrieres/20140825trib6c334e674/la-maif-instaure-la-tolerance-a-l-erreur-pour-ses-salaries.html
94. innovationmanageriale.com/responsabilisation-et-autonomie/quand-les-entreprises-sinterdisent-de-punir-les-erreurs-air-france/#_edn1
95. orange.com/fr/Investisseurs/Presentations-financieres/Derniers-resultats-consolides
96. metronews.fr/high-tech/neoretro-l-etonnante-strategie-d-orange-pour-son-telephone-au-look-vintage/mofw!hu83yeyQ19ns/
97. alliancy.fr/a-laffiche/no-theme/2015/04/20/luc-bretones-orange-revoir-le-sens-donne-a-linnovation
98. sabi.pk/videos/x2jz5fk
99. mystarbucksidea.force.com/
100. foundry.unilever.com/
101. latribune.fr/entreprises-finance/banques-finance/industrie-financiere/20141019trib7328993dc/creer-un-terreau-favorable-a-l-innovation-beneficiera-a-notre-business-bancaire.html

102. usine-digitale.fr/article/comment-credit-agricole-tire-parti-de-son-incubateur-parisien-village-by-ca.N380147
103. lefigaro.fr/secteur/high-tech/start-up/2016/01/29/32004-20160129ARTFIG00175-le-credit-agricole-hebergera-600-start-up-en-2017.php
104. microsoft.com/bizspark
105. latribune.fr/entreprises-finance/banques-finance/20140605trib000833675/axa-se-lance-dans-le-big-data.html
106. laposte20projetspour2020.fr/fr
107. lesechos.fr/03/04/2015/lesechos.fr/0204279422700_la-poste-au-peril-de-la-dispersion.htm#QBmZ570LudVTKv5u.99
108. -01.ibm.com/software/data/bigdata/what-is-big-data.html
109. bbc.com/news/world-us-canada-36385839
110. lemondeinformatique.fr/actualites/lire-votre-entreprise-a-t-elle-besoin-d-un-chief-data-officer-63988.html
111. fr.wikipedia.org/wiki/Open_data
112. data.gouv.fr/fr/reuses/comment-la-banlieue-parisienne-sest-uberisee/
113. slideshare.net/orangepartner/challenge-datavenue-41649363
114. petitweb.fr/actualites/pourquoi-loreal-a-unifie-son-crm-et-ses-donnees/?utm_source=La+Lettre+de+Petit+Web&utm_campaign=c0a1a1e563-L214&utm_medium=e-mail&utm_term=0_924f520221-c0a1a1e563-9505877
115. journaldunet.com/ebusiness/expert/58869/la-data-management-platform--dmp----fonctionnalites-et-benefices-de-l-exploitation-des-donnees.shtml
116. fr.slideshare.net/intotheminds/presentation-financial-times-big-data-at-ebu-big-data-conference/7
117. artefact.is/news/a-quoi-correspondent-first-second-et-third-party-data
118. journaldunet.com/ebusiness/expert/58869/la-data-management-platform--dmp----fonctionnalites-et-benefices-de-l-exploitation-des-donnees.shtml
119. cbnews.fr/nl-Médias/le-programmatique-selon-thomas-demondion-de-la-compagnie-des-alpes-a1026592
120. petitweb.fr/actualites/guillaume-guyard-danone-la-donnee-nous-permet-detre-plus-pertinent-plus-cible-et-moins-intrusif/
121. e-marketing.fr/Thematique/digital-data-1004/Breves/Danone-DMP-ameliorer-experience-client-261064.htm
122. http://www.petitweb.fr/actualites/g-planet-seb-nous-allons-faire-des-tests-de-tv-programmatique-des-cette-annee/?utm_source=La+Lettre+de+Petit+Web&utm_campaign=c0a1a1e563-L214&utm_medium=e-mail&utm_term=0_924f520221-c0a1a1e563-9505877
123. mindnews.fr/articles/marie-laloy-cdo-de-citroen-nous-avons-cree-cinq-poles-qui-correspondent-au-parcours-d-achat-du-client.6585.html
124. emarketer.com/article/data-management-platforms-fall-short-of-marketer-expectations/1013641?ecid=nl1001&ct=
125. weborama.com/files/2016/04/Exchange-Wire-research-v3-1.pdf
126. e-marketing.fr/Thematique/general-1080/Breves/DMP-heure-bilan-304294.htm
127. fr.wikipedia.org/wiki/Piratage_de_Sony_Pictures_Entertainment
128. lesechos.fr/03/11/2014/lesechos.fr/0203910698411_michelin-victime-de-l-arnaque-au-president-htm#VRqzhCu5KsYRppkx.99
129. youtube.com/watch?v=lTjsb22-EwQ
130. opinion-way.com/pdf/etude_big_data_axys_consultants_juillet_2015.pdf
131. Zikopoulos P., Eaton C., DeRoos D., Deutsch T., Lapis G. (2012), *Understanding Big Data: Analytics for Enterprise Class Hadoop and Streaming Data*, McGraw-Hill.
132. omnilogie.fr/O/Moore,_Kryder_et_Wirth
133. wired.com/2010/06/ff_sergeys_search/
134. orange-business.com/fr/blogs/cloud-computing/actualites/video-cloud-et-big-data-nouvelles-perspectives-nouveaux-metiers-cloudweek
135. Nestlé & The Digital Acceleration Team : youtube.com/watch?v=sTqPKyJ6YSM
136. Greenpeace VS kitkat – Ask Nestlé CEO to stop buying palm oil from destroyed rainforest : com/watch?v=1BCA8dQfGi0

137. http://www.mindnews.fr/articles/vivek-badrinath-cdo-accorhotels-pour-conduire-la-transformation-digitale-il-faut-s-emanciper-des-contraintes-d-arbitrage-entre-les-differentes-directions.6875.html
138. twitter.com/orange_conseil
139. netino.com, agence de modération 2.0 et relation client digitale
140. redbullmédiashouse.com/products-brands/print/the-red-bulletin.html
141. piwee.net/1-burger-king-bache-lille-twitter-01012015/
142. youtube.com/watch?v=2AiE1Q7cM4k
143. youtube.com/watch?v=9TxN_aFgW3o
144. youtube.com/watch?v=PNFOLmpWdBg
145. slideshare.net/rwang0/2014-cdo-rules
146. https://www.constellationr.com/users/r-ray-wang
147. Churchman, C. W. (1968). *The Systems Approach*, Delacorte Press. p. 231
148. theguardian.com/technology/2015/aug/27/facebook-1bn-users-day-mark-zuckerberg
149. Source : Statista 2015.
150. investor.fb.com/releasedetail.cfm?ReleaseID=952040
151. lsa-conso.fr/m-commerce-en-2016-1-achat-en-ligne-sur-4-se-fera-sur-un-smartphone-infographie,233028
152. Source : TSM, Janvier-mars 2015, 4,6M de français ont déjà acheté à partir de leur mobile.
153. Source : Our Mobile Planet 2013.
154. lefigaro.fr/societes/2016/01/10/20005-20160110ARTFIG00115-vente-privee-renoue-avec-une-forte-croissance.php
155. Comscore, Flurry Analytics, juin 2015.
156. Source : Appfigures, janvier 2015 1,21M sur IOS et 1,43M sur Android.
157. Source : SRI, juillet 2015.
158. tvmag.lefigaro.fr/programme-tv/article/television/90602/netflix-est-maintenant-disponible-dans-190-pays.html
159. 20minutes.fr/societe/1832071-20160422-oreal-paris-youtube-lancent-academie-beaute
160. youtube.com/watch?v=G1P3r2EsAos
161. petitweb.fr/indiscrets/les-indiscrets-du-lundi-18-avril-2/
162. petitweb.fr/actualites/programmatique-pourquoi-air-france-se-passe-dagence-médias/
163. youtube.com/watch?v=A3L3J-ySIwE
164. vimeo.com/36159651
165. youtube.com/watch?v=PbTNfb9Kst0
166. youtube.com/watch?v=eOaPsldL1LY
167. geeko.lesoir.be/2013/03/14/habemus-papaye/
168. predpol.com/
169. journaldunet.com/ebusiness/expert/62456/ma-rencontre-avec-celine-malgras--directrice-digital---ecommerce-de-guy-degrenne.shtml
170. mindnews.fr/articles/celine-malgras-cdo-guy-degrenne-notre-direction-digitalisation-et-e-commerce-est-geree-comme-un-centre-de-profits.7724.html
171. mindnews.fr/articles/tanguy-favennec-air-france-notre-trading-desk-internalise-nous-permet-de-maitriser-les-delais-et-le-roi.7503.html
172. petitweb.fr/actualites/les-astuces-du-chief-digital-officer-de-philips-pour-transformer-son-entreprise/?utm_source=La+Lettre+de+Petit+Web&utm_campaign=145f46c6b8-L208&utm_medium=email&utm_term=0_924f520221-145f46c6b8-9505877

La transformation digitale en pratique

1. http://hubinstitute.com/
2. frenchweb.fr/

3. altimetergroup.com/
4. psfk.com/
5. slideshare.net/
Utiliser de nouvelles technologies avec un ancien mode de pensée et c'est l'échec garanti. pirates-corsaires.com/citations.htm culture : slideshare.net/rwang0/10-trends-for-Cloud-computing-in-2014-to-dominate-digital-disruption et medium.com/designing-culture/a-framework-for-designing-sustainable-cultures-6795699fe388#.bhvpknyqi et torbenrick.eu/slides/ et katehammer.london/new-blog/2015/3/11/rasci-the-gift-of-clarity slideshare.net/SocialBizForum/cmo-vs-cio-paths-forward-to-collaboration-on-collaboration-ray-wang-esteban-kolsky?qid=963c3132-89c2-4228-9491-c76dc1d9f199&v=&b=&from_search=9
6. journaldunet.com/solutions/dsi/1180048-danone-un-sondage-mondial-sur-la-transformation-digitale/?een=8c48628f4f63064c253c2aeceb13590c&utm_source=greenarrow&utm_medium=mail&utm_campaign=ml50_periscopevsface
7. Interview réalisé par Emmanuel Vivier, du HUB Institute en juin 2016 lors des Cannes Lions
8. penguinrandomhouse.com/books/216369/creativity-inc-by-ed-catmull-with-amy-wallace/9780812993011/
9. slideshare.net/thesound/essential-business-lessons-from-the-worlds-leading-innovators/17-17Think_big_but_start_small
10. Interview par Emmanuel Vivier, du HUB Institute en juin 2016
11. *The Ersatz Elevator*, goodreads.com/quotes/549633-if-we-wait-until-we-re-ready-we-ll-be-waiting-for
12. petitweb.fr/actualites/comment-total-sest-uberise-lui-meme-en-2012/
13. journaldunet.com/solutions/dsi/1178464-pizza-hut-optimisation-du-parcours-client-sur-le-site-web/

Les 101 mots de la transformation digitale

1. linkedin.com/pulse/nokia-ceo-ended-his-speech-saying-we-didnt-do-anything-rahul-gupta

Crédits photographiques

p. 251 Yves Tyrode © Emmanuel Vivier ; p. 254 Michael Aidan © Alain Feytie ; p. 256 Jules Trecco © DGTV.fr ; p. 258 Antonia McCahon © Emmanuel Vivier ; p. 260 Jean-Noël Penichon © Emmanuel Vivier ; p. 263 Marc Gigon © Emmanuel Vivier ; p. 265 Virginie Fauvel © Emmanuel Vivier ; p. 267 Anne-Sophie Frenove © Emmanuel Vivier ; p. 269 Christophe Leray © Emmanuel Vivier ; p. 271 Thierry Lernon © Emmanuel Vivier ; p. 273 Amélie Oudea © Emmanuel Vivier ; p. 275 Fatima Bakhti © Emmanuel Vivier ; p. 277 Alain Dufossé © Chiara Santarelli ; p. 279 Pascal Demurger © Service communication MAIF ; p. 280 Romain Liberge © Sylvie Humbert/MAIF ; p. 282 Antoine Dumurgier © Gilles Rolle/REA ; p. 284 Lionel Fumado © Marie Knepper ; p. 285 © Orange ; p. 287 Lubomira Rochet © Thomas Gogny ; p. 290 Marie Laloy © Automobiles Citroën ; p. 292 Philippe Armand © Emmanuel Vivier ; p. 294 Thierry Plantegenest © Emmanuel Vivier

Table des figures

Index des entreprises citées

O

P

Q

R

S

Conception : Ici & Ailleurs
Mise en pages : Nord Compo
Achevé d'imprimer sur les presses de la SEPEC
N° d'imprimeur : 02672161299
Dépôt légal : décembre 2016
Imprimé en France

IMPRIM'VERT®

PEFC 10-31-1470 / **Certifié PEFC** / Ce produit est issu de forêts gérées durablement et de sources contrôlées. / pefc-france.org